Am Ende des Weges blüht der Garten der Ewigkeit

75 Jahre Friedhof am Hörnli
Bestattungskultur im Kanton Basel-Stadt

Alle Rechte vorbehalten
© 2007 bei Herausgeber und Verlag

Herausgeber	Peter Gabriel, Franz Osswald
Verlag	Friedrich Reinhardt Verlag, Basel ISBN 978-3-7245-1434-3
Gestaltung, Satz	Kaktus Grafik, Riehen
Druck	Reinhardt Druck Basel
Fotos	Christian Flierl, Basel

Wort zum Geleit

«Der Tod tanzt mit allen», «Im Tode sind wir gleich» oder «Von Ruhe getragen dem Licht entgegen». Das sind drei Beispiele für Kapitelüberschriften des vorliegenden Jubiläumsbuchs «75 Jahre Friedhof am Hörnli». Der Blick auf das Inhaltsverzeichnis zeigt: Das Buch behandelt die ganze Bandbreite an Themen rund um den Tod auf sehr sensible und vielfältige Art.

Der Umgang mit dem Thema «Tod» beschäftigt uns alle – immer wieder. Wenn uns die Nachricht eines Todesfalls erreicht, halten wir inne. Alle Aufgaben und dringenden Angelegenheiten, die uns gerade beschäftigen oder uns wichtig erscheinen, spielen auf einmal eine untergeordnete Rolle und verlieren an Bedeutung. Unsere Gedanken und Gefühle konzentrieren sich ganz auf die verstorbene Person. Erinnerungen an gemeinsam Erlebtes werden gegenwärtig.

Oft sind wir in diesem Augenblick auch von Hilflosigkeit erfüllt. Wie gehe ich mit der neuen Situation um? Wie kann ich mich vom Verstorbenen verabschieden? Wie gehe ich auf die Angehörigen zu? Das Jubiläumsbuch hat nicht den Anspruch, als Ratgeber alle diese Fragen zu beantworten. Ich kann mir indessen gut vorstellen, dass die Lektüre der verschiedenen Beiträge es ermöglicht, sich besser mit dem Thema auseinanderzusetzen. Das Buch kann uns auch, soweit dies möglich ist, gedanklich auf den Tod vorbereiten, sei es der eigene oder der eines nahestehenden Mitmenschen. Und es zeigt, dass ein Todesfall neben den vielen traurigen Momenten auch Raum für fröhliche Gedanken zulässt.

Ich wünsche Ihnen, geschätzte Leserin, geschätzter Leser, Anregung und Freude bei der Lektüre!

Regierungsrätin Barbara Schneider,
Vorsteherin Baudepartement Basel-Stadt

Inhaltsverzeichnis

Friedhöfe auf Schritt und Tritt – Die Vorgeschichte   6

Franz Egger
Der Tod tanzt mit allen – Der Basler Totentanz   8

Sibylle Meyrat
Der lange Weg zum Zentralfriedhof – Ein Blick in die Geschichte   16

Garten der Ewigkeit – Der Friedhof am Hörnli   80

Jürgen Voss
Ruhe und Ordnung – Prinzipien einer Friedhofsanlage   82

Bildserie 1   89

Franz Osswald
Ein Ort der Stille und Erholung – Die Abteilung 12   104

Thomas Gerspach
Im Tode sind wir gleich – Vielfalt der Bestattungsformen   108

Simon Leuenberger
Lebendiges umhegen und pflegen – Die Friedhofsgärtnerei   112

Janine Kern
Arbeitsplatz Friedhof – 13 Porträts   116

Lena Albrecht
Wohlklang für die Toten – Musik an Abdankungsfeiern   142

Urs Höchle
Wachsame Augen – Die Friedhofkommission   148

Ralph Stojan, Susanne Buder
Kunstraum unter freiem Himmel – Kunst auf dem Friedhof   152

Bildserie 2   159

Hans A. Jenny
«Keebi», «Läppli», «Blasius» – Gräber von Basler Originalen   174

Peter Galler, Christoph Stutz
Geliebt und unvergessen – Die Sammlung Friedhof Hörnli   180

Sterben und Tod – Bestattungskultur in Basel   186

Daisy Reck
Liebevolle Hinwendung und Geduld – Das Hildegard-Hospiz   188

Karin Schaub
Von Ruhe getragen dem Licht entgegen – Kirchliche Sterbebegleitung   192

Bea Berczelly
Beraten, begleiten und helfen – GGG Voluntas   196

Wolf Südbeck-Baur **«Mir reichts, ich will jetzt sterben»** – Sterbehilfe in Basel	**200**
Bildserie 3	**207**
Michael J. Mihatsch **Die Toten dienen dem Leben** – Die Autopsie	**222**
Daniel Wyler **Verbrechen auf der Spur** – Die Rechtsmedizin	**228**
Alexander Egli **Vor dem Friedhof gehts aufs Amt** – Das Zivilstandsamt	**234**
Rita Wirz **Begräbnis auf Staatskosten** – Die unentgeltliche Bestattung	**238**
Barbara Imobersteg **Nach dem letzten Atemzug** – Die Bestattungsunternehmen	**240**
Rita Wirz **Ein letzter Blick in Würde** – Die Aufbahrung	**246**
Bildserie 4	**251**
Rita Wirz **«…und zur Erde wirst du zurückkehren»** – Die Erdbestattung	**266**
Rita Wirz, Ernst Stücklin **«Den Würmern entrissen, vom Feuer verzehrt»** – Die Feuerbestattung	**270**
Karl U. Völlmin **«Asche zu Asche»** – Das Krematorium	**276**
Janine Kern **Eins werden mit den Elementen** – Alternative Bestattungsarten	**282**
Xaver Pfister **Riten als Gehäuse für die Seele** – Plädoyer für Bestattungsrituale	**288**
Christoph Peter Baumann **Andere Religionen, andere Rituale** – Bestattung von Nichtchristen	**294**
Stefan Mesmer-Edelmann **Erinnerung in Stein gehauen** – Die Grabmalkunst	**298**
Emanuel Trueb **Beständigkeit im Wandel** – Ein Blick in die Zukunft	**302**
Autorinnen- und Autorennachweis	**306**
Bildnachweis	**307**
Literaturnachweis	**308**
Dank	**311**

Friedhöfe auf Schritt und Tritt
– Die Vorgeschichte

Der Tod hat keine Sense mehr, um in die Hälse wie unter die Halme zu fahren, die Ähren einzutragen, das Mutterkorn auszuscheiden, keine häutenen Flügel und keinen Drachenschwanz. So war er noch zu sehen auf alten Bildern, schrecklich hingemalt, ein Menschenfresser. Im Schädel keine Augen mehr, nur Höhlen, und statt der Nase nur ein Loch, deswegen sah und roch er keine Spur von der Not, die ihm stets in einer dicken Schwade folgte; an der Schädelseite keine Ohren, daher hatte er kein Gehör fürs Wimmern und Klagen am Bettrand; nur die Zähne bestückten noch den Totenkopf, zum Beissen und Fressen. Eigentlich nicht schlecht getroffen.

Egal. Von solch finsteren Mären weiss man sich gründlich befreit, weiss, dass es so ja hinten und vorne nicht stimmt.

Himmel und Hölle sind aufgeflogen wie dubiose Geschäftereien in Spelunkenhinterzimmern. Eine Razzia hats gegeben, Vernunft trat bis an ihre Zähne bewaffnet mit der Tür ins Haus und führte alle kleinen Schwindler in Engels- und Teufelskostümen ab. Der Tod muss seither ohne Heimat auskommen und in sinnloser Heimtücke durch die Lande irren, um den einen das Leben und den anderen die Worte zu rauben, dem die Knochen zu verschlagen und der die Sprache.

Jan Lurvink

Franz Egger

Der Tod tanzt mit allen – Der Basler Totentanz

Das einst berühmte Totentanzbild an der Friedhofsmauer bei der Predigerkirche, das fremde Besucher im 17. und 18. Jahrhundert als Basler Sehenswürdigkeit bestaunten und beschrieben, wurde im August 1805 mit der Niederlegung der Mauer zerstört. Auf der Innenseite der rund 60 Meter langen und zwei Meter hohen Mauer hatte sich seit etwa 1440 ein gemalter Totentanz mit ungefähr lebensgrossen Figuren befunden. Dem Eingreifen einiger Kunstfreunde im Jahr 1805 ist die Rettung von 19 Bild- und drei Textfragmenten zu verdanken. Diese Fragmente, einige Beschreibungen und alte Kopien des 17. und 18. Jahrhunderts ermöglichen es, eine recht gute Vorstellung des zerstörten Bildes zu gewinnen (Abb. S. 12).

Eine Predigtszene leitet den Tanzreigen ein. Im Freien predigt ein Geistlicher vor einer kleinen Zuhörerschaft offenbar über Sterben und Tod. Aus einem Beinhaus springen zwei Knochenmänner und spielen mit Trommel und Pfeife zum Tanz auf. 37 Tanzpaare, jeweils bestehend aus einer Todesgestalt und einem sterbenden Menschen, bewegen sich auf das Beinhaus zu. Der Tod erscheint als verwesende Leiche, manchmal mit Haaren, manchmal mit aufgeschlitztem Bauch und kriechendem Gewürm versehen. Die Menschengestalten, erkennbar an ihren Attributen wie Papstkrone, Äbtissinnenstab, Narrenkappe oder Dreschflegel, müssen mit den makabren Todesgestalten buchstäblich in den Tod tanzen.
Die Reihenfolge der Sterbenden spiegelt den hierarchischen spätmittelalterlichen Aufbau der Gesellschaft. Der Papst führt den Zug an, ihm folgen Kaiser, Kaiserin, König und Königin. Weitere Vertreter der kirchlichen und weltlichen Obrigkeit setzen den Reigen fort. Viele Berufs- und Ständevertreter der mittelalterlichen Stadt treten auf: Jurist, Ratsherr, Arzt, Edelmann, Edelfrau, Kaufmann. Auch sozial Ausgegrenzte müssen in den Tod tanzen: Henker, Juden, Heiden. Am Ende der hierarchischen Leiter steht der Bauer.

Der als verwesende Leiche personifizierte Tod variiert das Grundthema, die Sterblichkeit aller Menschen und die Ungewissheit der Todesstunde. Der Tod holt alle ab. Vor ihm schwinden Macht, Reichtum, Ordnung und Schönheit dahin. Sterben und Tod sind Grundbedingungen des Menschen. Niemand kann dem Tod entrinnen, ungewiss ist nur der Zeitpunkt der Todesstunde. Obwohl die Bildaussage keine religiöse war, stand der Totentanz im Dienste von Religion und Kirche. Dass das Bild auf Wirkung abzielte, zeigt sein Öffentlichkeitscharakter an der Mauer des Laienfriedhofs des Basler Dominikanerklosters. Auf dem Laienfriedhof wurden vor allem Menschen des benachbarten Quartiers bestattet, die mit dem Dominikanerkloster besonders verbunden waren. Plakativ wollte das Bild mit der beschwörenden Erinnerung an die Allgegenwärtigkeit und die Allmacht des Todes die Menschen zu religiöser Busse wachrütteln und zur Umkehr anspornen. Sterben und Tod als menschliche Realitäten waren der Religion und der Kirche dienstbar gemacht worden. Die gemalte (dominikanische) Busspredigt war eine immerwährende Aufforderung an die Lebenden, Busse zu tun, umzukehren und das Leben auf Gott auszurichten. Das Abzielen auf Wirkung entsprach ganz den seelsorgerischen Absichten der Bildbesitzer, der Dominikaner.

Die Dominikaner

Der Dominikanerorden, 1216/17 in Toulouse zur Bekämpfung französischer Irrlehrer gegründet, formte das Ordensziel rasch in das allgemeine Anliegen um, mit systematischer Verkündigung dem Seelenheil der Menschen zu dienen. Zur Verwirklichung dieser Idee liessen sich fast alle Dominikanergemeinschaften in Städten nieder. Im Jahr 1233 kamen die Dominikaner nach Basel. Der Konvent wuchs rasch und erlebte von 1290 bis 1370 eine Blüte. Im Jahr 1429 wurde die Basler Niederlassung reformiert, das heisst auf die ursprüngliche Regel verpflichtet. Der Basler Konvent nahm aktiv am Basler Konzil (1431–1448) teil. Man hat denn auch immer wieder die Vermutung geäussert, der um 1440 gemalte Totentanz sei von Konzilsteilnehmern gestiftet worden. Weder Schriftquellen noch das Bild selbst untermauern diese Annahme. Die Observanten pflegten eine verinnerlichte Frömmigkeit. Geringschätzung alles Irdischen und Weltentsagung waren Idealtugenden. Auch das Totentanzbild mahnte zur Weltverachtung und Weltentsagung. Eindringlicher und kraftvoller als Predigten und theologische Traktate führte das Bild den theologisch ungeschulten oder gar leseunkundigen Menschen die Hinfälligkeit alles Irdischen vor Augen. Dass auch die Mächtigen und Reichen sterben mussten, konnte jedermann im Alltag sehen. Das Abbilden dieser Realität dürfte die beklemmende und schockierende Wirkung des Totentanzes noch gesteigert haben.

Im Dienste des reformierten Glaubens

Als im Zuge der Reformation 1529 das Dominikanerkloster aufgehoben wurde, kam der Totentanz in den Besitz der Stadt Basel. Im Jahr 1568 liess der Rat das Bild durch den Maler Hans Hug Kluber (1535/36–1578) renovieren. Mit einem Kunstgriff erneuerte Kluber die Funktion des Totentanzes als religiöses Mahnmal für die reformierte Bevölkerung und rettete damit das Bild in die neue Zeit hinüber. Die Busspredigt des Kanzelredners deutete Kluber in reformatorischer Weise um, indem er den Prediger (ursprünglich wohl ein Dominikaner) in den Talar eines reformierten Prädikanten steckte und der Person die Porträtzüge des Basler Reformators

Johannes Oekolampad (1482–1531) verlieh. Nun mahnte der Vater der Basler Reformation die Neugläubigen zu Busse und Umkehr. Darüber hinaus machte das Porträt Oekolampads den Totentanz zum frühesten Reformatorendenkmal Basels. Abgesehen von starken Übermalungen veränderte Kluber auch den Schluss des Bildes. Inspiriert vom Totentanz des Niklaus Manuel Deutsch beim Dominikanerkloster Bern (gemalt 1516–1520) fügte Kluber die Figuren des Kochs, des Malers (Selbstbildnis) und der Malerin ein. Damit hatte er sich und seiner Frau Barbara Haller ein Denkmal gesetzt. Kluber deutete Sterben und Tod biblisch, malte ein Jüngstes Gericht in das Giebelfeld des Beinhauses und eine Verführung des ersten Menschenpaares an das Ende des Tanzreigens (Abb. S. 14). In der ursprünglichen Fassung hatte hier wahrscheinlich ein zweiter Prediger (Dominikaner?) den Totentanz abgeschlossen. Die deutschen Vierzeiler, die den Sterbenden und den Todesgestalten in den Mund gelegt waren, gehen wahrscheinlich auch auf Kluber zurück. Die hohe Wertschätzung des erneuerten und veränderten Bildes äussert sich in den nun einsetzenden Text- und Bildwiedergaben, von denen die Radierungsfolge von Matthäus Merian dem Älteren (1593–1650) aus dem Jahr 1621 die berühmteste wurde. Das Werk erlebte zahlreiche Neuauflagen.

Im 17. Jahrhundert waren weitere Restaurierungsarbeiten notwendig. In den Jahren 1614–1616 liess der Rat das Bild durch Emanuel Bock, einen Sohn des bekannten Hans Bock, erneuern. Unter Bürgermeister Johann Rudolf Wettstein folgte 1657/58 durch Hans Georg Meier und seinen Gesellen Samuel Wurstisen die dritte Erneuerung. 40 Jahre später restaurierten die Gebrüder Benedikt und Hans Georg Becker das Bild ein viertes Mal. Es sollte die letzte Restaurierung sein.

Vernachlässigung und Untergang

Im 18. Jahrhundert wurde das Bild vernachlässigt. Die Figuren des Totentanzes waren ballspielenden Kindern eine beliebte Zielscheibe. Der Rat rechnete offenbar mit dem baldigen Untergang des Bildes. 1768 beauftragte man den Topografen Emanuel Büchel (1705–1775) mit der Anfertigung einer Kopie. Zu Beginn des 19. Jahrhunderts war die Verwahrlosung so weit fortgeschritten, dass man die Niederlegung der Mauer und die Umgestaltung des ehemaligen Friedhofs in einen kleinen Park erwog, was die Bevölkerung des Quartiers sehr begrüsste. Am 5. und 6. August 1805 wurde die Mauer abgebrochen, das Bild zerstört, Basel um eine Sehenswürdigkeit ärmer.

Der Untergang des Basler Totentanzes war kein spontaner Akt von Bilderstürmern, sondern die Folge einer veränderten inneren Haltung. Das Zeitalter der Aufklärung mit der Betonung des Diesseits und der erstrebten Befreiung der Menschen von allen religiösen Zwängen vermochte einem Bilde, das an die Allmacht und Allgegenwart des Todes erinnerte, nichts abzugewinnen. Die Funktionsfähigkeit, die den Totentanz über Reformation und Bildersturm hinweg gerettet hatte, war ihm in einem neuen Zeitalter mit neuen und anderen Werten zum Verhängnis geworden.

Zur Künstlerfrage

Der Anlass für das monumentale Bild ist ebenso unbekannt wie dessen Künstler. Der vermutete Zusammenhang zwischen Pest und Totentanz ist naheliegend, aber nicht belegt. Im Jahr 1439 raffte die Pest mit ungefähr 5000

Toten etwa die Hälfte der damaligen Stadtbevölkerung hinweg. Das Erlebnis einer Pestseuche, die in kurzer Zeit Verwandte und Freunde, Reiche und Arme, Grosse und Kleine, Junge und Alte umbrachte, steigerte die Angst vor dem Tode und verstärkte die Idee der Gleichheit. Pestepidemien, Hungersnöte, Massenelend, Kriege und medizinische Ohnmacht schufen eine Grundstimmung, in welcher der Tod eine zentrale und allgegenwärtige Stellung einnahm. Die Präsenz des Todes war gewiss ein günstiger Nährboden für viele literarische, theologische und künstlerische Werke mit Todesthematik, genügt aber schwerlich als ausreichende Erklärung für die Hochblüte des Totentanzmotivs im Spätmittelalter.

Zwei Künstlernamen wurden immer wieder genannt: Hans Holbein der Jüngere (1497/98–1543) und Konrad Witz (um 1400 bis vor 1447). Die moderne Forschung hat Holbein längst ausgeschlossen. Das 20. Jahrhundert brachte Konrad Witz ins Spiel. Gewisse Ähnlichkeiten in den Gesichtern der Totentanzfiguren mit den kubisch geformten Gesichtern von Witz können auf die gleiche Zeit und Umgebung zurückgeführt werden. Die fehlende Räumlichkeit, die flächenhafte Kompositionsweise, vor allem aber das Motiv des Tanzes sprechen gegen ein Werk von Witz. Jede Stilanalyse ist wegen der fragmentarischen Erhaltung und der vielen Übermalungen des Totentanzes ohnehin schwierig. Die vor ein paar Jahrzehnten vorgenommene Freilegung der originalen Malschicht bei sechs Fragmenten verrät jedenfalls einen sehr guten Künstler von hoher Qualität (Abb. S. 15). Der unbekannte Künstler hatte ein Werk geschaffen, das noch heute bewegt und fasziniert.

Der Prediger Totentanz,
Aquarellkopie,
Johann Rudolf Feyerabend, 1806,
Historisches Museum Basel,
Aufnahme Maurice Babey.

Der Prediger Totentanz,
Ausschnitt aus der Aquarellkopie,
Johann Rudolf Feyerabend, 1806,
Historisches Museum Basel,
Aufnahme Maurice Babey.

Der Kardinal,
Fragment aus dem Basler Totentanz,
Wandmalerei, um 1440 (ohne spätere Übermalungen),
Historisches Museum Basel,
Aufnahme Maurice Babey.

Sibylle Meyrat

Der lange Weg zum Zentralfriedhof – Ein Blick in die Geschichte

«Es ist frei und sonnig, es kann von den Winden gut durchlüftet werden und gestattet ein reiches Pflanzenlegen. Die Lage ist in landschaftlicher Beziehung sehr hübsch, sie bietet einen prächtigen Ausblick gegen Jura und Vogesen.»
So beschrieb das Sanitätsdepartement des Kantons Basel-Stadt vom 30. Januar 1918 in einem Brief an den Regierungsrat das Gelände am Fuss des Grenzacher Horns. Die Suche nach einem Standort für den geplanten Zentralfriedhof war aufwändig und zog sich über mehr als zehn Jahre hin. Zahlreiche Bedingungen mussten erfüllt sein, mehrere Vorprojekte waren bereits gescheitert. Im März 1919 hiess der Grosse Rat des Kantons Basel-Stadt die Anlegung eines Zentralfriedhofes am Hörnli gut. Acht Jahre später war die letzte erforderliche Parzelle gekauft. Am 1. Juni 1932 wurde der grösste Zentralfriedhof der Schweiz offiziell eröffnet.

Seit Jahrtausenden bestatten Menschen ihre Angehörigen. Doch die Ansichten darüber, wie und wo dies geschehen soll, haben sich im Lauf der Zeit stark verändert. Wie viel Platz dürfen die Toten in Anspruch nehmen? Sind sie möglichst nahe bei den Lebenden zu begraben, sodass sie jederzeit besucht werden können? Oder verlangen sie nach einer eigenen «Stadt», einer Nekropolis, die klar getrennt ist von der Stadt der Lebenden? In der Architektur von Begräbnisplätzen, in der Wahl ihres Standorts und in ihrer Bepflanzung spiegeln sich die Vorstellungen, die die Lebenden vom Tod haben.

Von einer ewigen Totenruhe, wie sie etwa der Islam und das Judentum in ihren Glaubensgrundsätzen festschreiben, kann in Basel keine Rede sein. Selbst wenn seit der Eröffnung des Zentralfriedhofs Hörnli eine gewisse Ruhe eingekehrt ist – wer weiss, wie lange sie währen wird? Für alle, die nach 1932 geboren sind, ist «das Hörnli» seit ihren Lebzeiten da. Die Vorstellung, dass hier eines Tages etwas anderes als ein Friedhof liegen könnte, hat etwas Befremdendes. Doch würde damit nur ein weiteres Kapitel in der bewegten Geschichte der Basler Friedhöfe beginnen.
Die Aktenbestände im Staatsarchiv des Kantons Basel-Stadt zum Thema Friedhöfe und Bestattungswesen nehmen mehrere Laufmeter ein. Baupläne, Ratschläge, Briefwechsel und Gutachten erzählen von unzähligen Verlegungen, Erweiterungen, Schliessungen und Neueröffnungen im Lauf der Jahrhunderte. Wenn hier ein Überblick bis zur Eröffnung des Zentralfriedhofs Hörnli versucht wird, muss er fragmentarisch bleiben.

Wer heute durch Basel spaziert, ahnt kaum, über wie viele ehemalige Friedhöfe sein Weg führt. Die Stadt ist übersät damit. An Plätzen, wo einst die Toten ruhten, rauscht heute der Verkehr (Claraplatz), laden Grünanlagen zum Flanieren ein (Kannenfeldpark, Botanischer Garten), stellen Cafés im Sommer ihre Tische nach draussen (Andreasplatz, Barfüsserplatz) oder gastieren Zirkusse und die Herbstmesse (Rosentalanlage).

Gewandelt haben sich nicht nur die Lokalitäten selbst, sondern auch ihre Bezeichnungen. Neben Friedhof war in Basel auch «Kilchhof» gebräuchlich und bis heute hat die Gemeinde Riehen ihren eigenen «Gottesacker». Andernorts wurden die Friedhöfe auch Leichenhof, Liichlegi, Totenhof oder Totenacker genannt. «Friedhof» leitet sich nicht etwa von Frieden ab, sondern von Einfriedung, da die Kirchhöfe im Mittelalter immer von einer Mauer umgeben waren.

Die Bezeichnung «Gottesacker» kam auf, als die Friedhöfe in grösserer Entfernung von den Kirchen gebaut wurden. In Basel war dies erst im 19. Jahrhundert der Fall. Eine Ausnahme bildete der 1264 erstmals erwähnte jüdische Friedhof «der juden garten zu Spalen». Dieser Begräbnisplatz wurde ausserhalb der Stadtmauern, in der Nähe des heutigen Spalentors gebaut und wurde 1349 im Rahmen einer grausamen Judenverfolgung zerstört. Ein zweiter jüdischer Friedhof, 1394 am Hirschgässlein 17 angelegt, war nur drei Jahre in Betrieb, bis die jüdische Gemeinde erneut zur Flucht gezwungen wurde. Die 1805 in Basel gegründete jüdische Gemeinde bestattete ihre Toten bis 1903 im elsässischen Hegenheim. Ihr Wunsch nach einem eigenen Friedhof in Basel, der den speziellen religiösen Vorschriften Rechnung trug, wurde mehrmals abgewiesen. Am 13. März 1902, nachdem die Bestattungen in Hegenheim zunehmend schwieriger geworden waren, genehmigte der Grosse Rat das Anliegen der israelitischen Gemeinde, in Basel einen eigenen Friedhof anzulegen und unter Aufsicht des Sanitätsdepartementes zu betreiben. Im August 1903 wurde der jüdische Friedhof zwischen der heutigen Theodor Herzl-Strasse und der französischen Grenze eingeweiht. Er ist bis heute in Betrieb und bietet Platz für rund 4800 Gräber.

Vom Rand ins Zentrum

Die Toten innerhalb der Stadtmauern zu bestatten, wurde erst im Lauf des Mittelalters gebräuchlich. In vielen Städten der griechisch-römischen Antike war die Bestattung innerhalb der Stadtmauern gesetzlich verboten. Die Begräbnisplätze lagen meistens an den Ausfallstrassen der Städte. Das galt auch für die Gebeine von Märtyrern und Heiligen. Ein wichtiger Begräbnisplatz für die Stadt Basel war vom 4. bis 7. Jahrhundert n. Chr. eine in der Aeschenvorstadt gelegene Kastellnekropole ausserhalb der antiken Stadtmauern. Im 8. und 9. Jahrhundert rückten die Gräber näher an die Siedlungen der Lebenden heran. Kurz vor der Jahrtausendwende wurden in Basel die Toten auf dem heutigen Münsterplatz begraben – mitten im damaligen Stadtzentrum, wurde doch auf dem Münsterplatz auch Markt abgehalten. Die Verschiebung der Gräber von den Siedlungsrändern ins Zentrum hing eng mit dem Reliquienglauben zusammen. Seit dem 6. Jahrhundert kamen die Kirchen in Städten und Dörfern vermehrt in den Besitz von Reliquien, echten oder vermeintlichen Überresten verstorbener Heiliger. Im gleichen Mass stieg ihre Attraktivität als Begräbnisort. Je näher jemand bei den Gräbern der Heiligen und Märtyrer bestattet lag – so der christliche Glaube –, desto grösser war seine Chance auf einen privilegierten Platz im Jenseits. Weit über das Mittelalter hinaus galten deshalb Kirchen und Klöster als bevorzugte Bestattungsorte.

Alle Klöster im mittelalterlichen Basel unterhielten ein Gräberfeld zur Beisetzung von Laien – getrennt vom Friedhof für Mönche und Nonnen. Letztere wurden also über ihren Tod hinaus in der Klausur gehalten. Ausnahmen gab es dennoch: So konnten sich Stifter und Gönner des Klosters und ihre Angehörigen gegen entsprechende Bezahlung auf dem Gräberfeld der Geistlichen bestatten lassen.
Grundsätzlich hatte jeder Stadtbewohner das Recht, in der Kirchgemeinde beigesetzt zu werden, der er zu Lebzeiten angehörte. Er konnte sich aber auch an einem anderen Ort bestatten lassen, was für seine Pfarrkirche unter Umständen erhebliche finanzielle Einbussen nach sich zog. Wie Erasmus von Rotterdam in seinen 1518 erstmals erschienenen «Gesprächen» schildert, kam es aus diesem Grund zu erbitterten Streitereien zwischen den Geistlichen. Mit verschiedenen Bestimmungen versuchte man, das Problem zu lösen. So musste eine Pfarrkirche, die einen Toten aus einer anderen Gemeinde bestattete, dieser einen Viertel des Erlöses der Beerdigung auszahlen. Oder eine Leiche wurde zunächst in «ihrer» Pfarrkirche zum sogenannten letzten Abschied aufgebahrt, bevor man sie zur Bestattung in eine andere Kirche überführte. So bekam erstere wenigstens die Abschiedsgelder, die die Erben bei diesem Anlass entrichten mussten.

Folgende 18 Friedhöfe für das mittelalterliche Basel – sämtliche in direkter Nähe von Kirchen und Klöstern gelegen – zählt ein Ratsbeschluss von 1450 auf: Münster, St. Ulrich, Deutschordenskapelle, St. Alban, Elisabethenkapelle, Sternenkloster, Barfüsserkloster, St. Leonhard, Gnadenthal, St. Peter, Predigerkloster, Johanniterkomturei, St. Martin, Augustinerkloster, St. Andreaskapelle, St. Theodor, Klarakloster und Klingenthal. Im Lauf des 16. Jahrhunderts wurden die Friedhöfe St. Andreas, St. Ulrich und zu Augustinern aufgehoben. Ein Teil des Barfüsserkirchhofs wurde 1529 zu einem Platz umgestaltet, der als Holzmarkt diente. Die anderen mittelalterlichen Begräbnisstätten wurden noch jahrhundertelang benützt und behielten im Grossen und Ganzen ihre Form. Zu jedem Kirchhof gehörte ein Beinhaus. Hier wurden die Knochen aufbewahrt, die man vor dem Wiederbelegen der Gräber aus der Erde holte. Auch ein Hochkreuz sowie Totenleuchten, Sammelkassen für Almosen und Weihwasserbecken waren auf fast allen mittelalterlichen Kirchhöfen zu finden.

Auf heutigem Kantonsgebiet sind zwei weitere Bestattungsplätze zu erwähnen: Im Hof der Wallfahrtskirche St. Chrischona und in der nächsten Umgebung der Dorfkirche Riehen, der sogenannten Kirchenburg, bestatteten Riehener und Bettinger etwa ab dem Jahr 1000 während mehreren Jahrhunderten ihre Toten.

Keine Orte des Friedens

Die Friedhöfe des Mittelalters und der frühen Neuzeit waren keine Orte der Ruhe und Pietät. Insbesondere in ländlichen Regionen waren sie Brennpunkte des sozialen Lebens, dienten als Gerichtsstätten, Marktareale und Versammlungsorte. Hochzeiten wurden gefeiert und Fruchtbarkeitsrituale zelebriert. Hinter den Friedhofmauern fanden Verfolgte Asyl und in Kriegszeiten nutzte man die Umfriedung der Bestattungsorte als Bollwerke.

Dies war auch in Basel der Fall. So beklagte der Basler Pfarrherr Johann Rudolf Wettstein 1729 chaotische Zustände auf dem Friedhof St. Leonhard, der ausgelassene Jugendliche, Grabräuber und weidendes Vieh gleichermassen anzog. «Es wird schwerlich ein Kirchhof in einer christlichen Stadt zu finden sein, welcher so vieler und grosser Profanation exponiert und unterworfen, wie solches fast täglich wahrzunehmen, sowohl an der ausgelassenen sich allda öfters versammelnden Jugend, Herumlaufen, Geschrei, Steinwerfen in die Kirchenfenster und auf die Dächer der in der Tiefe liegenden Häusern und anderer schandlichen Ungebühr, als auch an Menge der Wagen, Fürsorgung der Pferden und alles andern Viehs, so darauf zu weiden oder sonst darüber geführt werden. Dahero es dann geschieht, dass immer so viel ohnbedeckte oder hervorgescharrte Todtengebein und Schädel offentlich gesehen und mit Füssen herumgestossen werden, zu grosser Argernuss aller Vorbeigehenden, sonderlich der Fremden, welche sich höchstens verwundern, dass dergleichen bei ihnen heilige Orth mit solcher Licentz verunehret werden. Auch sind des Nachts Leute beobachtet worden, welche bei oder in den Gräbern gegraben, ohne dass wir sagen könnten, was sie dabei gesucht oder darein gelegt oder daraus genommen haben.» Mit seinen Klagen stiess der Kirchenvorstand beim Rat vorläufig auf taube Ohren. Es waren noch zahlreiche Vorstösse nötig, bis der Kirchhof St. Leonhard 1814 geschlossen wurde.

Auch andere Begräbnisplätze in Basel wurden vielseitig genutzt, wie aus einem Bericht von 1769 hervorgeht. Im unteren Teil des Elisabethengottesackers habe der Sigrist sich einen Kraut- und Rebgarten angelegt, wobei es anlässlich der Weinlese oft laut zugehe. Auch die Nachbarn würden sich den Platz zu allen erdenklichen Zwecken nutzbar machen, zum Beispiel, um Holz zu stapeln. Auf dem Gottesacker St. Johann pflanzte der Hirt der St. Johanns-Vorstadt laut Bericht Kartoffeln an und im Häuschen, das zur Aufbewahrung von Totenbahren und Grabgeräten dienen sollte, hatte er sich einen Lagerplatz für Ross und Knecht eingerichtet.

Mit seiner Klage über die chaotischen Zustände auf dem Friedhof St. Leonhard befand sich Johann Rudolf Wettstein in guter Gesellschaft. Genau 200 Jahre zuvor hatte Martin Luther in seiner Abhandlung «Ob man vor dem Sterben fliehen möge» einen neuen Friedhoftyp gefordert, der den Hinterbliebenen für das Totengedenken eine pietätvolle Atmosphäre schaffen sollte. Ein «feiner stiller Ort ... darauff man mit andacht gehen und stehen» könne. Die bisher so wichtige Nähe zu den Gräbern der Märtyrer und Heiligen war für die Reformatoren kein Thema mehr. Wie die Reliquienverehrung überhaupt lehnten sie diese Glaubensvorstellungen ab. So fiel es Luther auch nicht schwer, Friedhöfe ausserhalb der Städte zu befürworten, sofern dies aus gesundheitlichen Gründen angebracht sei. Bis es so weit war, sollte es aber an den meisten Orten noch lange dauern.

Die Angst vor den Leichengiften

Über die gesundheitsschädigende Wirkung der innerstädtischen Friedhöfe entzündete sich ab dem 16. Jahrhundert eine Debatte, an der sich Ärzte und Hygieniker aus ganz Europa beteiligten. Für die neuen Experten über Leben, Gesundheit, Krankheit und Tod galten die traditionellen Begräbnisplätze und -sitten als inakzeptabel. Die Frage nach der Zusammensetzung und Wirkung der «Leichengifte», die bei der Verwesung der toten Körper als Flüssigkeiten und Ausdünstungen entstünden, beschäftigte den schnell wachsenden Berufsstand der Mediziner und führte zu einer Flut von Traktaten, Untersuchungen und Ratschlägen. In der Folge wurden im 18. und 19. Jahrhundert, vereinzelt auch früher, zahlreiche Friedhöfe europäischer Städte an die Siedlungsränder verlegt. Bevorzugt wurden Standorte an leicht erhöhter Lage, da dies laut den Gesundheitsexperten die Verflüchtigung der Leichengase begünstige. Auch bei der gärtnerischen Gestaltung der neuen Friedhöfe redeten die Hygieniker mit: Sie rieten zu einer lockeren Bepflanzung, die die freie Luftzirkulation nicht behindern sollte.

Möglich war die grosse Zahl von Friedhofverlegungen nur, weil sich durch die Reformation die Vorstellungen über den Tod und das Leben tiefgreifend verändert hatten. Als treibende Kraft wirkte Frankreich. Aber auch im katholischen Österreich setzte Kaiser Franz Joseph II. in den 1780er-Jahren geradezu revolutionäre Reformen im Bestattungswesen durch, die allerdings nach seinem Tod allesamt wieder abgeschafft wurden. Dennoch wirkten sie auf lange Sicht europaweit wegweisend.

In Frankreich wurde 1776 in einer königlichen Deklaration die Aufhebung sämtlicher gesundheitsgefährdenden Friedhöfe gefordert. Ab 1780 durften auf dem berüchtigten «Cimetière des Innocents» in Paris keine Toten mehr bestattet werden. Die 1804 von Napoleon I. erlassene Bestattungsordnung legte die Grösse, die Tiefe und den Abstand der Gräber ebenso fest wie den Turnus, das heisst die Ruhefrist, die bis zur Wiederbelegung eingehalten werden musste. Das napoleonische «Décret impérial sur les sépultures», das auch die Gesetzgebung in den französisch besetzten Gebieten prägte, schrieb ausserdem das Recht jeden Bürgers auf ein eigenes Grab fest. Beerdigungen in Massengräbern, wie sie in vielen Städten üblich waren, sollten damit ausgeschlossen werden. Ausserdem sollte es nicht mehr möglich sein, zwischen «ehrenhaften» und «unehrenhaften» Verstorbenen zu unterscheiden, wie es die Kirche zuvor jahrhundertelang getan hatte, indem sie beispielsweise Selbstmördern ein Begräbnis auf dem Kirchhof verwehrte.

Manche Traditionen wie etwa die Bestattung innerhalb von Kirchen, Kreuzgängen und Klöstern erwiesen sich als äusserst zählebig und überdauerten manche Reformbestrebung. Obwohl hygienisch fragwürdig und aus Sicht der Reformatoren völlig unnötig, hielt sich dieser Brauch in manchen Städten bis ins 19. Jahrhundert. Zu schwer wogen die Vorteile für die Geistlichen, denen die Kirchenbestattung eine willkommene Einkommensquelle bot und für die städtischen Eliten, die sich damit prestigeträchtig über den Tod hinaus im öffentlichen Raum inszenieren konnten. So erstaunt es nicht, dass die Eingabe der medizinischen Fakultät von 1766 an den Rat der Stadt Basel zunächst wirkungslos blieb. «Nichts ist in einer sonst wohl polizierten Stadt unerträglicher als der abscheuliche, aber durch die alte Ordnung heilige Gebrauch, die Toten in den Kirchen zu begraben», schrieben die Ärzte und forderten ein Verbot der Kirchenbestattung. Sie sei äusserst gefährlich, denn oft seien dadurch «epidemische bösartige pestilenzialische Fieber» entstanden oder sie hätten gar plötzliche Todesopfer gefordert.

Der Rat schränkte die Nutzungsrechte von Kirchengräbern zwar ein, erlaubte die Bestattung in Kirchen aber weiterhin, sofern die Gräber erst nach der Leichenrede geöffnet und nach Versenkung des Sarges sofort wieder geschlossen würden. Ferner drängte er auf das Einhalten der vorgeschriebenen Grabestiefe von sechs Schuh, was 1,80 Metern entspricht.

Immerhin bewirkte die Eingabe der medizinischen Fakultät eine Bestandesaufnahme der Basler Friedhöfe. Die damit beauftragten Steinmetze Daniel Bruckner und Daniel Büchel legten ihren Bericht 1769 dem Rat vor. Für jeden Friedhof führten sie die Zahl der belegten und verfügbaren Gräber auf und machten Änderungsvorschläge, wo sie diese für nötig erachteten.

Anlass zur Sorge gab einmal mehr der Friedhof St. Leonhard. Er sei überfüllt, die Grabestiefe werde nicht eingehalten, der Platz sei mit Holz und Schutthaufen verstellt, der Kreuzgang mit Fässern und Farbwaren versperrt, heisst es im Bericht. Ähnlich der Kirchhof St. Peter. Er sei derart überbelegt, dass einige Särge kaum mit Erde bedeckt werden könnten. Im Sommer und bei Witterungsumschlag sei der Verwesungsgeruch derart ausgeprägt, dass die gegen den Hof liegenden Zimmer des Pfarrhauses unbewohnbar seien.

Beim Friedhof St. Elisabethen störten sich die Steinmetze daran, dass der obere Teil, auf dem die Patienten des Spitals begraben wurden, und der untere Teil für die «armen Sünder», nicht klar voneinander getrennt waren und schlugen ein «Separationsmäuerchen» vor.

Weit wichtiger war aber ihr Vorschlag, die Kirchhöfe St. Leonhard und St. Peter zu schliessen und ihre Forderung für mehr Ordnung auf den Friedhöfen. Sie empfahlen, die Toten in der Reihenfolge ihres Ablebens zu bestatten, einer nach dem anderen, ohne Rücksicht auf Rang und Namen. Neue Grabsteine sollten nicht mehr geduldet werden, da sie zu viel Platz beanspruchen würden.

Zu einer einschneidenden Reform liess sich der Rat jedoch nicht bewegen. Er empfahl lediglich, die Kirchhöfe St. Leonhard und St. Peter für eine Weile zu schliessen, bis sich die Erde gesenkt hätte. Als Ersatz diente bis 1775 der Friedhof des einstigen Klosters Gnadental in der nähe des Spalentors.

«Vor Gott sind alle gleich» – Neuerungen im 19. Jahrhundert

Nachdem 1814 in Basel eine Typhusepidemie ausgebrochen war und mehrere Opfer im Innern von Kirchen bestattet worden waren, wuchs der öffentliche Druck auf den Rat. Zahlreiche Klagen gingen ein, darunter die Forderung des Bürgers Emil Burckhardt-Iselin. Ganz dem Geist der Aufklärung verpflichtet plädierte er für einen rationalen und pragmatischen Umgang mit dem Tod und den Bestattungen.

«Bahnen Sie den Toten den Weg aussert der Stadt, so verpflichten Sie die Lebenden durch gesundere Luft und die Philosophie gewinnt wieder einen Schritt über das Vorurteil. Es sei mein Nachbar in der Erde wer wolle, vor Gott sind wir alle gleich. Epitaphien, Ehrensäulen in Kirchgängen sind Schwachheiten.»

Auf Vorschlag des Sanitätsdepartements erliess die Regierung ein Verbot für Bestattungen im Kircheninnern. Trotzdem wurde weitere 40 Jahre lang auf den Kirchhöfen rund um die Pfarrkirchen und in den Kreuzgängen bestattet, bis 1858 mit Antistes Burckhardt, dem Vater von Jacob Burckhardt, der letzte Basler im Kreuzgang des Münsters beigesetzt wurde. Noch 30 Jahre später, im Mai 1886, erteilte der Regierungsrat eine Spezialbewilligung zur Beisetzung einer Leiche in der Gruft der Elisabethenkirche, der vermutlich letzten Kirchenbestattung im Kanton Basel-Stadt.

Vom Zentrum an den Rand

In der Folge des Verbots von Kirchenbestattungen kam es zwischen 1815 und 1832 zur Schaffung von vier neuen Friedhöfen. Bei der Berechnung des Platzbedarfs ging man von einer Bevölkerung von 25 000 bis 30 000 Personen aus. Als erster der neuen Friedhöfe wurde 1817 der neue Elisabethengottesacker der Münstergemeinde in Betrieb genommen. Er erstreckte sich über das Areal der heutigen Elisabethenanlage und des DeWette-Schulhauses (Abb. S. 32). Der alte gleichnamige Gottesacker wurde aufgehoben. Laut dem damaligen Totengräber war er so überfüllt, dass er fast nur noch aus Knochen bestand. Beim Ausheben der Gräber seien regelmässig unverweste Leichenteile zum Vorschein gekommen. In den 1840er-Jahren stand bereits die erste Erweiterung an. Bis zur Eröffnung des Gottesackers auf dem Wolf im Jahr 1872 blieb der neue Elisabethengottesacker in Betrieb.

1825 wurde der Spalengottesacker als erster Friedhof vor die Stadtmauern verlegt – abgesehen vom mittelalterlichen Gottesacker vor dem Spalentor, auf dem die jüdische Bevölkerung im 13. und 14. Jahrhundert ihre Toten begraben hatte. Bereits nach wenigen Jahren wurde auch hier der Platz knapp und durch den Ankauf zweier angrenzender Grundstücke Ende der 1830er-Jahre erweitert. Der Spalengottesacker, der der Leonhards- und Münstergemeinde als Begräbnisplatz diente, war bis 1868 in Betrieb.

Wenig später bekam auch Kleinbasel einen neuen Ort für seine Toten. Die Friedhöfe der Theodorsgemeinde waren hoffnungslos überfüllt. Im Rosental vor der Stadtmauer, heute zwischen der Rosental- und Riehenstrasse gelegen, wurde 1832 der neue Theodorsgottesacker mit einer Fläche von zweieinhalb Jucharten (90 Aren) in Betrieb genommen (Abb. S. 36). Die Abdankungskapelle auf der Rosentalanlage beim Messeplatz von Melchior Berri erinnert noch heute daran. Der Widerstand der reichen Basler, die sich hier in ihren Villen und Landsitzen zu erholen gedachten und keine Aussicht auf ein Gräberfeld wünschten, vermochte das Bauvorhaben nicht aufzuhalten. Nach der Eröffnung des neuen Gottesackers durften sämtliche Toten Kleinbasels nur noch im Rosental bestattet werden. Die vormaligen Begräbnisplätze in den Kirchhöfen von St. Theodor und St. Clara sowie im Klingental wurden aufgehoben. Wie sich herausstellte, war der Boden des Theodorsgottesackers für Verwesungszwecke nicht so günstig wie erhofft und vermochte die kalkulierte Zahl Verstorbener nicht aufzunehmen. Mitte der 1860er-Jahre wurde der Theodorsgottesacker auf die nahezu doppelte Grösse nach Südwesten erweitert. Eine weitere Vergrösserung folgte im Jahr 1878.

Sanitarisch unhaltbare Zustände herrschten auch rund um die Dorfkirche Kleinhüningen. 1882 wurde der dortige Friedhof an die Grenze verlegt. Wo bis 1932 Tote bestattet wurden, stehen heute Tankanlagen für den Rheinhafen. Das Spital bestattete seine verstorbenen Patienten ab 1845 auf einem Areal unmittelbar hinter dem St. Johanns-Tor (Abb. S. 6). Die letzte Beerdigung fand am 20. Juni 1868 statt. Anschliessend wurde das Gelände von der Stadtgärtnerei übernommen, rund 100 Jahre später wurde es von der autonomen Jugendszene besetzt und ist heute, wie viele andere ehemalige Friedhöfe, eine Parkanlage, die ihre bewegte Geschichte kaum erahnen lässt.

Ebenso wie in der Stadt platzten auch in den Landgemeinden Riehen und Bettingen die Kirchhöfe aus allen Nähten. Bis das Sanitätsdepartement des Kantons Basel-Stadt 1886 auch in den Landgemeinden die Bestattungen übernahm, waren diese Aufgabe der Einwohnergemeinden. Bereits 1759 wurde in Riehen über einen neuen Gottesacker ausserhalb der Siedlung nachgedacht. Um zusätzlichen Platz zu gewinnen, wurde zunächst das «Schänzli», eine Erhöhung gegen die Kirchstrasse hin, zum offiziellen Grabfeld erklärt. Daran nahmen die reicheren Einwohner Anstoss, wie der Dorfpfarrer Lucas Wenk 1827 schrieb. Denn auf dem Schänzli waren traditionellerweise diejenigen bestattet worden, die kein schickliches Grab auf dem Kirchhof bekamen – Fremde, Selbstmörder und Verunglückte. In dieser Nachbarschaft wollten die Reichen ihre Verwandten nicht bestattet wissen und versuchten, für sie trotz Platzmangel ein Grab im Kirchhof zu erstehen. «Die Geringeren beschweren sich mit allem Rechte darüber», schrieb Lucas Wenk. Beim Begräbnisplatz auf St. Chrischona hatte man neben dem Platzmangel ein weiteres Problem: Im steinigen Untergrund konnten die Gräber oft nur etwa einen Meter tief ausgehoben werden. Gelegentlich brachte das weidende Vieh unverweste Leichen wieder an die Oberfläche.

Das Anlegen eines neuen Gottesackers bedeutete für die Landgemeinden eine beträchtliche finanzielle Belastung. Bettingen beschloss, sich am Riehener Projekt zu beteiligen und verzichtete zunächst auf einen eigenen Begräbnisplatz. Die Gemeinde Riehen bekam für den neuen Gottesacker eine halbe Jucharte Land an der Mohrhalde geschenkt und kaufte eine weitere halbe Jucharte (18 Aren) dazu. An den Kosten der Gesamtanlage beteiligte sich Bettingen mit rund 20 Prozent. Der Gottesacker an der Mohrhalde wurde 1828 gebaut, 1864 erweitert und 1898 aus Platzgründen geschlossen (Abb. S. 33). Die Umfassungsmauer und die zu einem Pavillon umgebaute Abdankungskapelle erinnern bis heute an seine ursprüngliche Bestimmung. Aufgrund des Platzmangels an der Mohrhalde entschied sich Bettingen 1879 doch für einen eigenen Begräbnisplatz. Da man nur mit etwa sieben Bestattungen pro Jahr rechnete, begnügte man sich mit einer Fläche von 900 Quadratmetern. Der Gottesacker «Im Silberberg» wurde 1881 eingeweiht und ist bis heute in Betrieb.

Im Jahr 1886 ging das Bestattungswesen der Landgemeinden an das kantonale Sanitätsdepartement über. Ab 1894 suchte dieses einen geeigneten Platz für einen neuen Friedhof, möglichst ausserhalb des bewohnten Gebietes gelegen. Es fand ihn im Grienboden. Der neue Gottesacker mit Platz für 2000 Gräber wurde am 29. Januar 1899 eingeweiht. 1929 wurden die Gräber an der Mohrhalde geräumt und teilweise in den neuen Gottesacker überführt. Der Gottesacker im Grienboden ist bis heute in Betrieb. Einwohnerinnen und Einwohner Riehens sowie Personen mit Riehener Bürgerrecht haben in ihm eine Alternative zum Zentralfriedhof am Hörnli.

Bestattungen als Staatsaufgabe

Wurden von den städtischen Obrigkeiten bereits im ausgehenden Mittelalter einzelne Bestimmungen über Tiefe und Turnus der Gräber erlassen, so gab es in Basel bis Mitte des 19. Jahrhunderts keine eigentliche Bestattungsordnung. Vieles sei ungeordnet, schrieb der Obersthelfer Burckhardt im Jahr 1838. Es gebe keine festen Grundsätze, das ganze Begräbnisgeschäft sei dem Zufall und der Willkür überlassen.

Das sollte sich bald ändern. Die Verstaatlichung des Begräbniswesens führte zu neuen Untersuchungen, Erlassen, Gesetzen und Vorschriften. 1844 wurden in Basel die Verhältnisse zwischen dem Kleinen Rat, den Stadtbehörden und den Kirchenbännen neu geregelt. Der Kleine Rat gab seine Rechte an den Gottesäckern Spalen, Theodor und Elisabethen an die Stadtbehörden ab. Diese mussten ein Reglement ausarbeiten, in dem – ähnlich wie im napoleonischen Dekret von 1804 – Tiefe, Abstand und Turnus der Gräber festgesetzt wurden. Nach langen und umständlichen Beratungen trat das Reglement 1846 in Kraft. Oberaufsicht und Verwaltung der Gottesäcker lagen fortan beim Bauamt. Die Kirchenbänne – beim St. Johanns-Gottesacker war das Pflegeamt des Spitals anstelle des Kirchenbanns zuständig – mussten darüber wachen, dass die Vorschriften eingehalten wurden und keine heimlichen Beerdigungen stattfanden. Feste Vorschriften über den Turnus enthielt das erste Reglement noch nicht. Die Frage, nach wie vielen Jahren ein Grab zur Wiederbelegung freigegeben werden durfte, setzte das Bauamt in Absprache mit dem Kirchenbann fest und berücksichtigte dabei die Verwesungsdauer, die je nach geologischen Verhältnissen stark variieren konnte. Erst die «Gottesackerordnung der Stadt Basel» von 1868 schrieb einen Turnus von mindestens 20 Jahren vor.

Laut dem Reglement von 1846 waren die Friedhöfe nur an Sonn- und Feiertagen nach dem Abendgottesdienst geöffnet, je nach Jahreszeit bis 18 oder 19 Uhr, zudem an Ostern und Auffahrt nach dem Morgengottesdienst bis 12 Uhr. Gegen Gebühr konnten Gemeindeangehörige und Grabbesitzer aber beim Bauamt einen Schlüssel zum persönlichen Gebrauch auf Lebzeit ausleihen.

Die Trennung der Friedhöfe von den Kirchen stellte Architekten und Planer in ganz Europa vor neue Herausforderungen. Das Prinzip des Reihengrabs führte zu einer konsequent geometrischen Aufteilung mit rasterförmig angelegten Wegen. Am radikalsten wurde die streng geometrische Anordnung, gekoppelt an das Ideal der Gleichheit, bereits 1730 auf dem Begräbnisplatz der Herrnhuter Brüdergemeinde in Herrnhut (Oberlausitz) und auf dem Neuen Begräbnisplatz in Dessau (1787) verwirklicht. In Herrnhut hatten alle Grabsteine exakt die gleichen Ausmasse und wurden direkt in die rechteckigen, von Bäumen umrahmten Rasenflächen eingelassen. Ähnlich gleichförmig präsentierte sich der Dessauer Begräbnisplatz. Die zentrale Rasenfläche blieb frei von Grabsteinen. Wer sich verewigen wollte, konnte dies mit einer Schrifttafel in der Aussenmauer tun. Diese schlichten Grabfelder weisen auf die Ende des 20. Jahrhunderts zunehmend beliebten Gemeinschaftsgräber voraus.

So konsequent wie in Herrnhut und Dessau wurde die geometrische Ordnung jedoch selten umgesetzt. Zu stark war das Interesse privilegierter Gesellschaftsschichten, auch auf dem Friedhof einen speziellen Platz einzunehmen – und das Interesse des Staates, damit Geld zu verdienen. So war auch in Basel die Grundstruktur der städtischen Friedhöfe zweigeteilt: Gewöhnliche Reihengräber einerseits und besondere, meist an der Mauer oder am Rand liegende Familiengräber andererseits. Für Grabmäler gab es zwar Vorschriften, doch sie liessen einen relativ hohen Gestaltungsspielraum. Die Kirchenbänne hatten zu kontrollieren, ob die Grabmäler den Vorschriften entsprachen und verfügten gegebenenfalls die Entfernung unpassender Denkmäler oder Epitaphien. Die Möglichkeiten reicher Familien, sich über den Tod hinaus von der breiten Masse abzuheben, bestanden also weiterhin, waren aber gegenüber früher stark eingeschränkt.

Mit der Trennung von den Kirchen hatten die peripheren Stadtfriedhöfe auch ihre traditionellen Abdankungsräume verloren. Als Ersatz kam der neue Bautyp der Friedhofkapelle auf. Elisabethen-, Theodors- und Spalengottesacker verfügten über eine solche. Diejenige des Theodorsgottesackers ist bis heute erhalten und erinnert – umgeben von Messeturm, Schule für Gestaltung und Parkhaus – an eine Zeit, als sich hier vor den Stadtmauern eine noch unverbaute Ebene erstreckte.

Die Gottesäcker Kannenfeld, Wolf und Horburg

30 Jahre nach dem Bau des Theodorsgottesackers wurde auf den Grossbasler Friedhöfen der Platz knapp. Verschiedene Möglichkeiten, die Grabfläche zu erweitern, wurden geprüft und wieder verworfen. Dafür waren einerseits die rasant gestiegenen Bodenpreise verantwortlich, andererseits hatte sich inzwischen die Überzeugung durchgesetzt, die Begräbnisplätze seien nicht nur am Rand der Siedlung, sondern möglichst weit weg von derselben anzulegen. Im Februar 1861 beauftragte der Stadtrat das Brunn- und Bauamt, die Verlegung der Gottesäcker zu prüfen.

Vorgeschlagen wurden zwei Gebiete mit insgesamt 25 Jucharten: das Areal des Holeeletten zwischen Neubad-, Holee-, Letten- und Bachlettenstrasse sowie die Gegend zwischen Münchensteiner- und St. Jakobs-Strasse, ein leicht abfallendes Feld, «Auf dem Wolf» genannt. Laut der geologischen Gutachten, die das Brunn- und Bauamt in Auftrag gegeben hatte, war aber der Boden des Holeeletten sehr lehmhaltig und deshalb für Beerdigungszwecke ungeeignet. Das hielt den grossen Stadtrat nicht davon ab, einen Zentralfriedhof für Grossbasel an dieser Stelle zu planen. Die Anwohner wehrten sich mit Hilfe einer Petition und hatten Erfolg. Auch der Beschluss des Stadtrats vom Oktober 1864, den einzigen Friedhof Grossbasels «Auf dem Wolf» anzulegen, stiess auf Widerspruch. Bürger verschiedener Quartiere sprachen sich für mehrere Gottesäcker in den Quartieren aus. Ein Zentralfriedhof, der von den meisten Quartieren der Stadt weit entfernt liege, treibe die Bestattungskosten unnötig in die Höhe. Nach langen Diskussionen schlug die Gottesackerkommission schliesslich zwei neue Friedhöfe für Grossbasel vor: für die Bewohner der Quartiere links des Birsig den Kannenfeldgottesacker, für diejenigen rechts des Birsig den Wolfgottesacker. Am 9. April 1866 hiess der grosse Stadtrat den Ratschlag gut. Die Bewohner des Kleinbasels sollten weiterhin auf dem Theodorsgottesacker ihre letzte Ruhestätte finden.

Bei der Planung der Gottesäcker griff man auf das Material einer Studienreise von 1864 zurück. Eine Basler Delegation, bestehend aus dem Architekten Amadeus Merian, dem Stadtrat August Burckhardt-Iselin und dem Stadtschreiber Hans Burckhardt, hatte Süddeutschland bereist und dort unter anderem die Friedhöfe in Karlsruhe, Stuttgart, Heidelberg, Frankfurt, München und Nürnberg besichtigt. Aufgrund der Ergebnisse der Studienreise sah das Konzept für die Basler Friedhöfe neben einer Abdankungskapelle und einer Umfassungsmauer ein repräsentatives Eingangsportal, Wohnungen für Gärtner und Aufseher, Geräteschuppen und ein Leichenhaus vor. Leichenhäuser entstanden ursprünglich im Zusammenhang mit der im 18. Jahrhundert weit verbreiteten Angst vor dem Scheintod. Mit der generellen Aufbahrung im Leichenhaus, mit speziell geschulten Wächtern und komplizierten Weck- und Signalapparaten sollte verhindert werden, dass jemand lebendig begraben wurde. Von Anfang an dienten Leichenhäuser aber auch hygienischen Zwecken. In den engen Wohnungen der städtischen Unterschicht gab es kaum mehr Möglichkeiten, die Toten aufzubahren.

Als erster der neuen Friedhofsgeneration nahm 1868 der Kannenfeldgottesacker seinen Betrieb auf (Abb. S. 35). Mit einer Gräberflache von 25 Jucharten (neun Hektaren) bot er etwa drei Mal so viel Platz wie die nun aufgehobenen Friedhöfe beim Spalentor, beim St. Johanns-Tor und vor dem St. Johanns-Tor (Spitalgottesacker). Am 3. Juni 1868 wurde die Anlage, die den Staat inklusive Landerwerb rund 380 000 Franken gekostet hatte, feierlich mit Chorgesang und Posaunenmusik eingeweiht. Laut dem «Christlichen Volksboten aus Basel» bewegten sich «die Behörden in langem Zuge, umgeben von Tausenden des teilnehmenden Publikums, nach dem neuen Begräbnisplatze».

Der Weg, den die Trauerzüge bis zum Friedhof zurücklegen mussten, war nun sehr viel länger geworden. Vor allem katholische Kreise hingen nach wie vor am Brauch, den Sarg vom Haus des Verstorbenen bis zum Grab zu tragen. Das war nun viel schwieriger geworden, es mussten unterwegs mehrere Ruhepausen eingelegt werden. Nach der Fertigstellung aller Bauten auf dem Kannenfeldgottesacker wurde im Jahr 1869 mit dem Bau des Wolfgottesackers begonnen. Am 22. Februar 1869 bewilligte der Stadtrat den erforderlichen Baukredit von 241 000 Franken. Der neue Gottesacker mit einer Fläche von 14 Jucharten (504 Aren) wurde am 23. Mai 1872 feierlich eröffnet. Um 1 Uhr Mittag kündeten die Glocken des Münsters und der Elisabethenkirche das Ereignis an. Um vier Uhr nachmittags formierte sich der Zug der geladenen Gäste beim Sommercasino. Mit Gesang und Musik wurde er am reich geschmückten Portal empfangen.

Aber bereits ein Jahr später war die Zukunft des Gottesackers ernsthaft in Frage gestellt. Die Schweizerische Centralbahngesellschaft plante nämlich am selben Ort einen Rangier- und Güterbahnhof. Die Situation war so ungewiss, dass das Sanitätsdepartement eine völlige Verlegung des Friedhofs prüfte und bereits 1874 keine Bestattungen mehr zuliess. In den folgenden fünf Jahren wurden alle Verstorbenen Grossbasels auf dem Kannenfeldgottesacker beigesetzt. 1879 wurde der Wolfgottesacker wieder eröffnet. Der Regierungsrat trat eine Fläche von vier Jucharten (144 Aren) des unteren Friedhofgeländes an die Schweizerische Centralbahngesellschaft ab und erweiterte den Friedhof in östlicher und westlicher Richtung. In den folgenden Jahrzehnten kam es mehrmals vor, dass Familiengräber verlegt und die Friedhofmauer verschoben werden musste, um Eisenbahn, Tram und der umliegenden Industrie mit ihren Fabrikgebäuden Platz zu schaffen. Laut der Kunsthistorikerin Anne Nagel ist von der einst geschlossenen, idyllischen Gartenanlage, die sich harmonisch in die Landschaft einfügte, eine deformierte Anlage in «völlig unadäquater urbaner Situation» übrig geblieben. Dem Expansionsdruck von Verkehr und Industrie hielt der Wolfgottesacker dank mehreren Umgestaltungen stand. Bis heute finden hier Bestattungen in Familiengräbern statt. In unmittelbarer Nähe zu Bahngeleisen, Lagerhallen und Eingangszentren breiten Marmorengel über blumenbepflanzten Gräbern ihre Flügel aus.

Auch im Kleinbasel wurde der Platz auf dem einzigen noch in Betrieb stehenden Friedhof, dem Theodorsgottesacker, knapp. Bereits 1874 hatte die Gottesackerkommission bemängelt, er reiche höchstens noch für zwei Jahre. Es dauerte aber fast 20 Jahre, bis eine Lösung gefunden wurde. Die meisten geeigneten Plätze im Kleinbasel waren laut Kommission ungünstig, da sie zu wenig hoch über dem Wasserspiegel des Rheins oder zu nahe an den Wohnquartieren lagen. Nicht zuletzt sprachen finanzielle Überlegungen gegen einen neuen Gottesacker – man rechnete mit Kosten von 340 000 Franken. Carl Sarasin, der erste Vorsteher des seit 1876 für das Bestattungswesen zuständigen Sanitätsdepartements, schlug vor, für eine gewisse Übergangszeit die Toten auf einem der beiden Friedhöfe im Grossbasel zu bestatten, verschwieg aber nicht, dass er in diesem Fall mit einigem

Widerstand im Kleinbasel rechnen würde. Die «ehrenwerte Anhänglichkeit an die engere Geburts- und Wohnstätte» habe dort ein stärkeres Gepräge als in anderen Quartieren und äussere sich auch darin, dass die Bewohner ihre leiblichen Überreste «auf demselben Rheinufer» bestattet haben wollten, wo sie das Leben verbracht hätten. Der Regierungsrat folgte Sarasins Vorschlag nicht und beauftragte das Sanitätsdepartement, die Frage eines «definitiven Gottesackers für Kleinbasel» weiter im Auge zu behalten und die Suche nach einem geeigneten Areal voranzutreiben. Unter dem Sanitätsdirektor Wilhelm Klein kam Bewegung in dieses Geschäft. Unterhalb der Dreirosenbrücke, zwischen der Klybeckstrasse und dem neu entstehenden Wiesenschanzquartier, wurde Land gekauft und – nach dem Vorbild von Kannenfeld- und Wolfgottesacker – der Horburggottesacker mit einer Fläche von 517 Hektaren angelegt. Am 1. September 1890 nahm er seinen Betrieb auf. Als erster der Basler Friedhöfe verfügte er über ein Krematorium und bot damit die Wahl zwischen Erd- und Feuerbestattung.

Die Raumnot auf Basels Friedhöfen blieb weiterhin ein Problem, das die Behörden beschäftigte. Daran änderten die grosszügig angelegten Gottesäcker Wolf, Kannenfeld und Horburg nichts. Auch die Aussicht, dank der Feuerbestattung etwas Platz gewinnen zu können, war nur ein Tropfen auf den heissen Stein. Grund dafür war das geradezu explosive Bevölkerungswachstum im 19. Jahrhundert. Gemäss der ersten kantonalen Volkszählung von 1835 wohnten im Kanton «Basel Stadt-Theil», der zwei Jahre zuvor durch die Kantonstrennung entstanden war, etwas mehr als 23 000 Personen. 75 Jahre später waren es fast sechs Mal so viele, nämlich rund 136 000 Personen. Am stärksten wuchs die Bevölkerung in den 1850er-, den 1870er- und 1890er-Jahren. Einen der Hintergründe sieht Historiker Philipp Sarasin in der Kantonstrennung von 1833. Diese führte dazu, dass die Produktionsanlagen der aufblühenden Basler Seidenbandindustrie nicht mehr wie zuvor in der Landschaft, sondern zunehmend in der Stadt gebaut wurden. Tausende von Menschen zogen jedes Jahr nach «Basel Stadt-Theil», um hier als Handwerksburschen, Dienstmädchen, Fabrikarbeiter und kleine Angestellte Arbeit zu finden. Manche zogen nach ein paar Monaten weiter, viele blieben. Die rasant angewachsene Einwohnerzahl führte nicht nur in der Stadt der Lebenden zu Wohnungsnot, sondern auch zu Platznot auf den Friedhöfen.

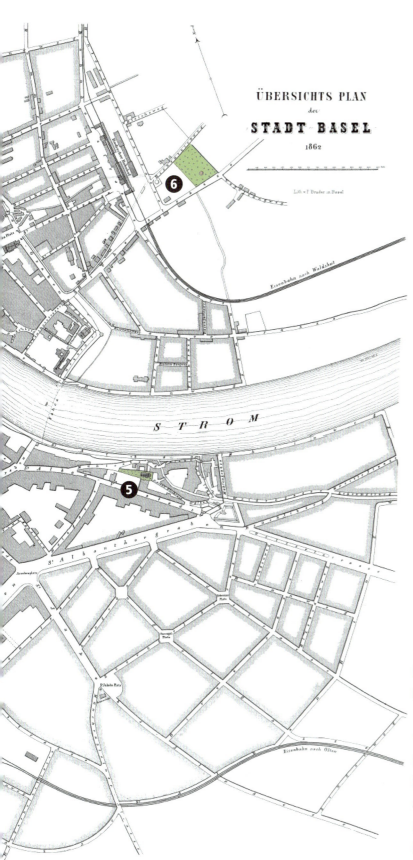

Basler Begräbnisplätze vor dem Bau der Gottesäcker Kannefeld, Wolf und Horburg

1 Äusserer Gottesacker St. Johann (Spitalgottesacker)
2 Innerer Gottesacker St. Johann
3 Spalengottesacker
4 Gottesacker St. Elisabethen
5 Kirchhof St. Alban
6 Gottesacker St. Theodor im Rosental

Blick vom St. Johannstor stadtwärts und in die St. Johannsvorstadt im Jahr 1844. Im Vordergrund ist rechts der innere Gottesacker St. Johann, links das Areal der ehemaligen Johanniterkomturei (später Loge der Freimaurer) zu sehen, im Hintergrund rechts der alte französische Bahnhof mit einfahrendem Zug, die Petersschanze und das Spalentor. Zeichnung von Johann Jakob Schneider nach Anton Winterlin und Theophil Beck.

Gottesacker St. Elisabethen im Gebiet der heutigen Elisabethenanlage. Nach Eröffnung des Wolfgottesackers im Jahr 1872 fanden hier keine Beerdigungen mehr statt, 20 Jahre später wurde der Friedhof aufgehoben.

Der 1828 angelegte Gottesacker an der Mohrhaldenstrasse in Riehen, der 1898 wegen Platzmangel geschlossen wurde, ist heute eine Parkanlage.

Krematorium auf dem 1890 eröffneten Horburg-Gottesacker.
Das erste Krematorium Basels wurde 1896/97 nach
Plänen des Architekten Leonhard Friedrich gebaut, war aber
keine vierzig Jahre in Betrieb, da der Horburggottesacker
bereits 1932 wieder geschlossen wurde.

Grabsteine auf dem Kannenfeldgottesacker,
heute der grösste Park der Stadt. Im Hintergrund sind
die Hochhäuser an der Flughafenstrasse zu erkennen.

Theodorsgottesacker auf dem heutigen Rosentalareal mit der 1832 gebauten Abdankungskapelle von Melchior Berri.

Wolfgottesacker auf dem
Dreispitzareal, auf dem bis heute
in Familiengräbern bestattet wird.

«So excentrisch als möglich» – Zentralfriedhofprojekte im 20. Jahrhundert

Im Dezember 1902, drei Jahrzehnte bevor der Zentralfriedhof am Hörnli seine Tore öffnete, forderte der Grosse Rat des Kantons Basel-Stadt den Regierungsrat auf, die «Frage der Erweiterung der Beerdigungsplätze» zu prüfen und darüber zu berichten. Anlass dazu gab der Vorstoss des Architekten Paul Reber, auf dem Kannenfeldgottesacker seien keine freien Familiengräber mehr erhältlich.

Am 4. Oktober 1905 lag der ausführliche Bericht des Sanitätsdepartements vor. Für jeden Gottesacker im Kanton wurde detailliert aufgeführt, wie lange die Platzreserven noch ausreichen würden. Wörter wie Tod oder Tote tauchen in diesem Bericht kaum auf. Er liest sich als trocken abgefasstes Dokument, als Anhäufung von Rechenaufgaben über die möglichst effiziente, das heisst platz- und zeitsparende und dennoch vorschriftskonforme Entsorgung von Leichen. So wird etwa empfohlen, den Platz durch zweckmässige Anordnung der Gräber noch besser zu nutzen. Ferner solle man prüfen, «ob nicht durch weitere Massnahmen und Erleichterungen die Zahl der Feuerbestattungen gesteigert und dadurch die Gottesäcker entlastet werden könnten».

Beim Kannenfeldgottesacker riet das Sanitätsdepartement zu einer sofortigen Erweiterung. Die am 1. Juli 1905 gezählten 37 Familiengräber würden kaum noch für ein Jahr ausreichen. Auch für die Reihengräber dränge sich eine Erweiterung in spätestens neun Jahren auf. Ein ähnliches Bild auf dem Horburggottesacker. Hier rechnete man schon in vier bis fünf Jahren mit einem Engpass bei den Reihengräbern.
Keinen Handlungsbedarf sah man hingegen beim Wolfgottesacker. Auf diesem könne noch bis 1911/12 bestattet und anschliessend mit einem zweiten Turnus begonnen werden. Besorgniserregend war hier aber etwas anderes: Falls die Schweizerische Centralbahngesellschaft ihren Anspruch auf das Gelände bis dahin durchgesetzt haben sollte, müsste der Gottesacker aufgehoben und verlegt werden. Weniger beengt präsentierte sich die Situation in den Gemeinden Riehen, Bettingen und Kleinhüningen. In Riehen mit durchschnittlich 54 und Bettingen mit durchschnittlich sieben Bestattungen pro Jahr rechnete man mit Platzreserven für 30 beziehungsweise 20 Jahre. Auf dem 1882 eröffneten Gottesacker der Gemeinde Kleinhüningen drängten sich zwar ein paar neue Gräber für Kleinkinder auf, doch Platz dafür war reichlich vorhanden.

Für den Kannenfeldgottesacker schlug das Sanitätsdepartement eine Vergrösserung um 76000 m² in nordwestlicher Richtung vor. Allerdings schreckte man davor zurück, die Erweiterung auf einen Schlag zu realisieren und empfahl stattdessen, in kleinen Schritten vorzugehen. Inzwischen war die Stadt nämlich nahe an die Friedhofmauern herangerückt und die Behörden hielten es für bedenklich, «so grosse Komplexe Land in unmittelbarer Nähe bewohnter Quartiere durch Anlegung von Gottesäckern der Ansiedlung dauernd zu entziehen». An dieser Stelle taucht in den Akten erstmals die Idee für einen Zentralfriedhof auf – allerdings zunächst nur für Grossbasel. Das Sanitätsdepartement empfahl, den Kannenfeldgottesacker um einen angrenzenden Landstreifen von 27750 m² zu vergrössern. «Wenn dann einmal der so erweiterte Kannenfeldgottesacker nicht mehr genügt, wird man für Grossbasel einen grösseren Centralfriedhof an der äussersten Peripherie des Kantonsgebiets, eventuell ausserhalb desselben, anlegen müssen.»

Den Horburggottesacker könne man nur in eine Richtung erweitern. Das Sanitätsdepartement empfahl eine Vergrösserung um 27300 m² bis zur projektierten Badenweilerstrasse. Diese Fläche würde erst in ca. zwölf Jahren voll ausgenützt sein. Anschliessend könnte ein zweiter Turnus beginnen. «Die Erstellung eines grösseren Centralfriedhofs für Kleinbasel wird daher erst nach einigen Jahrzehnten nötig werden.»

Die Diskussion drehte sich also zunächst um zwei weit ausserhalb der Stadt gelegene Zentralfriedhöfe. Einen Vorteil dieser Lösung sah das Sanitätsdepartement darin, dass die Verwaltung nach der Schliessung der Gottesäcker Kannenfeld und Horburg «höchst wertvolles Areal» zur Verfügung hätte. Aus dessen Erlös könnten die Kosten der neuen Friedhöfe samt Landerwerb «reichlich gedeckt» werden. Damit diese Rechnung aufging, wurde empfohlen, die neuen Friedhöfe «so excentrisch als möglich» anzulegen, eventuell auch jenseits der Kantonsgrenze, wo das Land noch billig zu erwerben sei. Allerdings rechnete man mit Widerstand der Bevölkerung. Schliesslich waren die Gottesäcker Horburg und Kannenfeld samt Kapellen, Leichenhäusern und Gärtnereianlagen erst vor 15 beziehungsweise 37 Jahren mit bedeutendem Kostenaufwand angelegt worden. Man solle sie deshalb «voll ausnützen und wenn immer möglich in einem dritten Turnus mit Leichen belegen», bevor man sie durch neue ersetze. Als Standort für den Zentralfriedhof in Grossbasel schlug das Sanitätsdepartement die «Innere Lange Haid» südlich des Ruchfelds im Bann der Gemeinde Münchenstein vor. In Kleinbasel fasste man eine Fläche von 20 bis 25 Hektaren rund um den Landauerhof ins Auge, im Gebiet des heutigen Zentralfriedhofs. Die Gegend an der Grenze zu Kleinhüningen sei zu sehr durch industrielle und Bahnanlagen in Anspruch genommen und werde voraussichtlich bald als Hafenareal genutzt. Das Gebiet zwischen Wiese und Riehenteich käme aus Gewässerschutzgründen nicht in Frage.

Der Vorsteher des Finanzdepartements, Dr. Hans Burckhardt, zeigte sich von diesen Ideen wenig begeistert. Er schlug stattdessen vor, den Kannenfeldgottesacker zu einem Zentralfriedhof für Grossbasel auszubauen. Das hätte den Vorteil, dass die bereits bestehenden Gebäude weiterhin genutzt werden könnten. Zudem sei der jetzige Friedhof gut mit dem Tram erreichbar, seine Lage sei dem Publikum bekannt und lieb geworden. Die Lasten für den Staatshaushalt seien aber auch in diesem Fall enorm. Alle Möglichkeiten, diese einzudämmen, seien zu prüfen. So etwa die vermehrte Anwendung der Feuerbestattung oder eine zeitliche Begrenzung des Verfügungsrechtes über die Familiengräber. Schliesslich zog Hans Burckhardt in Betracht, den Verwesungsprozess mit Einsatz chemischer Mittel zu beschleunigen, um den Turnus der Gräberbelegung zu verkürzen. Diese Vorschläge fanden aber keine Mehrheit. Die meisten Entscheidungsträger waren sich einig, dass langfristig eine Lösung weit ausserhalb der Stadt gesucht werden müsse. Doch auch hier sollte, aus anderen Gründen als in der Stadt, der Landerwerb zum Stolperstein werden.

Bis zum grossrätlichen Beschluss über die Anlage des Zentralfriedhofs Hörnli am 13. März 1919 gestaltete sich die baselstädtische Friedhofpolitik, an der nicht weniger als drei Departemente massgeblich beteiligt waren, relativ schwerfällig und unkoordiniert. Zwar beschloss der Regierungsrat bereits am 13. Januar 1906, einen Zentralfriedhof für die ganze Stadt «in Aussicht zu nehmen» und die Gottesäcker Kannenfeld und Horburg nicht zu erweitern. Dass die bestehenden Friedhöfe an ihre Grenzen stossen würden, bevor ein Zentralfriedhof seinen Betrieb aufnehmen konnte, war aber höchst wahrscheinlich. So wurde bis 1918 immer wieder geprüft, wie die bestehenden Begräbnisplätze vergrössert werden könnten und vorsorglich Land angekauft. Im Jahr 1911 erwarb die Verwaltung das an den Kannenfeldgottesacker angrenzende Schneider-Elmersche Gut, das dann aber doch nicht zu Begräbniszwecken genutzt wurde.

Beim Horburggottesacker kam das Finanzdepartement zum Schluss, dass das angrenzende Land, grösstenteils im Besitz der Gesellschaft für Chemische Industrie, zu teuer sei. 1909 beantragte das Baudepartement, den Gottesacker nicht auszubauen, sondern nach Kleinhüningen zu verlegen und den dort bestehenden Begräbnisplatz um 30 000 m^2, den Kannenfeld- um 25 000 m^2 und den Wolfgottesacker um 36 000 m^2 zu erweitern. Schliesslich warf der Regierungsrat in einem Beschluss vom 13. Oktober 1909 sogar die Frage auf, ob nicht der 1890 geschlossene Theodorsgottesacker wieder in Betrieb genommen werden könnte. Das Sanitätsdepartement lehnte diese Idee entschieden ab. Das Areal werde durch die projektierte Rosentalstrasse und die Vogelsangallee derart zerschnitten, dass nur ein sehr kleiner Teil zu Begräbniszwecken übrig bleiben würde. Die hohen Kosten für eine neue Infrastruktur seien nicht zu rechtfertigen. Dagegen stellte es, wie bereits im Oktober 1905, den Antrag, die Erweiterung des Horburggottesackers weiter zu verfolgen. Nach längeren erfolglosen Verhandlungen mit Landbesitzern begnügte man sich mit einer Notlösung, die der Friedhofgärtner vorschlug. Das zu Pflanzzwecken vorgesehene Areal wurde in ein Gräberfeld umgewandelt. Seit einiger Zeit war es ungenutzt, weil die Emissionen der nahe gelegenen Produktionsstätten der Gesellschaft für Chemische Industrie nicht nur die Grabsteine, sondern auch die Pflanzen schädigten. Der Friedhofgärtner züchtete die Pflanzen zur Begrünung des Gottesackers deshalb in einiger Entfernung der Chemieproduktion, jedoch unmittelbar neben der Umfassungsmauer. Auf einem Grundstück übrigens, das er auf eigene Kosten pachten musste, da der Kanton die Finanzierung von zusätzlichem Gärtnereiareal abgelehnt hatte.

Gerade oder krumme Linie?

Bei den verschiedenen Projekten, die in den folgenden Jahrzehnten für einen Zentralfriedhof ausgearbeitet wurden, fallen grosse Unterschiede in Architektur und Gestaltung auf. Von der streng geometrischen neoklassizistischen Nekropole bis zum Waldfriedhof war mindestens in der Planungsphase alles denkbar.

Gerade oder krumme Linie – unter diesen Stichwörtern wurden um die Jahrhundertwende nicht Möglichkeiten der Friedhofgestaltung, sondern generell Fragen des Städte- und Gartenbaus diskutiert. Um den Rahmen aufzuzeigen, innerhalb dessen sich die zuständigen Stadtplaner, Architekten und Gartenbaumeister Anfang des 20. Jahrhunderts bewegten, richten wir den Blick zunächst nach Deutschland.

Das tat nämlich auch der baselstädtische Hochbauinspektor Theodor Hünerwadel, als er die Vorarbeiten für das Projekt Zentralfriedhof im Dezember 1906 in Angriff nahm. Er liess sich Architekturwettbewerbe und Pläne von Friedhöfen, Krematorien und Leichenhallen aus verschiedenen deutschen Städten zukommen und arbeitete auf dieser Grundlage erste eigene Skizzen aus.

Neben Friedhöfen mit rechtwinklig angelegten Gräberfeldern und rasterförmigen Wegnetzen wurden in Europa ab Mitte des 19. Jahrhunderts Begräbnisplätze nach dem Vorbild englischer Landschaftsgärten zunehmend populär – in Basel bietet der 1872 eröffnete Wolfgottesacker ein schönes Beispiel für diesen Stil. Vorreiter waren die amerikanischen Parkfriedhöfe wie Mount Auburn, Boston (1831), Laurel Hill, Philadelphia (1836), und Green Mount, Baltimore (1838). Bevor ganze Friedhöfe als Pärke angelegt wurden, beschränkte sich die luxuriöse gärtnerische Ausgestaltung oft auf die privilegierten Randzonen mit den kostenpflichtigen Familiengräbern. Hier luden geschwungene Wege, eine aufwändige Bepflanzung mit Trauerweiden, Akazien und Pappeln oder gar kleine Flüsschen und Teiche das aufstrebende Bürgertum zum Flanieren und Sinnieren ein. So wurden etwa auf dem 1828 eröffneten Hauptfriedhof in Frankfurt am Main die Familiengräber entlang geschwungenen, von Kastanienbäumen gesäumten Wegen angelegt. Der Mittelbereich des Friedhofs, der 80 Prozent der gesamten Fläche ausmachte, blieb hingegen zunächst unbepflanzt.

Als Vorbild eines Parkfriedhofs mit internationaler Ausstrahlung gilt der 1877 eröffnete Hamburger Zentralfriedhof Ohlsdorf, der rund zehn Kilometer vom Stadtzentrum liegt. «Wie kein anderer Grossfriedhof in Deutschland repräsentierte Ohlsdorf die Sehnsucht nach einem möglichst naturnah gestalteten Raum», schreibt Norbert Fischer in seiner Geschichte des Todes in der Neuzeit. Eingebettet in die Landschaftskulisse mit prächtigen Bäumen und Sträuchern, Hügeln, Bächen und verschlungenen Wegen sollte der Tod seinen Schrecken verlieren und sich in ein bürgerlich-romantisches Ideal von Naturverbundenheit einfügen.

Der 1907 eröffnete Waldfriedhof in München, gestaltet vom Architekten Hans Grässel, ging noch einen Schritt weiter. Die Landschaft wurde hier nicht wie in Ohlsdorf mit grossem Aufwand gestaltet und gepflegt, sondern blieb weitgehend sich selbst überlassen. Der Baumbestand wurde zurückhaltend gelichtet, um unregelmässigen und schlichten Grabfeldern Platz zu machen. Die Wege wurden schonend zwischen Bäumen und Gräbern hindurch geführt. Auch bei der Konzeption des Basler Waldfriedhofs in der Hard war Hans Grässel beteiligt und der 1914 eröffnete Waldfriedhof in Schaffhausen beruht auf seinen Plänen. 1919/20 wurde in Davos der zweite Waldfriedhof der Schweiz angelegt.

Ab den 1890er-Jahren wurde in Fachzeitschriften rege über Vor- und Nachteile verschiedener Friedhoftypen debattiert. Streng geometrische symmetrische Anlagen und unregelmässige, parkähnliche Landschaftsgärten waren nur zwei Extreme innerhalb eines sehr breiten Spektrums. Für regelmässige geometrische Anlagen sprach der platzsparende Charakter. Andererseits war in einer Zeit, in der die Bebauung in den Städten immer dichter wurde, die Nachfrage nach einladenden Grünflächen zu Erholungszwecken unumstritten.

Dass auch in Basel die Friedhöfe insbesondere für die ärmere Bevölkerung eine wichtige Funktion als Gartenersatz hatten, wird aus einem Brief deutlich, in dem sich ein besorgter Stadtbewohner während der Vorbereitungsarbeiten für einen Zentralfriedhof im Hardwald an das Sanitätsdepartement wandte.

«Ich bedaure, dass mit dem Gedanken umgegangen wird, einen Zentralfriedhof weit weg von der Stadt zu gründen, wodurch den kleinen Leuten fast verunmöglicht wird ihre Gräber zu besuchen und selbst in Ordnung zu halten», schrieb F. Seiler-Weidmann am 25. November 1913 an den Vorsteher des Sanitätsdepartements. «Insonderheit trifft dieser Gottesacker wiederum die Fabrikbevölkerung, die, seien es Mütter mit Kindern oder ältere Leute, zur Erholung und stillen Betätigung an staubfreien Orten sich schön um ihre Gräber kümmern konnten, und dies in verhältnismässiger Nähe ihrer Wohnungen. Es trifft Leute, die oft keine Gärten haben, keine Vermögen und die auch nicht auf Gärten sehen können, wenn man an die engen überbauten Stadtteile denkt, in denen sie wohnen. (...) Bitte berücksichtigen Sie doch diese Verhältnisse auch, diese Leute können nicht für eine Person 40/60 cts für die Tramfahrt zum Gottesacker ausgeben!»

Diesem Bedürfnis wurde insofern Rechnung getragen, als viele Gottesäcker später ganz oder teilweise in Parkanlagen umgewandelt wurden. Das traf nicht nur für Basel, sondern für viele Städte in Europa zu und lieferte den Verfechtern landschaftlicher Friedhöfe ein wichtiges Argument. Sie forderten, die Begräbnisplätze von Anfang an so zu konzipieren, dass sie sich später leicht zu grünen Oasen innerhalb der schnell wachsenden Städte umgestalten liessen.

Projekte für das Ruchfeld und den Hardwald

Als erster Standort für einen Grossbasler Zentralfriedhof schlug das Sanitätsdepartement ein Areal von rund 27 Hektaren in der Gegend des Ruchfelds, auf dem Gemeindegebiet von Münchenstein, vor. Der Boden dieses Areals bestehe aus lockerem Geröll und sei für den Verwesungsprozess sehr günstig. Der Landpreis sei erschwinglich und das Gelände von der Stadt her gut erreichbar.

Am 26. Juli 1909 wurde das Ruchfeld besichtigt. Anwesend waren Delegierte der Baselbieter Regierung, der Gemeinde Münchenstein, des Sanitätsdepartements sowie der Verwalter der Christoph Merian Stiftung. Die Christoph Merian Stiftung hatte sich im Vorfeld bereit erklärt, ihren Anteil von rund 20 Hektaren an den Kanton zu verkaufen. Auch bot sie an, die Arrondierung auf die benötigten 27 Hektaren vorzunehmen. Aufgrund der Erfahrungen mit Landkäufen in Münchenstein müsse aber mit Schwierigkeiten gerechnet werden. Sie empfahl dem Kanton, das Expropriationsrecht (Recht auf Enteignung) von den Baselbieter Behörden zu erwirken, um das Land billiger und schneller erwerben zu können. Soweit kam es allerdings nicht. Die Gemeinde Münchenstein äusserte Bedenken, das angrenzende Bauland könne durch die Anlage eines Friedhofs an Wert verlieren. Auch sei fraglich, ob die Eigentümer der Privatparzellen ihr Land gütlich abtreten würden.
Bereits zwei Tage später teilte die Baselbieter Justizdirektion den Behörden des Kantons Basel-Stadt mit, man werde ihnen das Expropriationsrecht nicht erteilen. Das Projekt wurde deshalb nicht weiter verfolgt.

Bedeutend weiter gediehen die Vorarbeiten für einen rund 60 Hektaren grossen Friedhof im Hardwald zwischen Birsfelden und Muttenz. Das Baudepartement hatte diesen Standort im Juli 1909 erstmals vorgeschlagen, nachdem sich das Projekt für das Ruchfeld zerschlagen hatte. Das prinzipielle Interesse an einem Waldfriedhof, wie ihn etwa die Stadt München seit 1907 betrieb, war dabei wohl weniger entscheidend als die Hoffnung, dass der Landerwerb hier einfacher wäre. Das erforderliche Areal befand sich zwar auf Baselbieter Boden, doch Landeigentümerinnen waren zwei städtische Institutionen: die Bürgergemeinde Basel und die Christoph Merian Stiftung. Beide erklärten sich zum Verkauf bereit. Die Gemeinden Muttenz und Birsfelden, auf deren Gebiet der Friedhof geplant war, stellten indessen hohe Ansprüche. So forderte Muttenz eine Garantie für die Trinkwasserversorgung, steuerregulierende Massnahmen und eine Vorzugsbehandlung bei der späteren Nutzung des Friedhofs. Birsfelden verlangte, dass der Friedhof 200 Meter waldeinwärts verlegt würde und keine Leichentransporte durchs Dorf fahren würden. Die Einwohner Birsfeldens sollten gebührenfrei bestattet werden und die Trinkwasserversorgung müsste durch die Stadt garantiert werden. Die baselstädtischen Behörden hielten diese Forderungen für übertrieben, liessen sich jedoch nicht von der Weiterentwicklung ihrer Pläne abhalten.

Im März 1913 gewährte der Grosse Rat für die Einholung von Gutachten und die Veranstaltung eines Planwettbewerbs einen Nachtragskredit von 15000 Franken. Drei Experten, darunter der Architekt des Münchner Waldfriedhofs Hans Grässel, prüften das Projekt in geologischer, forsttechnischer und baulicher Hinsicht.
An verschiedenen Stellen in der Hard wurden Probegräber angelegt. Die älteren schützenswerten Bäume wurden inventarisiert, die Gräberfelder mit Rücksicht darauf skizziert. Das Baudepartement prüfte verschiedene Möglichkeiten, den Friedhof von der Stadt her zu erschliessen. Sämtliche Untersuchungen kamen zum Ergebnis, der Standort sei ideal.

Der basellandschaftliche Regierungsrat schrieb am 14. Februar 1914 an die Regierung des Stadtkantons, er habe keine Einwände gegen den Waldfriedhof. Auch die Gemeinden Muttenz und Birsfelden willigten ein, sofern ihre Bedingungen erfüllt würden. Nach einem Unterbruch durch den Ausbruch des Ersten Weltkriegs im Juli 1914 nahm das Sanitätsdepartement Anfang 1915 die Vorarbeiten wieder auf und gab weitere Studien zur Finanzierung und Erschliessung in Auftrag. Am 1. September 1916 legte das Sanitätsdepartement des Kantons Basel-Stadt der Polizei- und Sanitätsdirektion des Kantons Basellandschaft den Entwurf zu einer Vereinbarung betreffend «Anlage und Betrieb eines Zentralfriedhofes der Einwohnergemeinde Basel in der Hardt» vor. Die Antwort aus Liestal liess auf sich warten und sorgte schliesslich bei den städtischen Behörden für eine unangenehme Überraschung.
Am 24. Februar 1917 schrieb der basellandschaftliche Polizeidirektor Dr. Albert Grieder ans baselstädtische Sanitätsdepartement, die Gemeinden Muttenz und Birsfelden würden eine Verhandlung über die strittigen Punkte ablehnen und «entgegen ihrer frühern Stellungnahmen» auf das Friedhofprojekt in der Hard gegenwärtig überhaupt nicht eintreten wollen. Zuerst wollten sie abwarten, wie sich das Projekt Rheinhafen in Birsfelden und der geplante Güterbahnhof in Muttenz entwickeln würden. Ausserdem behalte sich der Landrat die Genehmigung der interkantonalen Vereinbarung vor und es bestehe «keinerlei Aussicht», dass er diese zum gegenwärtigen Zeitpunkt erteilen würde. Der Baselbieter Regierungsrat wolle deshalb mit der Weiterverfolgung des Projekts bis auf geeignete Zeit zuwarten, schrieb Polizeidirektor Grieder.

Im städtischen Sanitätsdepartement war man vor den Kopf gestossen und riet zu einem Abbruch des Projekts. «Was ein Vertrösten auf spätere Zeiten zu bedeuten hat, brauchen wir wohl kaum näher zu erörtern», heisst es in einer Stellungnahme an den baselstädtischen Regierungsrat. «Wir möchten daher von vorneherein von weitern Unterhandlungen mit den basellandschaftlichen Behörden, oder gar mit den beiden Nachbargemeinden abraten, nicht nur, weil wir dieselben als aussichtslos, sondern auch unter der Würde unserer Behörde halten.» Ihrem Ärger machte die Basler Regierung in der Grossratsdebatte vom 13. März 1919 Luft, als sie dem Kanton Baselland Illoyalität und Verschleppungstaktik vorwarf. Dies führte am 21. März wiederum zu einer Diskussion im Landrat, in der die Gemeindepräsidenten von Muttenz und Birsfelden die Vorwürfe als unberechtigt zurückwiesen.

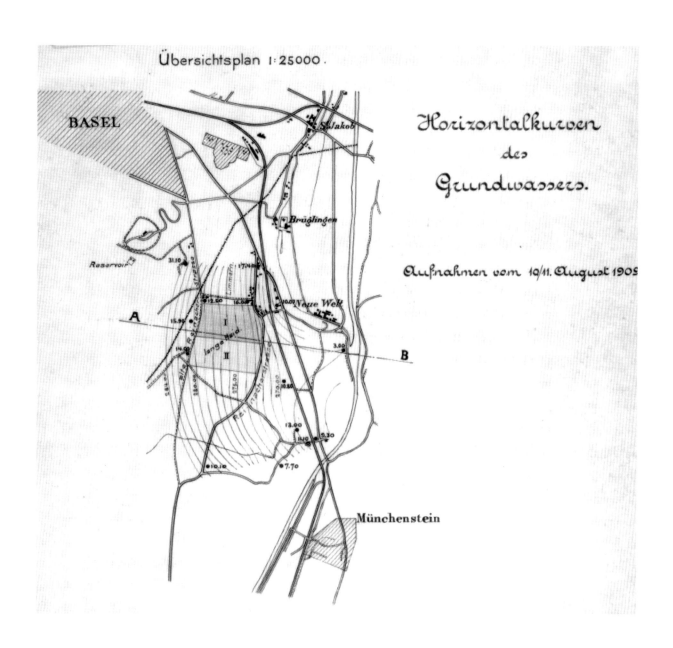

Die Pläne für einen Zentralfriedhof im
Gemeindebann von Münchenstein
(im Bild ein Lageplan des projektierten
Zentralfriedhofs von 1909 südlich des
Ruchfeldes) zerschlugen sich relativ rasch.

Für den Standort im Hardwald wurden ab 1913 ausführliche Gutachten angefertigt. Hier der Lageplan, signiert von Hochbauinspektor Theodor Hünerwadel, der als Grundlage für einen Architekturwettbewerb dienen sollte.

Auf einem Übersichtsplan der Gemeinden Riehen und Bettingen zeichnete Hochbauinspektor Theodor Hünerwadel bereits 1917 zwei Varianten für einen Zentralfriedhof am Hörnli ein: Grün markierte er das erforderliche Areal für die ganze Stadt, gelb dasjenige für Kleinbasel.

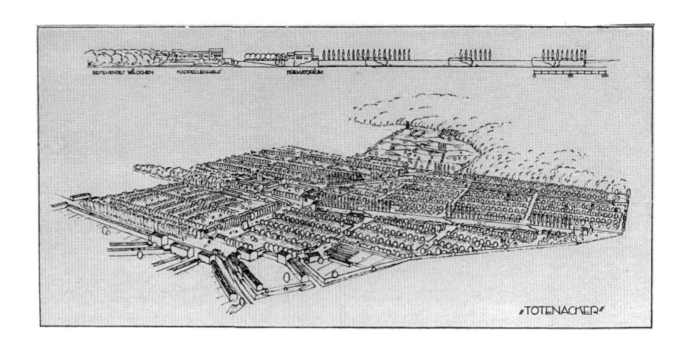

In Architektenkreisen gab das Projekt «Totenacker» von Hans Schmidt viel zu reden: Gesamtansicht in Vogelperspektive mit Aufriss der Hauptterrasse (oben) und Ansicht des Kapellenhauses vom Fuss der Rampe (unten).

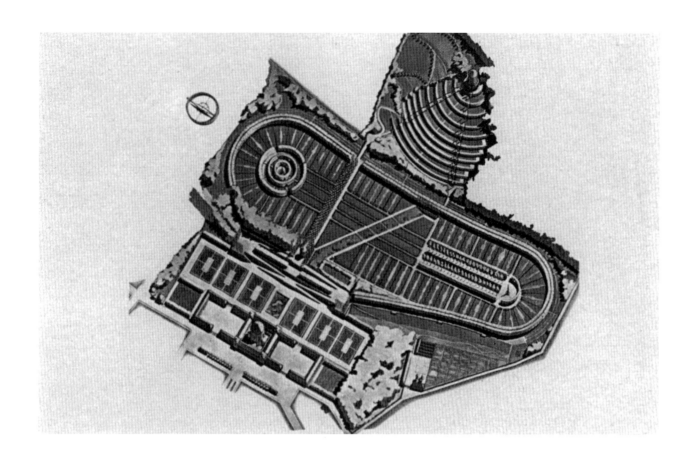

Ebenso das Projekt von Hannes Meyer: Gesamtansicht
in Vogelperspektive (oben) und der für den finstern Boden
geplante Urnenfriedhof mit Kolumbarium (unten)

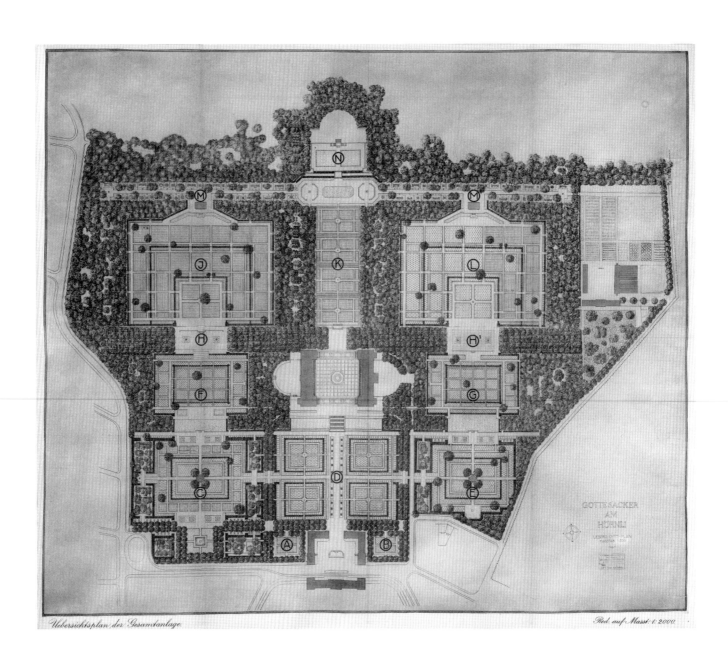

Gottesacker am Hörnli, Übersichtsplan von Bräuning,
Leu, Klingelfuss, Suter und Burckhardt, November 1924.
Beilage zum Ratschlag, dem der Grosse Rat am
3. Dezember 1925 zustimmte.

Blick vom Platz der Hauptgebäude gegen
den finstern Boden, Beilage des Ratschlags von 1925.

Definitiver Standort am Hörnli

Planerisch war man nun wieder auf dem Stand von 1911 angelangt. Da in Grossbasel kein geeigneter Landkomplex mehr frei war – das Bruderholzplateau schied aus geologischen und stadtplanerischen Gründen aus –, konzentrierte man sich bei der Suche auf die rechte Rheinseite. Hier wurde vor allem das Areal rund um den Landauerhof auf dem Gebiet der Gemeinde Riehen näher ins Auge gefasst. Durch ihre Zugehörigkeit zum Stadtkanton lagen die Rechtsverhältnisse in dieser Gemeinde anders als für Muttenz und Birsfelden, an deren Widerstand das Projekt im Hardwald gescheitert war. Über das erforderliche Land schrieb das Sanitätsdepartement am 14. März 1918 an den Regierungsrat: «Die Erwerbung des Baugeländes dürfte keine allzugrossen Schwierigkeiten verursachen, da im Bedarfsfall ohne Zweifel das Expropriationsverfahren angewendet werden könnte, obwohl der ganze Komplex im Gemeindebann von Riehen liegt.» Man rechnete mit einem Durchschnittspreis von drei Franken pro Quadratmeter. Das sei zwar, verglichen mit dem Hardwald, den die Bürgergemeinde zu einem Preis zwischen Fr. 1.– und Fr. 1.20 angeboten hatte, relativ viel. Dafür brauchte man nur etwa halb so viel Boden. Und es war ein Bruchteil des Preises, den das Land zur Erweiterung der bestehenden städtischen Friedhöfe gekostet hätte.

Am 20. Februar 1919 wurde dem Grossen Rat der «Ratschlag» betreffend Anlegung eines Zentralfriedhofes beim Hörnli» vorgelegt. Der Regierungsrat begründete das Projekt eines einzigen Friedhofs für die ganze Stadt, eventuell für den ganzen Kanton, mit Kriterien der Effizienz. Es sei die «rationellste Lösung der Gottesackerfrage». Die Kosten für Anlage, Betrieb und Unterhalt seien niedriger als bei mehreren kleinen Friedhöfen.
Der zukünftige Bedarf an Beerdigungsplätzen wurde im Ratschlag detailliert und berechnet. Zwar wurde schon hier eingeräumt, dass das Ergebnis dieser Rechnung wegen mehrerer ungewisser Faktoren sehr unsicher sei. Dennoch erwiesen sich die errechneten Zahlen auf lange Sicht als erstaunlich exakt. Sowohl die erwartete Zunahme an Kremationen als auch mögliche Epidemien wurden von Anfang an einkalkuliert. Bei vollständiger Überbauung und gleichbleibender Wohndichte rechnete man für das ganze Stadtgebiet mit maximal 300000 Einwohnern. Falls diese Zahl erreicht würde, müsste der Friedhof bei jährlich 3600 Todesfällen innerhalb eines Turnus 70000–75000 Leichen aufnehmen. Aufgrund der Erhebungen der Vergangenheit ging man aber für die kommenden 20 bis 30 Jahre von lediglich 2000 Bestattungen pro Jahr aus. Für Reihengräber (Gräber für Erwachsene und Kinder sowie Urnengräber inklusive Einfassung) kalkulierte man eine durchschnittliche Fläche von 2,63 Quadratmetern ein. Zusammen mit dem Platzbedarf von Wegen, Gartenanlagen, Friedhofgebäuden und Familiengräbern, kam man bei den bestehenden Friedhöfen auf einen durchschnittlichen Platzbedarf von rund fünf Quadratmetern pro Grab. Aus ästhetischen Gründen wurde empfohlen, diesen auf sechs bis sieben Quadratmeter zu erweitern. Grosse Grabfelder mit eng zusammengelegten Gräbern würden einen «sehr trostlosen Anblick» bieten und seien durch Zwischenhecken und andere gärtnerische Anlagen aufzulockern. Aus diesen Zahlen leitete man für den zukünftigen Zentralfriedhof einen Platzbedarf von mindestens 400 Hektaren ab.

Das Gelände am Hörnli, im Süden durch die Landesgrenze begrenzt, im Westen durch die Niederholz- und Schäferstrasse, im Norden durch den Höfli- und Kohlistiegweg und im Osten durch den Westabhang des Hornfelsens, wies nicht nur eine Grösse von 442 Hektaren auf, sondern erfüllte laut Regierungsrat wie kein anderes

Areal auf Kantonsgebiet alle Voraussetzungen für die Anlage eines Friedhofs. Die oberhalb des Grenzacherwegs gelegene unbewaldete Kuppe «Im finstern Boden» wurde von Anfang an in die Planung miteinbezogen. Dies war einerseits nötig, um auf die gewünschte Grösse von mindestens 400 Hektaren zu kommen. Andererseits sollte sie aus architektonischen Gründen ins Friedhofsgelände integriert werden. Man wollte dadurch verhindern, «dass dort später irgendeine Anlage entsteht, zum Beispiel eine Wirtschaft, die den ganzen Friedhof profanieren würde». Von Anfang an stand fest, dass sich dieses Gelände nicht für Erdbestattungen eignen würde. Vorgesehen war deshalb ein Urnenfriedhof mit einem oder mehreren Kolumbarien (Gebäude zur Aufbewahrung von Urnen).

Am 13. März 1919 hiess der Grosse Rat den Ratschlag zur Anlage eines Zentralfriedhofs am Hörnli gut. Nicht um ihre Meinung gefragt wurde die Gemeinde Riehen, die sich entsprechend übergangen fühlte. In einem Schreiben an den Regierungsrat gab der Gemeinderat einen Tag später seiner Kränkung Ausdruck. «Es wurde von uns höchst unangenehm empfunden, dass die Gemeinde in keiner Weise um ihre Ansicht befragt worden ist bei der Aufstellung des Projektes ihr Gebiet zu beanspruchen, während wir festellen können, wie man mit den Basellandschaftlichen Gemeinden unterhandelte über die dort beabsichtigten Dispositionen.» Riehen hätte nicht an eine Opposition gedacht, versicherte Gemeindepräsident Otto Wenk dem Regierungsrat, «da auch wir erkennen, dass die kantonalen Interessen über jenen einer Gemeinde stehen müssen». Entsprechend hätten sich auch die Riehener Vertreter im Grossen Rat verhalten. Nichtsdestotrotz wäre die Landgemeinde im Vorfeld der Planung gerne angehört worden.

Aufgrund der speziellen politischen Strukturen im Kanton Basel-Stadt ist zu bezweifeln, dass die Gemeinde Riehen, selbst wenn sie offen Opposition ergriffen hätte, den Zentralfriedhof auf ihrem Boden hätte verhindern können. Die kantonalen Behörden wussten sehr wohl, dass sie innerhalb des Kantonsgebiets bei hartnäckigen Landbesitzern das Expropriationsrecht anwenden konnten.

Das forsche Tempo, mit dem die baselstädtischen Behörden ihr Vorhaben vorantrieben, lässt sich teilweise damit erklären, dass sie durch das gescheiterte Projekt im Hardwald unter massiven Zeitdruck geraten waren, zeugt aber trotzdem von mangelndem politischem Fingerspitzengefühl im Umgang mit der benachbarten Landgemeinde. Deren Präsident Otto Wenk befürchtete – wie bereits seine Kollegen aus Muttenz und Birsfelden –, der Friedhof werde sich negativ auf die Steuereinnahmen der Gemeinde auswirken. Der Ausbau des Villenquartiers werde damit nicht gefördert, liess er den Regierungsrat wissen. Und er gab seinen Erwartungen Ausdruck, dass der Gemeinderat in Zukunft über die laufende Planung zu informieren sei, insbesondere was die Wegrechte und die Tramführung betraf. Dies geschah in den folgenden Jahren auch mehrfach, verlief aber nicht immer konfliktfrei. Hauptstreitpunkt zwischen Gemeinde und Kanton war die Aufteilung der Kosten für die Anlage der neuen Verkehrswege rund um den Friedhof.

Den Grossteil des Landes für den neuen Zentralfriedhof erwarb das baselstädtische Finanzdepartement von Mai 1919 bis Oktober 1924 zu einem Quadratmeterpreis von Fr. 1,45 bis Fr. 3,30. Vier Eigentümer wollten ihre Landparzellen auf der Nordseite des Geländes nicht verkaufen. Diese lagen ausserhalb des projektierten Areals, das 1919 bewilligt worden war. In den 1925 genehmigten Plänen wurde das Friedhofgelände noch etwas gegen Norden erweitert. In einem Urteil vom 19. Juli 1926 gab das Zivilgericht des Kantons Basel-Stadt den Landbesitzern Recht. Das Expropriationsrecht, das in den Grossratsbeschlüssen von 1919 und 1925 enthalten war, musste auf die fraglichen Parzellen erweitert werden. Bis Mitte 1927 wurden auch diese, zusammen mit einzelnen anderen Grundstücken, erworben. Der Quadratmeterpreis lag nun zwischen 2,25 und 10 Franken. Insgesamt bezahlte der Kanton 1 164 000 Franken für den Erwerb des Friedhofgeländes.

Nachdem die Anlegung eines Zentralfriedhofs ein öffentliches Thema wurde, stand auch dessen Bezeichnung zur Debatte. Manche Basler, die «auf die Reinhaltung der baslerischen Sprache Gewicht legen», empfanden laut Sanitätsdirektor Friedrich Aemmer die Bezeichnung Friedhof als Fremdwort. Den Vorschlag eines Architekten, die Frage der Namensgebung in den Architekturwettbewerb zu integrieren, lehnte der Sanitätsdirektor ab, da ein guter Plan mit einem schlechten Namen kombiniert sein könne und umgekehrt. Dagegen wollte er einen speziellen Wettbewerb für die Namensgebung ausschreiben, an dem sich die ganze Basler Bevölkerung beteiligen konnte. Nachdem der Regierungsrat damit nicht einverstanden war, veranstaltete das Sanitätsdepartement am 29. Dezember 1922 eine interne Konferenz, zu der unter anderem Vertreter der staatlichen Heimatschutzkommission und der Schweizerischen Gesellschaft für Volkskunde eingeladen waren. Man einigte sich auf die Bezeichnung «Neuer Gottesacker am Hörnli» – in der Meinung, der Volksmund werde sich dann entweder für «Neuer Gottesacker» oder für «Hörnligottesacker» entscheiden. Mit Genehmigung des Regierungsrats wurden Verwaltung und Zeitungsredaktionen über die nun gültige Bezeichnung informiert. Dennoch waren bis zur Eröffnung des Friedhofs und darüber hinaus verschiedene Bezeichnungen im Umlauf. Der Namensstreit wurde nicht zuletzt für parteipolitische Querelen instrumentalisiert. So gaben sich die Verfechter von «Gottesacker» teilweise als Hüter der Religion und Tradition aus und beschimpften ihre Gegner als Kommunisten und gottlose Materialisten.

Ein umstrittener Wettbewerb

Am 30. Juni 1922 schrieb das Baudepartement den «Ideenwettbewerb zur Erlangung von Entwürfen für einen Zentralfriedhof am Hörnli» aus, der bereits im Budget von 1919 vorgesehen war. Teilnahmeberechtigt waren Architekten und Gartenbauer mit Wohn- oder Heimatort Basel. Die Eingabefrist war auf Ende November 1922 angesetzt und wurde auf Wunsch des Basler Ingenieur- und Architektenvereins bis zum 21. Dezember 1922 verlängert. Einzureichen waren Pläne für Kapellen- und Leichenhaus, Krematorium und Kolumbarium auf dem «finstern Boden» sowie für drei Gebäude mit Dienstwohnungen, zwei Häuser für Aufseher und mehrere kleine Betriebsbauten. Ebenso sollten Vorschläge gemacht werden zur Aufteilung des Areals in Gräberfelder und Gartenanlagen, zur Strassenführung, zum gärtnerischen Konzept und zur Grabmalgestaltung.

Der Grenzacherweg sollte für den Verkehr offen bleiben, der «finstere Boden» mit dem übrigen Friedhofareal durch Überbrückung oder Unterführung verbunden werden. Für die Ausführung des Friedhofs waren drei Etappen gewünscht, die teilnehmenden Architekten mussten eine ungefähre Zeitplanung, aber noch keinen Kostenvoranschlag einreichen.

Über die Aufteilung des Geländes hatte das Baudepartement bereits relativ klare Vorstellungen: «Vom Haupteingang aus soll eine würdig gehaltene Hauptstrasse zu den in mässiger Entfernung anzulegenden Hauptgebäuden (Kapellenhaus, Krematorium, Leichenhalle …). führen», hiess es in der Ausschreibung. Damit ist bereits angedeutet, dass der Jury eine repräsentative Anlage mit strenger Mittelachse vorschwebte, nach dem Vorbild der Barockgärten des 17. und 18. Jahrhunderts. Das Gelände sollte in «zweckmässig dimensionierte und geformte Hauptgräberfelder» aufgeteilt werden. Dabei war Wert auf leichte Orientierung zu legen und Monotonie möglichst zu vermeiden. Allgemein sollten die Architekten darauf achten, dass die den Friedhofbesuchern zugänglichen Wege nirgends durch die Wege des «Leichendienstes» gekreuzt würden.

In einer internen Konferenz vom 25. Januar 1919 hatten Hochbauinspektor Hünerwadel und Sanitätsdirektor Aemmer ihre Vorstellungen noch konkreter formuliert. Für das Leichenhaus wäre ein Gebäude «im Sinn eines Klosterhofes mit Kolonaden erwünscht», ein grosser Raum für Abdankungen könnte als Kuppelbau gestaltet werden.

45 Projekte wurden termingerecht eingereicht. Vom 9. bis 13. Januar 1923 wurden sie von der Jury begutachtet und anschliessend in der Klingenturnhalle zur Besichtigung ausgestellt. In der Jury waren Hochbauinspektor Theodor Hünerwadel und die Vorsteher von Sanitäts- und Baudepartement, Friedrich Aemmer und August Brenner, vertreten, ferner die Architekten Werner Pfister aus Zürich, Martin Risch aus Chur sowie Fritz Stehlin und Ernst Schill aus Basel.

Laut dem Bericht der Juroren wurden elf Projekte «wegen nicht genügender Qualität» in einer ersten Runde ausgeschieden. Die Ausscheidung siebzehn weiterer Entwürfe bleibt im Bericht unbegründet, für neun Entwürfe wird die Ausscheidung stichwortartig begründet. In der engeren Wahl blieben acht Projekte, die die Jury etwas ausführlicher kommentierte. Aus diesen Kommentaren wird einmal mehr deutlich, dass ihr viel an einer dominanten Mittelachse und an einer «ernsten», repräsentativen Architektur lag.

Zur definitiven Ausführung konnte sie keinen Entwurf empfehlen und riet deshalb zu einem zweiten, engeren Wettbewerb unter den Preisträgern. Mit dem ersten Rang prämierte sie den Entwurf «Sic transit gloria mundi» der Architekten Franz Bräuning und Hans Leu aus Basel sowie des Gartenbauers Ernst Klingelfuss aus Zürich. Auf den zweiten Rang kamen, auf gleicher Stufe (ex aequo), vier Entwürfe: «Advent» (Suter & Burckhardt), «Memento Mori III» (Ernst & Paul Vischer), «Auferstehung II» (Joseph Philipp), «Finale» (Hans Bernoulli), gefolgt von «Feierabend» (J. E. Meier-Braun) auf dem dritten Rang. Die auf dem ersten, zweiten und dritten Rang platzierten Architekten wurden mit Preissummen von 6000, 5000 und 4000 Franken ausgezeichnet. Ausserdem kaufte das Baudepartement für 1000 bis 2500 Franken sieben Projekte an, darunter «Süd-Ost» von Paul Artaria, und «Non omnis moriar» (Hans Vondermühll & Paul Oberrauch). Bei Artarias Entwurf fehlten der Jury dominierende Achsen. Die Gräberfelder seien deshalb unübersichtlich, die Architektur erinnere an Industriebauten. Die flach gedeckten Baukuben von Vondermühll & Oberrauch kommentierten die Preisrichter als «ernst, aber etwas fremdartig».

Die «Basler Nachrichten» schlossen sich in der Ausgabe vom 19. Januar 1923 weitgehend dem Urteil der Jury an. Im Gewinnerprojekt «Sic transit gloria mundi» sei die Sammung und Orientierung rund um die Mittelachse «mustergültig und absolut wirkungsvoll» gelöst. Mit ihren breiten Seitenalleen erinnere diese Anlage trotz ihrer Originalität an Versailles – in vornehmem Geschmack sei zwischen Pracht und Prunk sicher abgewogen worden. Alle preisgekrönten Projekte wurden vorwiegend positiv kommentiert. Die nichtprämierten Projekte seien ebenfalls interessant, da sie den Preisträgern für den engeren Wettbewerb wertvolle Ideen liefern würden.

Kritischer äusserte sich die «Neue Zürcher Zeitung» in ihrer Ausgabe vom 25. Februar 1923 zum Ideenwettbewerb. «Betrachtet man die Einzelheiten der Gebäude, so begegnet man meist der üblichen Kraftmeierei, die Tiefsinn und Trauer durch vieltonnenschwere Massigkeit auszudrücken glaubt: es gibt ägyptisierende Wucht, römische Triumphbögen und dorische Säulenhallen (niemand, der griechische Säulenhallen im Original gesehen hat, wird am Hörnli dorisch bauen!), und natürlich gibt es eine enorme Auswahl von Symbolen und Allegorien.» Eine Erfrischung sei Hans Bernoullis Formsprache in ihrer zarten Vornehmheit «ohne den toten Plunder abgedroschener Formen und ärgerlicher Allegorien».

Ein Entwurf, der über das «anständige Mittelmass» hinausgehe, fehlte laut «NZZ». Entsprechend scharf wurde die Arbeit der Jury kritisiert. Die Auswahl der prämierten und angekauften Projekte wirke zufällig, die Preise austauschbar. Die Beschlüsse des Preisgerichts seien «so unerforschlich wie die Ratschlüsse Gottes». Viele Architekten seien zu Unrecht leer ausgegangen. Dass sich eine Stadt, die täglich Tausende von Franken für Arbeitslose ausgebe, höchstqualifizierte Arbeit schenken lasse, sei für das soziale Gewissen anstössig.

In Künstler- und Architektenkreisen wurden mehrere von der Jury ausgeschiedene Projekte leidenschaftlich diskutiert. So etwa der Entwurf von Hans Schmidt. Er lässt die Mittelachse bereits im unteren Drittel des Geländes enden und bettet seinen «Totenacker» harmonisch in die vorhandene Topografie ein. Das Gelände ist asymmetrisch aufgeteilt und folgt der natürlichen Böschung, die den Abhang von Osten nach Westen durchschneidet. Zwar nehmen auch die prämierten Projekte von Bräuning, Klingelfuss, Leu, Suter und Burckhardt auf diese Voraussetzung Rücksicht, doch erforderte ihre angestrebte Symmetrie relativ aufwändige Planierungsarbeiten. Hans Schmidt hingegen hat «die im Projekt geforderten Räume und Baukörper zerschlagen und verkleinert, bis sie sich dem Bild fügten, das er sich von der idealen Landschaft macht. Die offizielle Architektur, die der Gesetzmässigkeit, der Gebundenheit bedarf, ist ihm ärgerlich, erscheint ihm fad, abgestanden. Er löst das heroische Programm auf in eine Idylle, in ein träumendes, spielendes Wesen, das mit Architektur nur noch die Eignung zu gleicher Zweckbestimmung gemein hat». So schrieb Hans Bernoulli, dessen eigenes Projekt «Finale» mit dem zweiten Rang (ex aequo) prämiert wurde, im Beitrag «Zwischen den Schlachten – Glossen zum Basler Friedhofwettbewerb» in der Zeitschrift «Das Werk». Er besprach darin, ohne auf die Wettbewerbsgewinner einzugehen, die Entwürfe von Paul Camenisch, Hans Schmidt und Hannes Meyer als Beispiele für eine Architektur, die im Gegensatz zu den prämierten Entwürfen, nach neuen Wegen suche. Alle drei Entwürfe waren von der Jury wegen mangelnder Qualität abgelehnt worden. Hans Bernoulli kommt zum Schluss, die grossen Architekturwettbewerbe der Zeit seien ein Kampfplatz von Individualismus und Konvention.

Nachdem die Ergebnisse des Ideenwettbewerbs bekannt wurden, war zunächst unklar, ob überhaupt ein zweiter Wettbewerb stattfinden würde. Die Verfasser der Projekte «Sic transit gloria mundi» und «Advent», die mit dem ersten und zweiten Rang (ex aequo) gekürt worden waren, gingen aus eigener Initiative aufs Baudepartement zu. Sie schlugen vor, im Auftrag der Regierung ein endgültiges Projekt auszuarbeiten und dazu eine Gesellschaft zu gründen. Hochbauinspektor Hünerwadel stimmte sofort zu. So liesse sich das Ziel am schnellsten und sichersten erreichen. Die Preisträger könnten so einfach die besten Ideen aus beiden Projekten kombinieren und urheberrechtliche Probleme könnten damit vermieden werden. Das Sanitätsdepartement war mit dieser Variante ebenfalls einverstanden, es liesse sich damit Zeit und Geld sparen.

Nicht einverstanden war die von Paul Artaria angeführte «Initiativgruppe junger Künstler für den Hörnli-Gottesacker». Am 8. Mai 1923 wandte sie sich an den Regierungsrat und forderte ihn auf, weiter nach einer zeitgemässen Lösung für einen «modernen Grossfriedhof» zu suchen. Ihre Eingabe wurde am 16. Mai 1923 unter anderem in den «Basler Nachrichten» publiziert.

Die Gruppe kritisierte, die Wettbewerbsgewinner hätten zwar die Vorstellungen der Jury erfüllt, aber keine «aus dem tieferen Wesen der Aufgabe hervorgegangene Lösung» gebracht. «Wir glauben nicht wie die Jury, dass das Wesen unseres Gottesackers im Gewande einer grossen Parkanlage mit pompöser Hauptachse und prunkvoll herrschenden Gebäuden erfüllt sei, dass man Tote da begraben könne, wo eine aus anderer Aufgabe entstandene architektonische Gestaltung das grosse Wort führt. Wir können uns nicht überzeugen lassen von technisch nicht ausführbaren Parkbildungen, von finanziell nicht zu verantwortenden Erdbewegungen, von dem kalten, jeder wirklichen Religiosität fremden Prunk der Abdankungsgebäude.» Vielmehr glaubten die Initianten, dass für das Wesentliche einer modernen Gottesackeranlage an einem landschaftlich so schön gelegenen Ort eine «menschlich wahrere» und kostengünstigere Gestaltung gefunden werden müsse, die nur durch enge Zusammenarbeit von Architekten und Künstlern zu erreichen sei, die sich «ohne jedes individuell und geschäftlich gerichtete Interesse» engagieren. Die unterzeichnenden Architekten, Maler und Bildhauer wollten zuhanden der Regierung kostenlos ein gemeinschaftliches Projekt samt Kostenvoranschlag ausarbeiten, als Alternative zum Projekt der Herren Bräuning, Leu & Klingelfuss, Suter & Burckhardt. Gestützt auf ein Gutachten «erster, unabhängiger Fachleute» sollten Regierung und Grosser Rat anschliessend entscheiden, welches der beiden Projekte auszuführen sei.

Unterzeichnet wurde die Eingabe von zwölf Architekten (darunter Paul Artaria, Hermann Baur, Paul Camenisch, Jakob Mumenthaler, Emil Roth, Hans Schmidt und Hans Wittwer), neun Bildhauern, 18 Malern sowie Persönlichkeiten aus Kunst, Politik und Wissenschaft, darunter die Professoren Karl Moser und Emil Dürr, der Maler Hans Sandreuter und der Regierungsrat Friedrich Hauser.

Mit einer Erwiderung in der «Schweizerischen Bauzeitung» nahmen die Herren Bräuning, Klingelfuss, Leu, Suter und Burckhardt Stellung. Ihr gemeinsames Projekt könne nicht kritisiert werden, da es noch gar nicht vorliege. Ohne sich mit den Entwürfen einzelner Architekten auseinanderzusetzen, die ebenfalls am Wettbewerb teilgenommen hatten, sprachen sie der Initiativgruppe die Kompetenz für ein überzeugendes Friedhofprojekt ab. Die Zusammenarbeit von Architekten und Künstlern von Anfang an sei illusorisch. Nur der «völlig ausgebildete und mit reicher Erfahrung versehene Architekt» sei in der Lage, eine Aufgabe wie diese zu meistern. Die durchaus nötige Mitarbeit der Maler und Bildhauer habe erst dann einzusetzen, wenn die Gesamtanlage sowohl künstlerisch als auch bau- und betriebstechnisch von Architekten durchdacht sei. Der Regierungsrat lehnte die Eingabe der Initiativgruppe am 23. Juli 1923 ab. Die Friedhofangelegenheit dürfe nicht weiter verschleppt werden.

Nach der Erteilung des Auftrags an Bräuning, Leu, Klingelfuss, Suter und Burckhardt ging es mit der Planung und Realisierung des Zentralfriedhofs zügig voran. Anfang März 1924 wurde die Strassenführung rund um das Gelände diskutiert. Mitte Juni 1924 bestätigte ein zweites geologisches Gutachten einer privaten Ingenieurfirma die Eignung des Geländes für Friedhofszwecke. Im Oktober 1924 wurde den landwirtschaftlichen Pächtern gekündigt. Am 3. Dezember 1925 stimmte der Grosse Rat dem Ratschlag betreffend «Erstellung des Neuen

Gottesackers am Hörnli» zu. Das darin enthaltene Bauprogramm wurde in den folgenden Jahren realisiert – mit Ausnahme des Urnenfriedhofs «im finstern Boden», der auf später verschoben wurde. Für die erste Etappe genehmigte der Grosse Rat einen Kredit von 6,65 Millionen Franken. Sie umfasste die Planierung und Aufforstung des Geländes, die Anlegung des grössten Teils der Grabfelder und beinahe alle Hochbauten. Diese Etappe war die kostenintensivste. Insgesamt wurden für den Friedhof 7,67 Millionen Franken budgetiert. Die tatsächlichen Kosten – ohne Urnenfriedhof «im finstern Boden» – lagen sogar leicht darunter.

Baubeginn und Notstandsarbeiten

Im Frühjahr 1926 wurde mit den Tiefbauarbeiten im östlichen Areal begonnen. Die Erdbewegungen wurden grösstenteils als sogenannte Notstandsarbeiten ausgeführt. In einer Zeit sehr hoher Arbeitslosigkeit vergab der Staat die Aufträge an private Firmen nur unter der Bedingung, dass sie einen bestimmten Prozentsatz an Arbeitslosen beschäftigten.

Zahlreiche Klagen und Eingaben lassen darauf schliessen, dass es mit der Behandlung der Arbeiter relativ schlecht bestellt war. Die meisten wurden nach zwei bis drei Monaten wieder entlassen. Von dieser Praxis kam man im Frühjahr 1927 ab, nachdem sich die Bauleitung beim Baudepartement über die schlechte Motivation der Arbeitskräfte beschwert hatte. Die Architekten versicherten gegenüber der Verwaltung, die gewünschte Fluktuation der Notstandsarbeiter ergebe sich von selbst.

Der Umgangston auf der Baustelle liess vermutlich ebenso zu wünschen übrig wie Verpflegung und Entlöhnung. Laut Bau- und Holzarbeiter-Verband wurde die Belegschaft im Winter 1926/27 nicht nur «in grauenhafter Weise angebrüllt», sondern auch mit Schimpfnamen betitelt. Die mit der Bauleitung betrauten Architekten erklärten gegenüber dem Baudepartement, die Aufseher stünden unter Druck. Die Zahl der Regiearbeiter war sehr rasch erhöht worden, das Aufsichtspersonal sei aber nicht aufgestockt worden. Insbesondere der Umgang mit der Benzinlokomotive, die zur Verschiebung der Erdmassen eingesetzt werde, führe beim vollständig ungeübten Personal zu Schwierigkeiten und bei der Aufsicht zu sehr viel Arbeit und Ärger.

Am 18. Dezember 1930 gelangte das Gewerkschaftskartell Basel wegen der Arbeitsbedingungen auf dem Hörnli an den Regierungsrat. Über 100 Arbeiter hatten die Forderungen nach bezahlten Feiertagen, 50 Prozent Lohnfortzahlung bei Regenwetter, besserer Mittagsverpflegung, warmem Tee und besseren Unterkünften unterschrieben. Laut Gewerkschaftskartell hätten die Arbeiter durch witterungsbedingten Lohnausfall oft weniger Geld zur Verfügung, als wenn sie ganz arbeitslos wären. Das Mittagessen sei vollständig ungenügend und es gebe keine Möglichkeit, von zu Hause mitgebrachtes Essen aufzuwärmen. Durch die Tätigkeit auf der Baustelle würden die Arbeiter auch die Unterstützung der Winterhilfe verlieren. Die allgemeine Entlöhnung von Fr. 1,35 pro Stunde sei da keine grosse Hilfe. Die Löhne waren tatsächlich schlecht. Das galt aber auch für gelernte Handwerker in regulären Arbeitsverhältnissen. So lag der durchschnittliche Stundenlohn eines Schreiners in Basel im Jahr 1923 bei Fr. 1,74.

Das Baudepartement wies die Forderungen des Gewerkschaftskartells mit Einverständnis des Regierungsrats als unbegründet zurück. Eine Entschädigung für Feiertage und Regentage sei im Tiefbaugewerbe nicht üblich. Das Essen sei «durchaus recht», Auszüge aus dem Speiseplan – Reisschleimsuppe mit Spatz, Speck mit Bayrischkraut und Kartoffeln, Braten und Käsreis mit Endiviensalat – sollten dies bestätigen. Jedes Mittagessen werde durch die Bauleitung mit etwa 43 Rappen subventioniert. Der mittlere Stundenlohn von Fr. 1,37 entspreche dem, den Privatbetriebe zahlen würden. Die Leistung, die von den Notstandsarbeitern verlangt werden könnten, lägen aber deutlich darunter, da man auch Leute beschäftigen müsse, die nur teilweise arbeitsfähig seien. Die meisten waren körperliches Arbeiten nicht gewohnt und waren zuvor in 120 unterschiedlichen Berufen tätig – vom Coiffeur über den Musiker bis zum Hotelportier. Wie viele Arbeitslose insgesamt bei der Erstellung des Friedhofs beschäftigt wurden, lässt sich nur grob schätzen. In den Jahren 1928 bis 1930 waren es rund 500 Personen. Irene Schubiger geht im Text zur Ausstellung «Friedhof am Hörnli – von der Totenstadt zum Naturgarten» von insgesamt 700 Personen aus.

Die erste Bauetappe von 1926 bis 1929 schritt planmässig voran. Im Frühjahr 1927 war das südöstlich gelegene Gärtnereiareal samt Zufahrtsstrassen so weit fertig, dass mit der Aufzucht von Pflanzen und Bäumen begonnen werden konnte. Um Kosten zu sparen wurden die Pflanzen möglichst klein und in grossen Mengen erworben. Die Baumschule startete im Frühjahr 1927 mit der Aufzucht von 400 Linden, 6000 Taxus, 10 900 Hainbuchen, 3000 Rottannen, 1000 Schneeballpflanzen, 1000 Haselnuss und 600 Bergahorn. Insgesamt wurden bis zur Eröffnung 80 920 Bäume gepflanzt. Im Oktober 1927 wurden die Hauptgebäude, Stützmauern und Rampen in Angriff genommen, im November 1927 war die zweite Terrasse fertig planiert. Im September 1929 waren die Hauptgebäude im Rohbau abgeschlossen. Infolge eines Unterbruchs der Bauarbeiten von Januar bis März 1929 wegen grosser Kälte war eine Verzögerung von drei Monaten eingetreten.

Um den Friedhof an den öffentlichen Verkehr anzubinden, dachte das Baudepartement zu Beginn der Planung an eine Tramlinie. Vorwiegend aus Kostengründen gab man schliesslich einer Busverbindung den Vorzug. Die Gegend zwischen Claraplatz und Friedhof am Hörnli war in der Bauphase des Friedhofs noch kaum zu Wohnzwecken genutzt, sondern vorwiegend mit Sportplätzen und Pflanzgärten belegt. Die verantwortlichen Behörden rechneten mit einem grossen Andrang bei einzelnen Beerdigungen, bei Sportanlässen oder bei schönem Wetter am Sonntag. Um die stark schwankenden Verkehrsbedürfnisse zu bewältigen, seien Busse besser geeignet als eine Strassenbahn, heisst es im Ratschlag des Regierungsrats. Am 23. Mai 1929 genehmigte der Grosse Rat einen Kredit von 342 000 Franken für die Einrichtung und den Betrieb einer Autobuslinie von der Wiesenbrücke via Riehenring, Hochbergerstrasse und Claraplatz bis zum Friedhof am Hörnli.

Kontroverse um den Vorplatz

Komplizierter als der Bau der Friedhofanlage gestaltete sich die Bebauung des Vorplatzes. Am 14. Juni 1928 hatte der Grosse Rat den Ankauf des Landauerhofs genehmigt. Dieser lag direkt gegenüber den Eingangsgebäuden. Im Sommer 1930 wurde er abgerissen, um einem Gebäude Platz zu machen, das bereits Teil des Architekturwettbewerbs von 1922 gewesen war. Es sollte den Abschluss der Friedhofanlage bilden und Raum für Wohnungen und friedhofnahe Betriebe wie Blumenläden, Restaurants und Grabmalgeschäfte bieten. Die Frage, wie dieses Gebäude auszusehen habe und wer für seinen Bau verantwortlich sei, führte gegen Ende der ersten Bauetappe zu einer heftigen Debatte, in der sich Politiker ebenso zu Wort meldeten wie Architekten und Vertreter des Heimatschutzes.

Der Regierungsrat beabsichtigte, ein Landstück von 1600 m² gegenüber dem Friedhofeingang an den Wirt Hans Stump-Ruckstuhl zu verkaufen. Dieser besass bereits ein Stück Land in der Nähe des Friedhofs und wollte dort eine Wirtschaft errichten. Die Bewilligung dazu konnte ihm laut Regierungsrat nicht verwehrt werden, hätte aber den Bau der vor dem Friedhofeingang vorgesehenen Gaststätte gefährdet. Um diese sicherzustellen, vereinbarte das Finanzdepartement mit Hans Stump einen Landtausch. Verschiedene Personen befürchteten nun, mit der Errichtung des Wirtschaftsgebäudes durch einen privaten Bauherrn werde der Eingangsbereich des Friedhofs entweiht. In einer Interpellation im Grossen Rat am 30. März 1930 wurde der Regierungsrat aufgefordert, das Land nicht zu verkaufen und selbst für bescheidene Erfrischungsräume zu sorgen, die «alle Garantie böten, dass die Gefühle der Friedhofbesucher nicht verletzt würden». Dies lehnte der Regierungsrat ab. Der Käufer des Landes habe zugesichert, die speziellen Vorschriften zu respektieren, die mit Rücksicht auf den Ort aufgestellt würden.

Als die Pläne des von Hans Stump beauftragten Architekten Ernst Rehm bekannt wurden, mischten sich die Basler Sektion des privaten Heimatschutzes und die Friedhofarchitekten in die Diskussion ein. Sie verlangten eine einheitliche Bebauung, am besten durch die Friedhofarchitekten selbst. Ein Basler Architekt, vermutlich der angegriffene Ernst Rehm, nahm in den «Basler Nachrichten» vom 3./4. Mai 1930 Stellung, wo er auch gleich eine Skizze des umstrittenen Gebäudes abbilden liess – ein schlichter Bau mit Giebeldach. Die Vorwürfe einer «Verschandelung des Gottesackers» seien unberechtigt. Sie würden den Eindruck erwecken, es sei ein übermodernes Gebäude womöglich mit Flachdach geplant. Gute Architektur habe sich dem Zweck anzupassen. Deshalb könne der Stil, der für Leichenhallen und Abdankungsgebäude passend sein möge, unmöglich direkt auf ein Wohnhaus übertragen werden. Der Schreibende stiess sich daran, dass der private Heimatschutz Fassadenpläne kritisierte, die zuvor vom staatlichen Heimatschutz genehmigt worden seien. Dahinter vermutete er wohl nicht zu Unrecht das eigennützige Interesse der Friedhofarchitekten. Der private Bauherr lasse sich die Wahl seines Architekten nicht vorschreiben, sei aber bereit, auf die Wünsche der Regierung einzugehen.

Neben den Gebäuden gegenüber dem Friedhofeingang war auch die Strassenführung an der Westseite des Areals umstritten. Zur Prüfung der Vorplatzbebauung setzte der Grosse Rat eine elfköpfige Kommission ein, das Baudepartement überarbeitete gemeinsam mit den Friedhofarchitekten seine Pläne. Es wurden spezielle Bauvorschriften aufgestellt, die am 23. Oktober 1930 vom Grossen Rat genehmigt wurden. Die auf der Westseite des Friedhofs geplante Strasse, die heutige Hörnliallee, wurde von 26 Metern auf 41 Meter verbreitert, um eine Platzwirkung zu erzielen, die Baulinie wurde nach hinten verschoben. Auf dem lang gezogenen «Platz» sollte eine mit Bäumen bepflanzte Trottoirinsel den Verkehr regeln, dem Publikum Schutz bieten und zur Gartenanlage des Friedhofs überleiten. Heute nimmt sie ausserdem zahlreiche Parkplätze auf.

Die Dachform und die Firstlage aller Gebäude gegenüber der Westseite des Friedhofs sollten laut Bauvorschriften gleich hoch sein wie bei den Eingangsgebäuden des Friedhofs. Ausserdem sollten sämtliche Gebäude ein Erdgeschoss und zwei Stockwerke aufweisen. Ihre Fenster sollten gleich hoch, die Dächer einheitlich gedeckt sein, die Möglichkeit von späteren Auf- und Umbauten ausgeschlossen werden. Wer heute der Hörnliallee entlangspaziert, kann sich vom angestrebten einheitlichen Gesamteindruck selbst ein Bild machen. Der mittlere Baublock an der Hörnliallee 75–79 wurde ausserdem in der Breite exakt auf die Kopfbauten des Friedhofeingangs abgestimmt.

Im Lauf des Jahres 1931 wurde der Innenausbau der verschiedenen Friedhofgebäude – Abdankungshallen, Eingangsgebäude, Wohnungen, Krematorium, Leichenzellen usw. – abgeschlossen. Für die Innenausstattung und das Mobiliar hatte der Grosse Rat am 26. März 1931 einen Kredit von Fr. 440 000 bewilligt. Teilweise zeichneten die Friedhofarchitekten für die Gestaltung verantwortlich, teilweise wurde auf vorgefertigte Modelle zurückgegriffen. Nachdem der Architekt Hans Rehm seine Pläne für das Vorplatzgebäude den speziellen Vorschriften angepasst hatte, wurde mit dem Bau des mittleren Blocks begonnen. Rechtzeitig zur Eröffnung am 1. Juni 1932 konnte das Gebäude fertiggestellt werden.

Eröffnung und Neugestaltung

Am Mittwoch, 18. Mai 1932, 14.30 Uhr, lud das Baudepartement die Kirchenvorstände, die Geistlichen sowie die Presse zur Besichtigung des neuen Zentralfriedhofs ein. Am Samstagmorgen, 21. Mai, wurden der Grosse Rat und die interessierten Behörden empfangen, am Nachmittag und am folgenden Tag die ganze Bevölkerung. Die «Basler Nachrichten» und die «Nationalzeitung» stellten den neuen Zentralfriedhof in Sonderbeilagen vom 20. Mai vor. «Ein gewaltiges Werk, das von der Stadt und Bürgerschaft grosse Opfer erfordert hat, ist nun vollendet», heisst es in den «Basler Nachrichten». «Die Stadt Basel hat für ihre Toten an einer der schönsten Stellen unseres Kantons eine würdige und grosszügige Ruhestätte geschaffen, die eine monumentale Anlage mit allen Möglichkeiten eines pietätvollen Grabkultes verbindet.» Denkt man an die Kritik der jungen Architekten, die die prämierten Wettbewerbsentwürfe als zu pompös angefochten hatten, so wird in der ausführlichen Würdigung in der «Schweizerischen Bauzeitung» genau das Gegenteil betont. «Von den Hauptgebäuden kann man das eine sagen, das für moderne Kultgebäude das grösstmögliche Lob bedeutet: Sie sind überaus anständig, von einer zurückhaltenden Ausdrucksneutralität, gemässigt klassisch, nicht pompös, nicht aufdringlich, nicht spielerisch modern, nicht fabrikmässig, nicht kunsthistorisierend, nicht heimatschützlerisch, nicht ‹interessant› weder durch architektonische Erfindung noch durch besondere Materialien.» Die Summe aller dieser Negationen ergebe «lautlose Anständigkeit», das Beste, was bei der gegenwärtigen kulturellen Situation für eine solche Bauaufgabe möglich gewesen sei. Die Planierung des Terrains, die damals von der Initiativgruppe kritisiert wurde, wurde in der «Schweizerischen Bauzeitung» nochmals aufgegriffen. Zwar würde jede streng axiale Anlage die natürliche Geländeformation mehr oder weniger vergewaltigen und grosse Erdbewegungen erfordern, doch in der Ausführung überzeuge die Anlage wegen ihrer Übersichtlichkeit. Durch die konsequente Beschränkung auf einheimische Pflanzen habe man so viel als möglich von den «gesunden Ideen des Waldfriedhofs» übernommen. Durch die rechtwinklige Aufteilung sei trotzdem jedes Grab leicht zu finden. Nicht wie auf dem Münchner Waldfriedhof, der zwar für seine Zeit höchst verdienstvoll sei, aber leicht zu einem Irrgarten werde.

Nach der Eröffnung wurden die verschiedenen Grabfelder Schritt für Schritt fertiggestellt. Auf den noch unbelegten Feldern wurden während des Zweiten Weltkriegs Getreide, Gemüse und Kartoffeln angepflanzt. Die Neu- und Umgestaltung der Grabfelder war ein stetiger Prozess, der bis heute andauert. Veränderte Bedürfnisse wie die gestiegene Nachfrage nach Gemeinschaftsgräbern werden dabei ebenso berücksichtigt wie neue Ansprüche an Pflege und Bepflanzung der städtischen Grünflächen.

Seit Eröffnung des Friedhofs waren Aus- und Umbau des Urnenfriedhofs «im finstern Boden» die grössten Bauvorhaben. Dieser war bereits im Projekt von 1925 vorgesehen und wurde in den Jahren 1960 bis 1963 erstmals angelegt, als die Urnengräber auf dem Friedhofgelände knapp wurden. Auf den ursprünglich von Bräuning, Leu und Klingelfuss geplanten halbrunden Bau mit Säulen und bogenförmigen Urnennischen wurde verzichtet. Stattdessen wurde ein acht Meter hoher Betonrahmenbau mit einem Betondach auf halber Höhe erstellt, darunter mehrere Wände mit Urnennischen, dahinter ein kleiner Platz mit halbkreisförmig gruppierten Urnenwänden. Ausser dem Standort am Ende der Mittelachse hat die Konstruktion der Architekten Bräuning & Dürig, Suter & Suter nichts mit der ursprünglichen Idee gemeinsam. Es steht in keinem Bezug zu den anderen Friedhofgebäuden und erhebt sich heute als merkwürdiges bunkerähnliches Betongebilde inmitten von Bäumen, die es von Jahr zu Jahr mehr verdecken. Der Blick auf die Mittelachse, auf die einst so viel Wert gelegt wurde, ist am ehesten im Winter möglich, wenn die Bäume kein Laub tragen.

Den Abschluss der Mittelachse bildet heute das weiter unten liegende 109 Meter lange und 4,9 Meter hohe gitterförmige Urnennischengebäude, das im Lauf der jüngsten Neugestaltung des Urnenfriedhofs «im finstern Boden» erstellt wurde. Von 2000 bis 2002 wurde die ganze Abteilung 12 östlich des Grenzacherwegs umgebaut. Wieder hatte das Baudepartement einen Wettbewerb veranstaltet, aus dem die Landschaftsarchitekten Vetsch, Nipkow und Partner sowie die Architekten Eppler, Maraini und Schoop als Sieger hervorgingen. In der neu gestalteten Abteilung löst sich die strenge Geometrie der Friedhofanlage auf und geht allmählich in freiere Formen über. Bei Wegen, Treppen und Mauern dominieren geschwungene Linien, die sich harmonisch in den steil abfallenden Hang einfügen. Der schönste Aussichtspunkt befindet sich heute nicht wie ursprünglich geplant in der Verlängerung der Mittelachse, sondern auf einer Terrasse im Südosten des «finstern Bodens». Losgelöst von der strengen Symmetrie der Anlage schweift der Blick von hier umso freier in die Weite – über Grabfelder und Waldpartien hinunter zum Flusslauf des Rheins, über Fabrikschlote und Kirchtürme der Stadt bis zu den Hügelzügen von Jura und Vogesen.

75 Jahre nach seiner Eröffnung zeichnet sich auf dem Friedhof am Hörnli, anders als bei seinen Vorgängern, kein Raummangel ab. Laut den zuständigen Stellen bei der Verwaltung reicht der Platz noch viele Jahrzehnte aus, sofern sich die Bestattungsgewohnheiten nicht radikal verändern sollten. Die Beschaffenheit des Bodens hat sich als ideal erwiesen, der Verwesungsprozess verläuft entsprechend rasch. Aktuelle Zahlen über die frei verfügbaren Grabflächen auf dem Hörnli sind allerdings nicht erhältlich.

Noch im Jahr 1963 rechnete das Sanitätsdepartement damit, dass der Friedhof 2010 voll belegt sein würde. Heute zeigt sich ein anderes Bild. Im gleichen Mass wie die Stadtbevölkerung schrumpft und die auf viele Jahrzehnte angelegten Familiengräber an Bedeutung verlieren, werden platzsparende Gemeinschaftsgräber populärer. Auch die Kremationen haben stetig zugenommen. Ein Urnengrab braucht rund einen Drittel weniger Fläche als ein Reihengrab für eine Erdbestattung, die Aufbewahrung in einer Urnennische spart noch mehr Platz. Angenehm überrascht wäre wohl der einstige Sanitätsdirektor Friedrich Aemmer, wenn er diese Bilanz lesen könnte. Bei der Eröffnung im Jahr 1932 gab er sich vorsichtig und ging zunächst von einer Betriebsdauer von 50 Jahren aus.

Die Umgebung des Friedhofs hat sich seither stark verändert. Vor Baubeginn war das Gelände am Fuss des Ausserbergs mit Ausnahme des Landauerhofs und zwei etwas weiter südöstlich gelegenen Häusern gänzlich unbebaut. Heute reicht das Siedlungsgebiet der Gemeinde Riehen im Norden und Westen bis dicht an die Friedhofmauern beziehungsweise den hohen Drahtzaun heran. Im Süden verläuft gleich hinter dem Friedhof die Landesgrenze. Hier liegen ebenfalls Wohnhäuer und einzelne landwirtschaftliche Parzellen. Am wenigsten hat sich im Osten verändert, wo der Friedhof an den Wald des Ausserbergs grenzt.

Die Häuser der Lebenden sind im Lauf der Jahrzehnte immer näher an den Friedhof herangerückt – wie das bereits bei früheren Gottesäckern der Fall war. Aber auch die symbolische Distanz zwischen den Häusern der Lebenden und den Gräbern der Toten ist wieder etwas kleiner geworden. Nicht, dass auf dem Friedhof am Hörnli wie im Mittelalter Markt abgehalten oder rauschende Feste gefeiert würden. Noch immer hat er eine spezielle Atmosphäre, die auf den ersten Blick etwas Einschüchterndes oder gar Abschreckendes haben kann. Aber eine abgeschiedene Nekropolis, die ausschliesslich von trauernden Angehörigen besucht wird, ist er nicht mehr – falls er es überhaupt jemals war. Mit seiner Weitläufigkeit, die sich erst bei ausgedehnten Spaziergängen erschliesst, zieht er in jüngster Zeit auch Jogger und Hundehalter an, mit seiner schönen Lage und botanischen Vielfalt ist er zum Ziel von Erholungssuchenden und Pflanzenliebhabern geworden. Im Sommer 2005 bot er eine stimmige Kulisse für das Theaterstück «Der Ackermann aus Böhmen», das zuvor auf zwei Friedhöfen in Zürich und Bern aufgeführt worden war.

Dass sich die Distanz zwischen den Häusern der Lebenden und der Stadt der Toten verringert hat, ist auch das Verdienst von Peter Galler. Der ehemalige Grabmacher, begnadeter Erzähler und langjährige Konservator der Sammlung Friedhof Hörnli ist dem Tod tausendfach begegnet und berichtet davon mit Humor und Respekt. Er hat den grössten Teil seines Lebens auf dem Friedhof verbracht und wohnt auch nach seiner Pensionierung auf dem Gelände. Ein Besuch seiner ebenso fachkundigen wie unterhaltsamen Führungen durch die Sammlung Friedhof Hörnli oder gar ein Gang über die Grabfelder im Fackelschein während einer Museumsnacht ist für viele zum Anfang einer vertieften Auseinandersetzung mit diesem Ort und seiner Geschichte geworden, vielleicht auch mit der eigenen Sterblichkeit.

Das unbebaute Friedhofgelände, Blick vom finsteren Boden gegen Westen. In der Bildmitte ist die in den 1960er-Jahren abgebrochene Häusergruppe beim Hirtenweg zu sehen, rechts der Landauerhof.

Erste Erdverschiebungsarbeiten im März 1926.

Das Material wurde mit einer kleinen Eisenbahn mit Benzinlokomotive abtransportiert.

Panorama des Bauplatzes gegen Osten,
im Hintergrund der Ausserberg mit Hornfelsen,
datiert vom 21. Juni 1928.

Baustelle der Hauptgebäude, aufgenommen vom Diensthof aus, datiert vom 31. August 1928.

Bauarbeiten am rechten Hauptgebäude,
datiert vom 15. November 1928.

Luftaufnahme von 1929. Die Hauptgebäude sind im Rohbau bereits abgeschlossen, südlich davon wurde mit dem Anlegen der Gräberfelder begonnen.
Links im Bild ist der Landauerhof zu erkennen, wenige Monate vor seinem Abbruch.

Urnennischen, eingelassen in die
Stützmauer östlich der Hauptgebäude,
Foto Ochs-Walde, Basel, datiert von 1932.

Blick vom Ostflügel des
Kapellenhauses gegen Osten,
Foto Ochs-Walde, Basel, datiert von 1932.

Blick vom Vorplatz
auf Eingangsgebäude
und Mittelachse samt
Kapellen- und Leichenhaus,
Foto Xavier Frey, Basel,
datiert von 1932.

Flugaufnahme, datiert von 1936.

Garten der Ewigkeit
– Der Friedhof am Hörnli

Grosse Heckenbunker stehen in zwei gleichen Reihen, teilen den Strom der Traurigen. Ziergärtnergeist schliff sie alle aufs Gleiche und versah jeden mit einer Blumenrabatte als Kragen. Es sind Scherenschnitte aus Naturgrünem, die schelmisch die übernächste Station ausrufen: «Paradies». Das meinte einmal nur die Ziergärten um die Paläste im alten Persien; und seitenverkehrt versteckt sich der Garten noch im Wort «Sarg».

Auch «Friedhof» verwies am Anfang bloss auf einen kirchlichen Ort, der eingefriedet war und vor Verfolgern Schutz bot. Der spätere Friede verdankt sich dem Zaun. Und so zahnen die Heckeriche wie eine Panzerwehr zwischen den Toten und den Lebenden aus dem Boden, zählen zweimal zwölf. Sie sind wie alles in diesem Garten aus vergrösserndem Garn gesponnen, umzogen von der Scharflinigkeit der Grabsteinkanten und zusammen mit der Heimlichhauserin Vergänglichkeit am Licht. Man bemerkt die Millionen von Steinen, die es für einen Kiesweg braucht oder wie einem die Kälte die Schultern hochdrückt. Man ist hellwach. Und das englische Wort für Hölle ist mit Hinterlist am Platz.

Jan Lurvink

Jürgen Voss

Ruhe und Ordnung – Prinzipien einer Friedhofsanlage

Es sollte ein erhabener, ein würdiger Ort sein. Der Friedhof am Hörnli ist besonders schön gelegen – und geeignet, den Hinterbliebenen der hier beigesetzten Toten den notwendigen Trost zu spenden: abseits des Lärms und der Unrast in den Strassen, im Übergang zur freien Landschaft mit einem wunderschönen Blick auf Basel, Rhein und das nahe Elsass.
«Heute (…) bildet die Bepflanzung mit den Gebäuden eine harmonische Einheit und mildert die Härte der streng geometrischen Konzeption. Die Mauern am Eingang sind mit Glycinien überwachsen, Lindenalleen durchziehen die Anlage, die Gebäude mit ihren Arkaden sind eingebettet in Bäume und Sträucher, der Übergang des Geländes zum Hörnli-Wald verläuft beinahe natürlich. Fast hat der Besucher den Eindruck, im Garten einer grosszügigen Villenanlage in der Toscana zu promenieren, wären da nicht überall die Grabsteine, diskret hinter Hecken (…)» (Danielle Benaoun, Basler Zeitung, 1. Juni 1982).

Der Friedhof am Hörnli liegt an der Peripherie sowohl Riehens als auch Basels. Der Besuch des Friedhofs gleicht also einem kleinen Ausflug, den man vorzugsweise am Wochenende bei schönem Wetter unternimmt. Von Basel her, aus der relativen Enge der verwinkelten Strassen kommend, gelangt man vor die hohen Einfriedungsmauern des Friedhofs, um gleich darauf die grosszügige Aufweitung der Strasse vor dem zentralen Haupteingang wahrzunehmen. Die Strasse ist so gestaltet, dass die Autofahrer zu langsamerem Fahren angehalten sind. Die Anlage in diesem Platz wirkt als Fortsetzung des Strassenraums: Die Beschränkung auf die hochstämmige Lindenallee und der, zumindest zur Hälfte erdauerte, Verzicht auf weitere Pflanzungen lässt die Anlage mit dem Platz verschmelzen. Von Riehener Seite, also von Norden, kommend, erblickt man zunächst einen breiten ansteigenden Waldstreifen und einen heckenumpflanzten Drahtzaun, der sich entlang der Nordflanke des Friedhofs fast bis hinunter zur Strasse vor dem Haupteingang erstreckt.
Noch vor dem Eintreten durch das Haupttor öffnet sich die Sicht auf eine Anlage, die in ihrer Grösse und gestalterischen Geste, und deren unvermitteltes Wahrnehmen, zunächst überrascht und überwältigt: eine breite Hauptachse, die als Sichtachse den Friedhof in der gesamten West-Ost-Erstreckung durchmisst und nur eine Ahnung von der tatsächlichen Grösse vermittelt, da der direkte Blick auf die entfernteren Grabfelder durch Baumalleen und Waldstücke verwehrt bleibt. Der grosszügige Umgang mit dem Ort und die Symmetrie der Eingangsgebäude, der anschliessenden breiten Wegeachse, mit der Allee aus grossen, geschnittenen Eibenkuben, der Baumalleen, der Hauptgebäude, der Längs- und Querachsen und der Rampen-, Mauern- und Treppenanlagen evozieren unmittelbar die Erinnerung an Gartenanlagen sowohl der Renaissance als auch des Barocks. Deutlich wird in der ausgebauten Anlage die Weiterführung der Mittelachse und der beiden grossen Quer-

achsen ins Unendliche. Einzelne gebaute oder gepflanzte Akzentuierungen der Anfangs- und Endpunkte einer jeden Achse bremsen weniger den Blick, als dass sie ihn letztlich über sich hinaus lenken. Hohe Baumpflanzungen ergeben grosszügig wirkende geschlossene Räume für die im Innern durch Hecken unterteilten Grabfelder, ohne die räumlichen axialen Beziehungen zu verstellen. In einzelnen Grabfeldern überspielen frei stehende Bäume die architektonische Strenge. Die Grabgestaltungen in den Grabfeldern sind betont schlicht und weitgehend einheitlich; verschiedengestaltete Grabsteine und der Wechsel der niederen Grabhinter- und Grabbepflanzungen von Sektion zu Sektion versuchen eine gewisse Abwechslung zu erreichen. Die eigentliche Grabfläche ist auf das notwendigste Mass beschränkt; untereinander sind die Gräber durch wenige Schrittplatten abgeteilt. So entsteht ein Gräberfeld, in dem die Grabsteine dicht gedrängt aneinandergereiht sind und das einzelne Grab in einer Gemeinschaft von vielen Gräbern aufgeht und somit seine Individualität einbüsst. Die Individualität der ausgemauerten Familiengräber mit seitlichen Zwischenhecken ist da die Ausnahme der Regel.

Die vor wenigen Jahren neu gestaltete Abteilung 12 ist durch die steile Hangsituation und deren bautechnische Bewältigung bestimmt. Grosszügig schwingende Wege und zum Teil mit Urnennischen bestückte Stützmauern gliedern den Hang in weite, leicht geneigte Grabfelder und Plätze mit sehr schönen Aussichten und Fernsichten. Zusammenhängende Wiesenflächen mit frei stehenden Bäumen und Baumgruppen lassen diese Abteilung licht und heiter erscheinen. Die jeweilige Grabgestaltung reduziert sich weitgehend nur auf das eigentliche Grabmal, sodass hier das Bild eines Waldfriedhofs, wie er ursprünglich einmal für den neuen Basler Zentralfriedhof gewünscht war, nun realisiert werden konnte. Der prachtvolle Ausblick zurück auf Stadt und Landschaft verstärkt das Gefühl von Innerlichkeit und Frieden. Die alte Urnenhalle «Im finstern Boden» am Ende der visuellen Hauptachse des Friedhofs lässt man nun sukzessive «zuwachsen». An ihrer Stelle bildet die neue Urnennischenanlage am Grenzacherweg den räumlichen Abschluss der Hauptachse und gibt der Gesamtanlage «Friedhof am Hörnli» die notwendige Geschlossenheit. Sie ist sowohl Endpunkt der unteren Friedhofanlage als auch Auftritt der neuen Abteilung 12 mit dem «Ausserberg» im Hintergrund.

Das Ordnungsprinzip
Der Friedhof am Hörnli liegt heute im Übergangsbereich der Stadt zu ländlicheren Strukturen. Den Stadtrand thematisieren die ausgedehnten, grosszügig durchgrünten Wohngebiete Riehens im Norden des Friedhofs, Sportplätze und Familiengartenanlagen im Westen, eine Mélange aus Landwirtschaft, Gewerbe und vorstädti-

schen Wohngebieten im Süden (jenseits der Landesgrenze) und der bewaldete Hang zum «Ausserberg» (mit dem «Hornfelsen») im Osten des Friedhofs. Die Strassen, die zum Friedhof führen, sind schmale, teilweise mit Bäumen gesäumte Sammel- und Quartierstrassen. Vom Friedhof sieht man nur den umpflanzten Drahtzaun, an der Hörnliallee die hohe Mauer und die dichten Gehölzpflanzungen. Vor dem Haupteingang ist dann die Hörnliallee platzartig aufgeweitet und mit einer schmalen, alleeartig bepflanzten, asphaltierten Anlage geschmückt. Schon vom Vorplatz her öffnet sich das Blickfeld, beidseitig flankiert von den pavillonartigen Eingangsgebäuden, auf die grosse Mittelachse, über die mittlere Terrasse hinauf zum fernen Kolumbarium «Im finstern Boden» und den dahinter stehenden Wald. Die übrigen Geländeteile sind dieser Hauptachse zu- und untergeordnet und nicht einsehbar. Das Gelände steigt von Süden nach Norden (östlich der grossen mittleren Querachse) und von Westen nach Osten stetig an und geht ab dem Grenzacherweg zur Abteilung «Im finstern Boden» in einen steilen Hang über.

Die von der Mittelachse durchschnittenen Räume sind, mit kleinen Ausnahmen, symmetrisch geordnet: die Grabfelder der Abteilung 2 mit den rahmenden Lindenalleen, die Rampenanlage, die erhöhte mittlere Terrasse mit den beidseitig flankierenden Hauptgebäuden, die Grabfelder der Abteilung 9 mit den rahmenden Hainbuchenalleen, die Mittelzone der Abteilung 11, die beiden unteren Grabfelder und die Urnennischenanlage der Abteilung 12. Von der Mittelachse nach links und rechts abzweigende Querachsen und Querwege führen zu den anderen grossen Grabfeldern. Jeweils drei Abteilungen kommen so auf einer gemeinsamen, grossräumigen, Nord-Süd-ausgerichteten «Terrasse» zu liegen, die nach Osten zur nächst höheren «Grossterrasse» durch eine grosse Querachse mit Stützmauern und Böschungen begrenzt wird.
Über zwei räumliche Längsachsen in West-Ost-Richtung, parallel zur Mittelachse, sind die seitlichen Grabfelder so miteinander verbunden, dass jeweils vier Abteilungen eine räumliche Abfolge ergeben. Um diese Nebenachsen sind die aneinandergereihten Abteilungen 1, 4, 7, 8 und 3, 6, 7, 10 überwiegend symmetrisch gegliedert; Ausnahmen in der symmetrischen Gliederung der Grabfelder sind die Abteilung 1, deren Mittelteil sich nur um die mittlere Querachse spiegelt, der äussere Rahmen der Abteilung 3 und die nach 1932 an die Abteilungen 4, 6 und 8 angehängten Sektionen.
Jede Abteilung ist nach aussen durch begleitende Waldungen oder Baumalleen gerahmt. Zu den Grabfeldern verdichten sich die Waldränder durch die eingepflanzten Eiben und Stechpalmen. Im Innern unterteilen immergrüne geschnittene Hecken oder frei wachsende Sträucherreihen. Einzelbäume in den Abteilungen 1, 2 und 10 (früher auch in den Abteilungen 4, 6 und 8) sind mehrheitlich in freier Ordnung gepflanzt.

Die Strassen und Wege stehen mit wenigen Ausnahmen im rechten Winkel zueinander und sind asphaltiert. In den verschiedenen Abteilungen sind die übergeordneten Wege so zu einem orthogonalen Netz zusammengefügt, dass im Prinzip alle Wege in den jeweils äussersten, jede Abteilung rahmenden Hauptweg münden beziehungsweise dort beginnen. In der Abteilung 12 sind die Wege dagegen prinzipiell geschwungen, der Topografie des bestehenden Geländes entsprechend.
Die verschiedenen Gebäude im Friedhof haben mit den nach aussen als Vorhalle dem eigentlichen Gebäude vorangestellten Pfeilerhallen ein gemeinsames wiederkehrendes Erscheinungsbild; Ausnahme ist die Urnenhalle der Abteilung 1, bei der sich der Säulengang nach innen öffnet.

Das Gestaltungsprinzip

Mit der Anlage von Friedhöfen ausserhalb der Kirchhöfe und ohne die Kirche als geistigen Mittelpunkt, wurde die Gestaltung der Friedhöfe erst zu Beginn des 19. Jahrhunderts ein eigentliches Thema. Der religiöse und kultische Charakter musste mit andern Mitteln ausgedrückt werden. Dies geschah in der Entwicklung eigentlicher Friedhofarchitekturen, einschliesslich der Grabmäler, und in einer immer stärker und bewusster geformten landschaftlich-gärtnerischen Gestalt der Friedhöfe, die sowohl sanfte Wehmut und Trauer, als auch ein Gefühl der Versöhnung, der ewigen Ruhe, der Hingabe des Leibes an die Natur, die Stimmung des Eingefügtseins in eine allgemeine Ordnung des Werdens und Vergehens hervorrufen sollte.

Schon der im St. Galler Klosterplan um 825 gezeichnete Baumgarten (Friedhof) zeigt eine rechteckige spiegelsymmetrisch geordnete Anlage mit einem Kreuz im quadratischen Mittelfeld. Die Grabfelder liegen in der Regel in Ost-West-Richtung, ausnahmsweise auch in Nord-Süd-Richtung.

John Claudius Loudon (1783–1843) unterschied den Friedhof vom Hausgarten durch seine sanitären und geistigen Aufgaben. Seine Gestaltung muss demnach deutlich von der eines Lustgartens abweichen. Der Form der Särge folgend, baute sich bei Loudon der Entwurf eines Friedhofs auf rechten Winkeln auf, mit geradlinig geführten Hauptwegen, davon ins Innere der Kompartimente abzweigende Kieswege und davon wiederum abzweigende Graswege, zu den in Doppelreihen liegenden Gräbern. (Die Gräber selber waren jeweils von einem Grasweg umgeben.) Eine soziale Differenzierung innerhalb der Abteilungen lehnte er ab.

Leberecht Migge (1881–1935) forderte für den Friedhof eine «Typenbildung unter Verzicht auf uneinheitliche Einzelgrabgestaltung» mit der «typischen Form der Grabstätte und des Monuments» und «tausend Gräbern» (C. A. Wimmer, 1989). 1953 schrieb Otto Valentien über den architektonischen Friedhof: «Die Grabstätte bildet im Grundriss, wie der Sarg, ein Rechteck. Die Aneinanderreihung mehrerer Gräber ergibt stets ein Rechteck, wenn nicht eine willkürliche Einstreuung von Gräbern in ein Gelände vorgenommen wird. Da aber eine geordnete, bei der Knappheit unseres Lebensraumes auch raumsparende Belegung nur selten zu umgehen ist, müssen wir die rechteckige Felderform und den geraden Weg als grundsätzlich richtig bezeichnen. (…) Den praktischen Anforderungen entspricht der architektonische Friedhof in vollem Masse (…).»

Diese Wortmeldungen machen deutlich, dass sich die Projektverfasser des dazumal neuen Basler Zentralfriedhofs mit ihren Vorstellungen über einen Friedhof in traditionellen Bahnen bewegten. Im Prinzip folgten sie bei der Gestaltung der Abteilungen und Grabfelder altüberlieferten Vorstellungen, die in unserem Kulturraum nach wie vor einen Friedhof als Friedhof erkennbar machen. Die Hörnli-Architekten waren also mit der von ihnen gewählten Lösung, einer nach strengen formalen Richtlinien gestalteten architektonischen Anlage, nicht allein. Andere Beispiele gebauter Friedhöfe und Gärten in Deutschland und in der Schweiz zeigen, dass zu Anfang des 20. Jahrhunderts sich für Gartenarchitekten und Architekten die Forderung nach mehr Ordnung und Repräsentation am leichtesten mit altbewährten Gestaltungsprinzipien erfüllen liess. Und ein «neues Versailles-Gefühl» war von den Bauherren durchaus gewünscht (Annemarie Bucher, 1996).

Ausgehend davon, dass in der Renaissance und im Barock sich die Kunst entwickelte, «ein Stück Natur nach architektonischen Prinzipien zu ordnen und zu gestalten» (W. Hansmann, 1983), und Gärten nur denkbar waren, wenn «die Natur durch eine Formung nach den Ideen des Künstlers und in bezug auf den Fürsten, der sie in einen Garten verwandeln liess, eine geordnete, sinnvolle und sinnreiche Gestalt erhält» (W. Hansmann, 1983 resp. G. Gerkens, 1974), bezieht die gewählte Ordnung im Friedhof am Hörnli ihre Vorbilder von dort; mit dem Unterschied, dass hier kein eigentliches alles dominierendes Zentrum gebildet wurde, auf das sich alles hinbewegen muss und von wo sich alles wegbewegt. Vielmehr weichen die Gebäude zur Seite und steigern dadurch zusätzlich den Eindruck der Grösse der Anlage. Heyer schreibt dazu: «Der architektonische Friedhof des 20. Jahrhunderts kehrte zwar zum strengen Grundriss der geometrischen Friedhöfe zurück und nahm die axiale Anlage mit beherrschenden Gebäudegruppen und symmetrischer Verteilung der Gräberfelder wieder auf, doch trat nun das pflanzliche Material stärker hervor, und die Gehölzmassen wurden zu raumbildenden Elementen» (H.-R. Heyer, 1980).

Überlagert wird diese repräsentative Geste aber durch die umfassende Idee der Durchsetzung von Gleichheit und Schlichtheit, die die inhaltliche Gestaltung des Friedhofs bestimmte, und der Einbettung in die landschaftliche Umgebung, die zum Bild des «Friedhof im Wald» führte. Die gefundene Form entspricht dabei den Grundsätzen nach «Typologie» und «Sachlichkeit», «Rationalismus» und «Funktionalismus», wie sie bei den Vertretern des zeitgenössischen Architekturgartens diskutiert wurden (H. Kienzle, National-Zeitung, 20. Mai 1932).
Sie zielt auf eine Nivellierung der Standesunterschiede, indem sie hinsichtlich Lage und Ausstattung die Gräber der Mittelfelder denen der repräsentableren Familiengräber in den Randzonen angleicht. Die strenge Gestaltung der Abteilungen wird nur vereinzelt durch spätere Grabfelder-Anhängsel durchbrochen. Die rationalisierte und funktionalisierte Gestaltung, mit der Betonung des Einfachen und Schlichten, wird durch die geschnittenen Hecken in den Trenn- und Hinterpflanzungen der Grabfelder und Grabreihen unterstrichen.
Erst in nachfolgenden Jahren schwand der Mut angesichts der grossen «leeren» Räume, sodass man einzelne Grabfelder in kleine, räumlich begrenzte, privatere und leichter auffindbare Grabquartiere umwandelte, und angesichts des hohen Pflegeaufwands die Hecken, mit ihrer klaren räumlichen Aussage, gegen diffus wirkende frei wachsende Strauchpflanzungen austauschte. Diese dem steten Wunsch nach Auflockerung folgende sukzessive Veränderung der Grabfelder entstand in der Konsequenz ohne konzeptionelle Rückkoppelung auf den Gesamtkontext.
Die Anfeindungen gegen die gewählte architektonische Lösung waren in Basel sehr heftig; sie richteten sich in erster Linie gegen die historisierende Formensprache: die barocke Geste der Hauptachse und die «prunkvolle» Architektur der neo-klassizistischen Bauten (vgl. D. Huber, 1993). Einerseits gehörten programmatische Auseinandersetzungen und Polemiken zu den damaligen reformerischen Bewegungen, andererseits gab es zu dieser Zeit auch andere, neue Lösungsansätze zur Gestaltung eines Friedhofs (vgl. Waldfriedhof in Davos, Friedhof in Stockholm von Asplund). Mit zur Auseinandersetzung beigetragen hatte aber sicher auch, dass mit dem Hörnli-Friedhof eine Anlage von ungewohnter Grösse erstellt werden sollte, die bis heute einzigartig in der Schweiz ist, und dazu mit einer (für das hiesige Empfinden) fast dreisten Unbescheidenheit auftritt.

Kunstobjekte

Der künstlerische Schmuck hatte von Anfang an eine grosse Bedeutung für die Ausgestaltung des ansonsten eher kargen Friedhofs am Hörnli. Die meisten und auffallendsten Werke wurden über den Basler Kunstkredit finanziert, der es ermöglicht, der Öffentlichkeit ohne erschwerende Hemmschwellen das aktuelle Schaffen der in Basel ansässigen Künstler und Künstlerinnen nahezubringen. Neben einer Vielzahl an Werken innerhalb der Gebäude und kleinerer Brunnengestaltungen wurde eine Reihe von Skulpturen für ausgewählte Orte im Friedhofgelände geschaffen, wie zum Beispiel die eindrückliche «Frau mit Weihgabe und Wächter» als Grossplastik auf dem Gemeinschaftsgrab des Anatomischen Instituts der Universität in der Sektion D der Abteilung 1, geschaffen 1990 bis 1993 von Helen Balmer (geb. 1924).

Erhaltung der Eigenart der Anlage

Im Jahr 1999 wurde im Auftrag der Stadtgärtnerei Basel ein Friedhofpflegewerk erstellt, mit dessen Hilfe die als erhaltenswert erkannte Anlage Friedhof am Hörnli solcherart weiter gepflegt, wiederinstandgesetzt und ergänzt werden kann, dass eine Sicherung der Eigenart dieser Anlage nun auch langfristig möglich ist.

Im Friedhof am Hörnli galt und gilt es, festgestellte Fehlentwicklungen und ungeeignete Einzelmassnahmen zu korrigieren, die nicht mit Rücksicht auf das gesamte Erscheinungsbild getroffen worden waren. Eine wesentliche Richtschnur dazu sind die Leitgedanken für die Friedhofgestaltung der Architekten Bräuning/Leu/Klingelfuss und Suter/Burckhardt, die sie im Ratschlagstext (Nr. 2694. GR 3.12.1925) abgedruckt hatten.

Das Ziel des vorliegenden Friedhofpflegewerks ist, den Friedhof am Hörnli in seiner Eigenart des einheitlichen räumlich grosszügigen Ordnungssystems und der betonten Hinwendung zu Klassenlosigkeit und Sachlichkeit zu erhalten. Weiter gilt es, den Friedhof in seiner jeweils zeitgerechten Nutzung und Funktionalität sowie in seiner Bedeutung für den Naturstandort an der Westflanke des Dinkelbergs zu sichern. Neben der Reparatur schadhaft gewordener Anlageteile betreffen die im Pflegewerk definierten Massnahmen die Veränderungen, die in ihrer willkürlichen Gestaltung die Wirkung der Gesamtanlage empfindlich stören.

So beschränkte sich im ursprünglichen Gesamtkonzept die Wegeführung in den wichtigen Achsen auf die Hauptachse vom Eingang zu den Hauptgebäuden und auf die Querachsen (Abt. 7 und 11), daneben waren die (zum Teil baumbestandenen) Nebenachsen im Wegequerschnitt als deutlich weniger wichtig herausgebildet. Das an dieses Achsensystem angelehnte orthogonale Wegenetz diente jeweils allein der inneren Erschliessung der einzelnen Abteilung und seiner Grabfelder. Die axiale Gestaltung beschränkte sich im Weiteren auf das Öffnen und Schliessen von Räumen, also auf das Zeigen von axialen Raumbezügen. Die Achsen waren so in den Abteilungen selber nicht das primäre Thema. Dieser Grundsatz soll wieder zur Richtschnur werden.

Eine weitere Massnahme wird sein, die Bepflanzung der die Abteilungen nach aussen und im Inneren rahmenden linearen Rabatten mit frei wachsenden gemischten Strauchpflanzungen durch breit- und hochwachsende, streng geschnittene Eibenhecken oder Hainbuchenhecken – gemäss dem historischen Vorbild – zu ersetzen.

Ein Friedhof ist zunächst ein Ort, an dem unsere Toten würdig beigesetzt werden können und ein Ort des Trostes für die Hinterbliebenen. Besonders auf einem grossen, ökonomisch gut durchorganisierten Zentralfriedhof wird deswegen täglich zu beachten sein, dass es für die Hinterbliebenen ein Bedürfnis ist, um ihre verstorbenen Angehörigen trauern und sich mit dem Verstorbenen, auch noch lange nach dessen Tod, auseinandersetzen zu können. Es besteht ein Bedürfnis nach Intimität und Privatheit an diesem so betont öffentlichen Ort.

Bildserie 1

Franz Osswald

Ein Ort der Stille und Erholung – Die Abteilung 12

Am 4. September 2002 wurde auf dem Friedhof am Hörnli die neu gestaltete Abteilung 12 «Im finstern Boden» eröffnet. Die Anlage überzeugt durch eine schlichte, aber markante Architektur und den Einbezug der Natur ins Gesamtkonzept.

Markant steht sie am Hangfuss des Ausserberges und ist Abschluss und Anfang zugleich: die neue Urnenmauer (Columbarium) auf dem Friedhof am Hörnli. Der untere Teil des Friedhofs, 1932 erstellt, wurde in strenger Symmetrie gebaut. Die neu gestaltete Abteilung 12 bricht dieses Prinzip und nutzt die naturgegebene Ausformung der Landschaft. Nur noch die alte Urnenanlage hoch oben im Wald, von den Bäumen langsam zugewachsen, erinnert daran, dass sich auch der seit 1962 bestehende oberste Teil des Friedhofs bis vor wenigen Jahren dem Erscheinungsbild des Hauptfriedhofes unterworfen hatte.

Nötig wurde der Neubau einer Urnenanlage einerseits, weil das Bedürfnis nach Urnenbestattung stetig gestiegen war, andererseits, weil die Bodenbeschaffenheit (Lösslehm beziehungsweise «Lichse») den Bestattungsanforderungen nicht genügte. Es handelt sich dabei um 8000 Gräber, die am Hang des Ausserberges angelegt sind. So schrieb man 1995 einen Wettbewerb aus, den die Landschaftsarchitekten Vetsch Nipkow Partner (Zürich) und das Architekturbüro Eppler Maraini Schoop (Baden) gewannen. Ihr Konzept sah vor, die vorgefundene Topografie zum entwurfsbestimmenden Thema zu machen. Ein erster Ratschlag wurde vom Basler Grossen Rat noch zurückgewiesen, weil ökologische Bedenken angemeldet wurden und die Gebäudegrösse redimensioniert werden musste. Die neue Anlage sollte mit der Natur sorgsam umgehen, eine ökologische Projektbegleitung dafür besorgt sein. Was im ersten Moment als Verzögerung erschien, führte im Endeffekt zu einer Konzeption, die aus der Not der für Urnengräber ungünstigen Bodenbedingungen eine Tugend machte. Im April 2001 wurde mit den Bauarbeiten begonnen.

Der oft mit Wasser durchtränkte Boden neigt aufgrund der 80 Zentimeter dicken Lösslehmschicht zum Rutschen. Die Urnen wanderten im Untergrund und füllten sich mit Wasser. Bei Trockenheit zerfällt das Substrat zu Staub. Die Architekten sahen nun vor, das Hangwasser zu fassen und am Hangfuss zu sammeln. Die Wasserfläche bildet so den Übergang zwischen dem gestalteten Urnenhof und den weitgehend der Natur belassenen Gräberfeldern. Der ganze Komplex gliedert sich in die Teile Urnenmauer, Urnenhof, Übergaberaum, Grabfelder und Aussichtspunkt.

Die Urnenmauer (Columbarium)

Ist die Gestaltung der neuen Urnenanlage noch so unterschiedlich zum alten, unteren Friedhofteil, so nimmt die neue Urnenmauer doch ein Thema wieder auf: das Monumentale. Betrachtet man nämlich die Abdankungskapellen aus erhöhter Lage, dann erscheinen die zwei Reihen wie monumentale Riegel. Treu der Symmetrie folgend, liegen sie längs der Hauptachse, die am Eingangsportal als Allee beginnt und im 1962 erbauten Urnenhof endet. Die neue Urnenmauer liegt so gesehen «quer in der Landschaft». Sie deutet indessen mächtig an, dass hier ein neuer Gedanke Form angenommen hat: die Erschliessung der Grabfelder vorwiegend in horizontaler, den Höhenlinien entsprechender Richtung.

Die Urnenwand besticht durch ihre Schlichtheit. Es bedarf eines genauen Blickes, um in den Details ihre Schönheit zu erkennen. Bermerkenswert ist der kleine Abstand zwischen Urnenmauer und dem sie abschliessenden Dachelement, der Mauer ihre Schwere nimmt. Der Sichtbeton verdeutlicht symbolisch, dass im Tod nichts verborgen bleibt. Die quadratischen Urnennischen strahlen durch die gleichförmige Anordnung eine grosse Ruhe aus. Sie wird nur durch die farbigen Scheiben unterbrochen, die, locker verteilt, im Sonnenlicht leuchten. Weil die oberen drei Reihen und die unteren zwei nicht als Grabstellen genutzt werden, wird die Urnenanlage auch bei voller Belegung nicht erdrückend wirken. Die Nischen werden einst mit matten Glasscheiben beidseitig verschlossen. Vereinzelt blinken farbige Scheiben im Sonnenlicht. Abends werden diese beleuchtet und erzeugen dadurch eine wohltuende Stimmung, denn der Friedhof soll auch ein Ort der Erholung sein.

Erschlossen werden die Gräber von der Hofseite, und zwar durch einen Arkadengang. Auch hier wurde auf eine Verkleidung der verwendeten Materialien verzichtet, die tragenden Eisenpfeiler wurden im Rohzustand belassen. Auf niedrige längliche Quader können Blumen gestellt werden, sie dienen auch als Sitzgelegenheit. Gegen den Hof hin ist der Arkadengang weit geöffnet, der Blick schweift vom Übergaberaum zur Wasserfläche, über die eine Brücke zu den Gräberfeldern führt.

Der Übergaberaum

Als einfacher Kubus, einem Monolith ähnlich, steht linkerhand im Urnenhof der Übergaberaum für die Urnen. Der schlichte Innenraum wird indirekt durch sich auf der Wasserfläche spiegelndes Licht sowie durch schmale

Fensterschlitze dezent beleuchtet. Die Materialien wurden einfach gehalten: Beton lasiert, Glas und Eichenholz. Eine Heizung gibt es in dem Raum nicht. Das Übergabegebäude bietet nur wenigen Personen Platz und kommt dem Bedürfnis nach, einem für die Trauernden wichtigen Moment einen würdigen Ort zu geben. Das Gebäude gibt jene Ruhe wieder, die der ganzen Anlage eigen ist.

Die Grabfelder

Über die ganze Anlage verteilt liegen die Grabfelder. Sie bieten Platz für 9500 Urnen, was Emanuel Trueb, Leiter Stadtgärtnerei und Friedhöfe, zur Aussage bewog: «Unser Friedhof wird nie voll.» Auch wenn der Friedhof am Hörnli der grösste Zentralfriedhof der Schweiz ist, so soll sich diese Grösse nicht nachteilig auf die Atmosphäre auswirken. Damit die Vielzahl der Gräber, insbesondere der Grabsteine, den Charakter der Anlage nicht zerstört, werden die Gedenksteine flach auf die Gräber gelegt. So bleibt der offene Raum und das ruhige Bild dem Auge erhalten.

Gestalterische Elemente

Ein Element trifft man auf dem ganzen Gelände stetig an: das Wasser. Der grosszügig angelegte Urnenhof wird durch eine vom Hangwasser gespeiste Wasserfläche begrenzt. Wasser begleitet aber auch jene, die den Hang über den zickzackartig angeordneten Weg hochsteigen. In Kanälen fliesst das Wasser talwärts. Am oberen Ende der Wege, wo diese in die horizontal verlaufenden Erschliessungswege einmünden, quillt das Wasser aus Schächten hervor. Ganz oben auf dem Aussichtspunkt nimmt auch die künstlerische Gestaltung das Thema Wasser auf. In bodenebenen, flachen «Pfützen», wie das Werk der Künstlerin Barbara Mühlefluh heisst, spiegelt sich der Himmel und richtet den Blick nach oben. Das zweite Werk, die Rückspiegel, besteht aus Spiegeln, die in die Mauern bei den Ruheplätzen eingelassen sind. Wie das Wasser reflektieren sie das Licht; sie widerspiegeln aber das eigene Ich und das Zurückliegende. Dazu Barbara Mühlefluh: «Rückspiegel zeigen sowohl, was hinter uns liegt, Ausschnitte des Betrachters, der Betrachterin wie auch die aktuelle Situation. Ein Friedhof ist ein Ort der Besinnung (der Tod holt uns alle einmal) und der Erinnerung (war es gestern, vorgestern? – und jetzt sind es schon fünf Jahre). Der Spiegel ist zudem ein Instrument zur Auseinandersetzung mit sich selbst.»

Wege und Vegetation

Ein Beispiel, das das Zusammenspiel von Architektur und Natur gut aufzeigt, ist die sogenannte «Himmelsleiter». Es ist die einzige Verbindung vom Urnenhof direkt zum Waldrand und führt geradewegs steil den Hang hinauf – oder fast. Denn eine schöne Baumgruppe stellt sich den Himmelsstürmenden in den Weg und gebietet ihnen Einhalt. In einem kleinen Bogen wird der äusserste der drei Bäume umgangen; fast wörtlich wird man an den Umgang mit der Natur erinnert und daran, dass wir ihr mit Respekt begegnen sollen.

Ausblick und Rückblick

Bildet die Urnennischenanlage am unteren Ende der Anlage einen erhebenden Anblick, so sorgt der Aussichtspunkt im wahrsten Sinne für den Höhepunkt am oberen Ende. Ganz bewusst wurde dieser Ort so konzipiert, dass von dort aus die Stadt Basel ins Blickfeld gelangt. Von der alten Urnenanlage aus sah man vorab das Basler Industriegebiet und darüber hinaus ins Elsass.

Mit dem neu gewählten Standort sollte jener Ort ins Zentrum gerückt werden, an dem die Verstorbenen einst gelebt haben. Wendet sich der Blick beim Aufstieg zum Aussichtspunkt noch dem nahen Wald zu, weitet sich der Horizont hoch über den Gräbern und lässt dem Auge freie Sicht in die Ferne wie auch über die schöne Anlage – ein befreiender Moment. Von hier bietet sich die Möglichkeit, den Weg nach Bettingen fortzusetzen oder den Spaziergang über den alten Friedhof stadtwärts fortzuführen.

Feierliche Eröffnung

Am 4. September 2002 konnte die neu konzipierte Urnenanlage mit Urnenwand und Gräberfeldern eingeweiht werden. Dies geschah in einer schlichten Feier mit einem ökumenischen Gottesdienst unter Mitwirkung der Landeskirchen und im Beisein von Regierungsrätin Barbara Schneider. Die Urnennischenwand wird von nun an belegt, mit der Bestattung auf den Gräberfeldern kann noch zugewartet werden. Damit konnte ein Projekt mit einer langen Geschichte zu Ende geführt werden. Ein Vorhaben, das den Friedhof am Hörnli zu mehr macht als nur zu einem «Gottesacker»: zu einem Ort der Stille und Erholung.

Um die Pläne der Landschaftsarchitekten Vetsch Nipkow Partner (Zürich) und der Architekten Eppler Maraini Schoop (Baden) verwirklichen zu können, brauchte es nicht nur Mut, sondern auch Durchsetzungskraft. Der Weg von der Idee bis zur Vollendung:

1995	Ein Wettbewerb zur Neugestaltung der Abteilung 12 wird ausgeschrieben. Im August desselben Jahres stehen die Gewinner fest: das Architekturbüro Eppler Maraini Schoop, Baden, und die Landschaftsarchitekten Vetsch Nipkow und Partner, Zürich.
1996	Im September ist das Vorprojekt fertig, einen Monat später liegt das Bauprojekt vor.
1997	Das Projekt für den Ratschlag an den Grossen Rat kommt auf 5,5 Millionen Franken zu stehen.
1998	In der Januarsitzung weist der Grosse Rat das Projekt zur Überarbeitung zurück. Die Gebäudegrösse muss redimensioniert, die Vegetation bei der Erschliessung berücksichtigt werden. Eine ökologische Projektbegleitung wird verlangt.
1999	Im Juli liegt das überarbeitete Projekt vor und kostet rund 6 Millionen Franken. In der Dezembersitzung stimmt der Grosse Rat dem Ratschlag zu.
2001	Im Januar wird die Baubewilligung erteilt, im April können die Bauarbeiten beginnen.
2002	Am 4. September wird die neue Abteilung 12 «Im finstern Boden» eröffnet.

Thomas Gerspach

Im Tode sind wir gleich – Vielfalt der Bestattungsformen

Zurzeit werden auf dem Friedhof am Hörnli folgende Bestattungsformen angeboten:
- Erdbestattung in einem Reihengrab
- Erdbestattung in einem Familiengrab
- Erdbestattung in einem Reihengrab für Muslime
- Feuerbestattung und anschliessende Beisetzung der Urne in einem Reihengrab
- Feuerbestattung und anschliessende Beisetzung der Urne in einer Urnennische
- Feuerbestattung und anschliessende Beisetzung der Urne in einem Familiengrab
- Feuerbestattung und anschliessende Beisetzung der Urne im Gemeinschaftsgrab

Als Voraussetzung für Beisetzungen in einem Familiengrab oder in einer Nische gilt der vorgängige Erwerb des Benützungsrechtes für 20 oder 40 Jahre. Bis 1968 wurden Grabrechte auf Friedhofdauer verkauft, das heisst, solange der Friedhof für Bestattungen zur Verfügung steht. Ab 1968 wurde für Neuerwerbungen eine Einschränkung der Benützungsdauer für max. 40 Jahre verfügt.

Zur Eröffnung des Friedhofs am 20. Mai 1932 schrieb der damalige Direktor der Allgemeinen Gewerbeschule und des Gewerbemuseums in der «National-Zeitung» über die Ziele der Friedhofplaner: «Bei der Gestaltung unserer Friedhöfe sollte vor allem ein Gedanke zum Ausdruck kommen: dass wir vor dem Tode gleich sind und dass wir mit dem Tode in die stille Gemeinschaft der Verstorbenen eintreten.» Das war ein klarer Bruch mit der traditionellen Sichtweise, jeder sollte sein eigenes Denkmal haben. Wenn nicht in der Stadt, dann wenigstens auf dem Friedhof.

Die Grabstätten werden in unentgeltliche (Erdreihengräber, Urnenreihengräber und Gemeinschaftsgrab) und entgeltliche unterschieden. Zu den kostenpflichtigen gehören die verschiedenen Arten der Familiengräber und die «grösseren Beisetzungsstätten». Letztere werden vorwiegend «auf Rasenplätzen, in Baumalleen und Waldlichtungen» errichtet. Seit 1980 ist es gesetzlich erlaubt, diese Gräber auf dem «Hörnli» nicht nur an Familien, sondern auch an Gemeinschaften abzugeben. Bis anhin waren dies ausschliesslich Glaubensgemeinschaften. Der Gesetzgeber verkürzte auch 1968 den Turnus von Familiengräbern «auf Friedhofsdauer» auf 20 beziehungsweise 40 Jahre als Massnahme gegen die Raumnot auf dem Friedhof. Die Möglichkeiten weiterer Massnahmen wurden in die Friedhofsverordnung von 1980 aufgenommen.

Gemeinschaftsgrab – Grab der Einsamen

Die Stadt Basel verdankt ihr erstes Krematorium dem «Verein für Feuerbestattung». Diese Organisation bewirkte 1941 auch die Errichtung des ersten Gemeinschaftsgrabes auf dem Friedhof am Hörnli, das «Grab der Einsamen» in der Abteilung 4. Eine zusätzliche Würde erhielt die Stätte durch eine auffällige gärtnerische Gestaltung und die 1949 eigens dafür geschaffene Skulptur «Pietà» von Peter Moillet. Der anfänglich zweifelhafte Ruf des Gemeinschaftsgrabes hat sich in der Zwischenzeit gewandelt. Diese Form der Beisetzung hat in der breiten Bevölkerungsschicht eine grosse Akzeptanz erlangt. Die kontinuierlich steigende Zahl von Beisetzungen führte 1970 zu einer Vergrösserung der Fläche. Waren es 1941-1962 total 282 Bestattungen, betrug ihre Zahl für 1984 schon 319. Als Folge dieser Entwicklung entstand 1985 ein zweites Gemeinschaftsgrab auf der Abteilung 11. Die Zahl der dort Beigesetzten betrug bei seiner Vollbelegung im Jahr 2001 7550 Menschen. Seit April 2001 wird aktuell wieder auf der Abteilung 4 beigesetzt. Durchschnittlich wurden im Gemeinschaftsgrab in den Jahren 2002 bis 2006 713 Verstorbene pro Jahr beigesetzt.

Der Wunsch und die Nachfrage nach dieser Art der Beisetzung in einer Gemeinschaft veranlasste das Baudepartement 2005 einen Wettbewerb durchzuführen, mit dem Ziel einer Gemeinschaftsgrabanlage. In den Abteilungen 11 und 9 soll eine zeitgemässe Bestattungsanlage errichtet werden, welche alle Formen der Beisetzung in der Gemeinschaft anbietet. Sei dies wie bis anhin ohne Namensnennung, so wird auch eine Beisetzung mit Namensnennung möglich sein. Ebenso das Ausstreuen der Asche in eine Gemeinschaftsanlage oder einzeln in einem Waldbereich. Die Friedhofsleitung hofft, das Projekt der Landschaftsarchitekten Ryffel & Ryffel, Uster, und der Künstlerin Eva Maria Bauer, Zürich, 2008 umsetzen zu können.

Weitere Gemeinschaftsgräber

Totgeborene Kinder, bei welchen von Seiten des Gesetzgebers keine Bestattungspflicht besteht, können in einem anonymen Gemeinschaftsgrab für totgeborene Kinder bestattet werden. Die sterblichen Überreste von Menschen, die ihren Körper der Lehre und Forschung zur Verfügung gestellt haben, werden in einem speziellen Gemeinschaftsgrab des Anatomischen Instituts beigesetzt.

Kindergräber

In der Abteilung 10 befindet sich das Kindergrabfeld. Um einen kreisförmigen Platz mit dem Haus in der Mitte sind zwölf Zierkirschenbäume gruppiert. Die Kindergräber sind als Reihengräber angelegt. Im Jahr 2002 wurde hier ein Gemeinschaftsgrab für «Winzlinge» errichtet. Hier werden nichtmeldepflichtige und meldepflichtige Totgeburten oder kurz nach der Geburt verstorbene Kinder beigesetzt. Die Beisetzung erfolgt ohne Namensnennung. Unter einem Apfelbaum steht die Skulptur des Bildhauers Roman Müller, Basel.

Grabfeld für Muslime

Mit der zweiten und dritten Generation von muslimischen Einwohnerinnen und Einwohnern wurde der Wunsch nach einem eigenen Gräberfeld an die Verwaltung herangetragen. In der Abteilung 11 wurde zunächst 1998 ein bestehendes Familiengrabfeld, in welchem bisher keine Bestattungen stattgefunden hatten, für muslimische Bestattungen bereitgestellt. Die Beisetzung der Särge erfolgte nach Mekka gerichtet, wobei die Graboberfläche sich jedoch an der bestehenden Ausrichtung orientierte. 2004 wurde dann in der Abteilung 4 ein Grabfeld für Muslime eingerichtet. Hier besteht die Möglichkeit, getrennt nach dem Geschlecht zu bestatten oder als Reihengrab mit Grabmal und bepflanzter Oberfläche oder auch als Reihengrab mit Grabmal in einer Wiesenfläche.

Das «Russengrab»

Auf der linken Seite der Abteilung 2, in der mit Lindenbäumen gesäumten Allee und mitten unter Familiengräbern, liegt das «Russengrab». Es ist geschmückt mit einem einfachen, rechtwinkligen Stein aus Granit. Oben ist ein Sowjetstern eingemeisselt, unten ein Ölzweig als Symbol des Friedens. Dazwischen die Inschrift «Titow Grigory/Sumatschiow Ivan/und zwei unbekannte/sowjetische Soldaten/gefallen 1942/im Kampf gegen den/Faschismus». Aus den Akten geht hervor, dass 1942 ein Antrag zur Errichtung eines Denkmals für drei russische Soldaten gestellt wurde. Letztere flohen damals aus einem Gefangenenlager der Nationalsozialisten, wohl in der Hoffnung, in der Schweiz Aufnahme zu finden. Beim Durchschwimmen des Rheins wurden sie aber von deutschen Grenzposten entdeckt und erschossen. Da ihre Leichname auf die schweizerische Seite des Rheins abtrieben, wurden sie auf dem Friedhof am Hörnli beerdigt. Jedes Jahr am 9. Mai legen Mitglieder der russischen Gemeinde und Angehörige der russischen Botschaft einen Kranz auf das Grab. Die Kosten für den Unterhalt des Grabes bezahlt auch heute noch die russische Botschaft in Bern.

Simon Leuenberger

Lebendiges umhegen und pflegen – Die Friedhofsgärtnerei

Rückblick

Seit jeher ist es auf dem Friedhof am Hörnli möglich, die jährliche Pflege und Saisonbepflanzung der Grabflächen bei der Friedhofsgärtnerei gegen eine Jahrespauschale in Auftrag zu geben. Diese Arbeiten sind bis heute ein wichtiges Standbein des Gärtnereibetriebes. Der Betrieb war unter dem offiziellen Namen «Friedhofgärtnerei» im damals noch existierenden Friedhofamt integriert und somit dem Sanitätsdepartement unterstellt. Die Gärtnerei beschäftigte damals 120 Mitarbeiterinnen und Mitarbeiter und teilte sich in die Abteilungen Pflege, Produktion, Werkstatt und Grabmacherei auf. Verschiedene Fachleute in diversen Berufen wie Landschaftsgärtner, Topfpflanzengärtner, Mechaniker, Schlosser, Elektriker, Heizungs- und Sanitärinstallateur, Maler und Schreiner sorgten für einen reibungslosen Betriebsablauf und einen fachgerechten Unterhalt der Gebäude, der Parkanlage und der Grabflächen. Auch diverse Wechselflorpflanzen wurden in den betriebseigenen Frühbeetkästen und Gewächshäusern in einer Menge von etwa 30 000 Stück gezogen.

Zusammenschluss

Vor 15 Jahren wurde das Friedhofamt mit der Stadtgärtnerei zusammengelegt und die Friedhofsgärtnerei wurde zum vierten Stadtkreis. Diverse Abteilungen wurden zur besseren Nutzung der gemeinsamen Synergien zusammengelegt und nach Brüglingen in den Dienstbetrieb der Stadtgärtnerei verschoben. Diese Fusion bedeutete für einige Mitarbeiterinnen und Mitarbeiter einen sofortigen Wechsel des Arbeitsplatzes oder sogar eine Frühpensionierung. Seitdem konzentriert sich die damalige Friedhofsgärtnerei – heute Kreis Hörnli – nur noch auf die rein gärtnerischen Arbeiten im Friedhofareal und auf die Bestattungsarbeiten. Die Unterhaltsarbeiten an und in sämtlichen Gebäuden werden heute vom Hochbauamt organisiert und auch budgetiert.

Personalbestand

Nach nochmaliger Personalkürzung vor vier Jahren von 60 auf 47 und zwischenzeitlich zusätzlich vier natürlichen Abgängen, beschäftigt der Kreis Hörnli heute 43 Mitarbeiterinnen und Mitarbeiter, die sich in folgende Funktionen aufteilen.

- 1 Obergärtner
- 1 Kreisbauleiter
- 3 Vorarbeiter Gärtner

1 Vorarbeiter Grabmacher

3 QuartiergärtnerInnen (Vorarbeiter Stv.), 2 Männer, 1 Frau

1 Bürofachfrau

2 Maschinisten Gärtnerei

3 Maschinisten Grabmacherei

12 GärtnerInnen, 7 Männer, 5 Frauen

10 GartenarbeiterInnen, 7 Männer, 3 Frauen

4 Auszubildende

1 Anlehrling

Pflege und Erhalt der Anlage

Die Hauptaufgaben des heutigen Betriebes liegen in der Pflege und der Erhaltung der gesamten Parkanlage, der Grabflächen und in der Sicherstellung aller Erd- und Urnenbestattungen. Die gesamte Anlage ist mit ihren 57 Hektaren die grösste zusammenhängende Parkanlage der Schweiz. Sie wurde in den 20er-Jahren des vorigen Jahrhunderts geplant und zeigt sich bis heute als hierarchisch aufgebaute und streng symmetrisch angeordnete Anlage. Im Jahr 1998 wurde ein Friedhofpflegewerk erarbeitet, das die historischen Hintergründe und Überlegungen der einstigen Planung beschreibt und für die Zukunft sichert. Nach dessen Vorgaben pflegt und unterhält der Kreis Hörnli – soweit möglich – die gesamte Grünanlage.

Diverse Arbeiten

Ein weiteres Betätigungsfeld ist das Kontrollieren, Pflegen, Schneiden und Erneuern aller Einzelbäume, Alleen, Wälder, Sträucher, Stauden, Rosen, Bodendecker und Hecken sowie der Unterhalt und die Reinigung der Strassen, Wege und Plätze, der Wiesen-, Rasen- und Pflanzflächen. Jährlich werden zu diesem Zweck um die 100 000 Bodendecker und Stauden, 2000 Heckenpflanzen und Sträucher und 15 Einzelbäume bestellt und gepflanzt. Heute bietet sich innerhalb der Friedhofanlage eine grosse Vielzahl an Sträuchern und Stauden. Die Eiben- und Buchshecken in einer Gesamtlänge von neun Kilometern werden in mühsamer, kraftaufwändiger Handarbeit innerhalb von sechs Wochen von den Mitarbeiterinnen und Mitarbeitern geschnitten. Die Rasenflächen – 20 000 Quadratmeter – befinden sich grösstenteils direkt vor oder sogar auf den Grabflächen und benötigen durch die gestellten Qualitätsanforderungen sehr intensive Pflege. Wöchentlich werden diese Flächen gemäht, dreimal im Jahr gedüngt, einmal vertikutiert, an den Kanten geschnitten und nach Bedarf gegossen. Auch die Waldflächen müssen trotz ihrer eigentlich eher extensiven Bewirtschaftung jährlich gesamthaft gepflegt werden. Alte, dicht überwachsene Hainbuchenwaldstücke werden stark ausgelichtet und mit einem Baumartenwechsel (Linde und Wildkirsche) und durch eine fachgerechte Jungwaldpflege wieder hochgezogen. 100 bis 150 überalterte Hainbuchen werden jedes Jahr zu diesem Zweck geschlagen. All diese Arbeiten werden zu einem grossen Teil in Eigenleistung, das heisst ohne Vergabe an Drittfirmen, ausgeführt und verschlingen die Hälfte der Jahresgesamtleistung.

Prioritäten

Die verschiedenen Unterhaltsflächen können je nach Bewuchs, Standort und/oder Publikumsverkehr unterschiedlich intensiv gepflegt werden. So beansprucht zum Beispiel die Rasenfläche auf dem Kapellenplatz einen ganz anderen Pflegeaufwand als die Waldfläche neben dem Werkhofareal. Um diese Arbeiten auf dem gesamten Friedhofareal und über alle drei Gärtnergruppen zu vereinheitlichen, wurden die verschiedenen Flächen wie Rasen, Wiesen, Rosen, Wald oder Bodendecker in drei unterschiedliche Prioritäten, welche die Intensität der Pflegemassnahmen beschreiben, eingeteilt.

Grabpflege

Der Betrieb ist verantwortlich für die Pflege und Bepflanzung von 21 000 Grabstätten. Gleichzeitig werden aber auch die Grabfeldabräumungen nach Ablauf der ordentlichen Ruhefrist und die Wiederinstandstellung neuer Grabfelder geplant, organisiert und zum grossen Teil in Eigenleistung ausgeführt. Die Angehörigen und Grabnutzer auf dem Friedhof am Hörnli können die Grabpflegearbeiten durch einen jährlichen Unterhalts- und/oder Pauschalvertrag der Stadtgärtnerei Bestattungswesen beziehungsweise dem Kreis Hörnli in Auftrag geben. Beim Abschluss eines Unterhaltsvertrages werden sämtliche Grabpflegearbeiten wie Jäten, Schneiden, Wässern sowie diverse Kontrollgänge erledigt. Beim Pauschalvertrag werden zusätzlich zu den oben genannten Arbeiten Dünger- und Erdzugaben gemacht und die Wechselflorbepflanzungen organisiert und ausgeführt. Die Grabstätten werden so dreimal im Jahr mit neuen Saisonpflanzen versehen. Im Frühjahr sind dies vor allem Stiefmütterchen in verschiedenen Grössen und Farben, Osterglocken, Tulpen und je nach Witterung auch Bellis und/oder Vergissmeinnicht. Im Sommer Begonien, Impatiens und Fuchsien in verschiedenen Formen, Grössen und Farben und im Spätherbst Eriken und Callunas in verschiedenen Rottönen und diverse Chrysanthemen. Um die Masse der Aufträge erfüllen zu können, werden jährlich 75 000 Saisonpflanzen in der ganzen Schweiz ausgeschrieben, bestellt und eingekauft. Auf die Jahreszeiten verteilt, sind dies im Frühling und Sommer je 350 000 Pflanzen und im Spätherbst an die 50 000 Pflanzen. Durch diese grossen Mengen an Saisonblumen entstehen ebenfalls grosse Mengen kompostierbares Material. In der internen Kompostieranlage werden jährlich an die 1800 Kubikmeter eigenes Rohmaterial wie Saisonpflanzen, Baum-, Sträucher-, Stauden-, Rasen-, und Wiesenschnittgut zu ca. 800 Kubikmetern reinem Kompost verarbeitet. Dieser wird mit Landerde und Sand vermischt und so zu ungefähr 1100 Kubikmetern feinster Graberde verarbeitet, die den Grab- und Anlageflächen im Friedhof am Hörnli wieder zugeführt werden kann.

Abräumungen der Grabfelder

Das Abräumen alter Grabfelder gehört ebenfalls zum betrieblichen Aufgabengebiet. Nach Ablauf der vorgegebenen Ruhefrist von 20 Jahren werden ganze Grabfeldsektoren abgeräumt. Ungefähr 1000 Grabstätten pro Sektor werden so innerhalb von zwei bis drei Wochen – meistens im Januar/Februar des folgenden Jahres – vollständig abgeräumt. Grabsteine werden entfernt, abgeführt und aus Datenschutzgründen unverzüglich zu Recyclingkies verarbeitet. Gartenplatten werden gereinigt und zur Wiederverwendung deponiert. Pflanz- und Rasenflächen wie auch Hecken- und Strauchpflanzungen werden entfernt und umgegraben. Die Humusflächen werden mit Naturwiese angesät. Nach Abschluss der Arbeiten ist nur noch eine grosse Wiesenfläche, die fünf bis zehn Jahre brachliegen wird, zu sehen.

Wiederbelegung

Schon bei der Planung eines neuen Grabfeldes wird der heutige Unterhaltsstandard wie auch die zur Verfügung stehenden Betriebsressourcen einbezogen. Die Grabfelder bestehen aus wassergebundenem Belag, Plattenbelag, Bodendecker- und vor allem Rasenfläche. Nach der abgeschlossenen Planung werden auch diese Arbeiten, sofern möglich, in Eigenleistung ausgeführt. Das Grabfeld wird ausgemessen, Belagsfundationen ausgegraben und erstellt, Randsteine versetzt, wassergebundene Beläge eingebaut, Bewässerungsanlagen und Abfallentsorgungsstellen installiert, Urnengräber maschinell vorgebohrt, Bodendecker gepflanzt, Rollrasen verlegt und Bäume gepflanzt. Diese gärtnerisch interessanten Arbeiten sind für die Mitarbeiterinnen und Mitarbeiter jeweils ein lehr- und abwechslungsreicher Ausgleich zu den vorwiegend routinemässigen Unterhaltsarbeiten innerhalb des Friedhofes.

Bestattungen

Alle Bestattungen, sei es eine Erd-, Urnen- oder Gemeinschaftsgrabbestattung, werden in der Ausführung durch den Kreis Hörnli organisiert und durchgeführt. Mit modernsten Maschinen, Geräten und Materialien werden die Erdbestattungen auf dem Friedhof am Hörnli von der Graböffnung über die Trauerzugbegleitung, Sargabsenkung bis hin zur Grabschliessung und dem Arrangieren des Grabschmucks durch die Mitarbeiter mit dem Bestreben höchster Professionalität und Pietät durchgeführt. Bei den Urnenbestattungen übernimmt das Personal lediglich die Graböffnung, die Grabschliessung und ebenfalls das Arrangieren des Grabschmucks, die Trauerzugbegleitung und Urnenabsenkung wird durch das Bestattungswesen ausgeführt. Die Bestattungen in der Gemeinschaftsgrabstätte finden unter Ausschluss der Angehörigen statt. Etwa zweimal pro Monat werden jeweils 40 Urnen nach einem genau angeordneten und jederzeit nachvollziehbaren System in einem Wiesengrab (120cm x 100cm x 100cm) bestattet. Hier werden sämtliche Arbeiten unter zeitlicher Anordnung des Bestattungswesens von Mitarbeitern der Gärtnerei vollzogen.

Janine Kern

Arbeitsplatz Friedhof – 13 Porträts

Die Ruhe selbst

Der Mann strahlt eine grosse Ruhe aus. Man kann sich gut vorstellen, dass die Trauernden sich wohl fühlen in seiner Gegenwart. Peter Bannier leitet das Team der Grabmacherei auf dem Friedhof am Hörnli. Gemeinsam mit zwei seiner drei Mitarbeiter hebt er die 1,80 Meter tiefen Gräber aus und installiert die Metallstützen. Vor der Bestattung wird das Grab säuberlich mit einem Rasenteppich ausgelegt. «Ich möchte nicht, dass es hier wie auf einer Baustelle aussieht», meint Bannier.

Der Respekt gegenüber den Verstorbenen und ihren Angehörigen ist ihm bei der Arbeit besonders wichtig. Vor einer Bestattung tauscht er die Arbeitskleidung gegen eine blaue Uniform, lädt den Sarg nach der Trauerfeier auf das anthrazitfarbene «Totenwägeli» und begleitet den Trauerzug zur Grabstätte. Dort braucht es vier Männer, um den Sarg mit Hanfseilen ins Grab zu senken.

Auch Exhumierungen und das Abräumen der Grabfelder gehören zu den Aufgaben von Peter Banniers Team. «Exhumierungen sind etwas Besonderes», erzählt der erfahrene Grabmacher. Der Boden des Friedhofs ist nicht überall gleich beschaffen. Im lehmigen Boden sind die Leichen in einem fast mumifizierten Zustand. «Man sieht ihre lederne Haut und die Fingernägel, die Kleider sind noch vollständig», sagt er. Über solche Dinge staunt er noch immer, trotz der langen Erfahrung. «Ich darf Menschen auf ihrer letzen Reise begleiten. Das ist eine sehr schöne Arbeit», sagt Peter Bannier. Auch nach 15 Jahren auf dem Hörnli gibt es immer wieder Bestattungen, die ihn berühren. Speziell die Kinderbegräbnisse: «Jeder Mensch hat sein ganzes, volles Leben gelebt. Er verdient Respekt und einen würdevollen Abschied.» Die Angehörigen spüren das und finden Trost in seiner ruhigen Art.

Früher arbeitete Peter Bannier 22 Jahre lang als Automechaniker. Die Arbeit gefiel ihm sehr gut, aber irgendwann wollte er eine neue Richtung einschlagen. Eher zufällig bewarb er sich auf dem Friedhof und fand grosse Befriedigung. Deutlich erinnert er sich an das erste Begräbnis: «Es war ein Kinderbegräbnis mit einer grossen Trauergemeinde. Ich stand im Grab, als der Trauerzug kam. Vereinzelte Trauergäste hatten Trommeln dabei und knieten rings um das Grab nieder. Ich musste den kleinen Sarg nehmen und ins Grab senken.» Noch heute fährt ihm ein Schauer über den Rücken, wenn er davon erzählt. «Aber danach war klar, dass ich diese Arbeit schaffe», sagt er und lächelt.

Täglich mit dem Tod konfrontiert zu sein, ist für Peter Bannier keine Belastung, sondern eine Aufforderung, das Leben zu geniessen. Er hört den Worten der Pfarrer gerne zu und findet auch selbst Trost darin. Trotzdem gehen ihm Kinderbegräbnisse noch heute sehr nahe. «Aber damit musste ich lernen umzugehen», meint Bannier. Ausgleich findet er im Sport oder auf ausgedehnten Wanderungen mit seiner Partnerin. Seine beiden Söhne finden es spannend, dass ihr Vater keinen alltäglichen Beruf hat. Der jüngere arbeitet gelegentlich auch gerne im Team der Grabmacher mit. Wenn der Vater erzählt, ist seine Freude darüber spürbar. Er steht mit beiden Beinen im Leben.

Peter Bannier
Leiter Grabmacherei

Der Stille

Rolf Conzelmann ist kein Mann der grossen Worte. Auf die Frage, was ihm an der Arbeit auf dem Friedhof gefällt, antwortet er kurz: «Ich habe es gern, wenn es ruhig ist.» Und Ruhe, die gibts auf dem Hörnli. Das Zwitschern der Vögel ist fast das einzige Geräusch, das man an diesem kalten Februarmorgen hört.

Rolf Conzelmann arbeitet seit 21 Jahren als Gärtner auf dem Friedhof. Sein Team ist verantwortlich für den Unterhalt der gesamten Anlage und die Pflege der Grabstätten. Er legt die Steinplatten in den neu belegten Grabfeldern, bepflanzt die Gräber, schneidet Sträucher, giesst, jätet und mäht den Rasen. Das ist harte körperliche Arbeit, aber wie alle seine Kolleginnen und Kollegen ist er gerne draussen und arbeitet mit den Händen.

«Am schönsten ist es im Sommer», erzählt der stille Gärtner. «Wenn wir um sechs Uhr morgens anfangen, ist es ganz still, und wir sehen die Rehe äsen.» Dann blüht und duftet es überall, die ganze Anlage ist voller Leben. Die härtesten Zeiten sind im Winter, wenn der Schnee die Arbeit erschwert, und im Frühling, wenn das ganze Team drei Wochen lang auf den Knien Setzlinge einpflanzt. «Dann bin ich froh, wenn ich wieder einmal im Stehen arbeiten kann», sagt Rolf Conzelmann schmunzelnd.

Die ganze linke Hälfte des Friedhofs ist sein Revier. Er kennt jeden Winkel und jeden Strauch, stellt hier ein Gesteck zurück in eine Urnennische und fegt dort Pflanzenreste vom Gehweg. Rabenschwärme rupfen die Bodendecker von den Gräbern und bescheren den Gärtnern viel Arbeit. Conzelmanns Lieblingsort ist die grosszügige Anlage mit den Gemeinschaftsgräbern. «Hier ist es offen und weit, fast wie in einem Park», schwärmt er und wird einen Moment nachdenklich. Tatsächlich erinnert diese von Bäumen gesäumte Rasenfläche kaum an einen Friedhof. Und doch ist die Atmosphäre besinnlicher als anderswo. Denn der Tod ist immer da. «Er gehört zum Leben, das muss einem klar sein, wenn man hier arbeitet», sagt der Friedhofsgärtner. Mehr gibt es dazu eigentlich nicht zu sagen.

Auf dem Weg zu den Kapellen zeigt Rolf Conzelmann mir das Grab des Vaters von Murat und Hakan Yakin. Es liegt auf einem besonderen Feld, auf dem Muslime bestattet werden. Die Gräber sind nach Mekka ausgerichtet, die Männer sind auf der einen Seite des Feldes begraben, die Frauen auf der anderen. Weiter vorne, neben den Abdankungskapellen, ist der Ehrenhof, wo die Grabsteine einiger berühmter Basler zu sehen sind. Es macht Rolf Conzelmann sichtlich Freude, diese besonderen Orte des Friedhofs zu zeigen. Man hat fast den Eindruck, er sei hier zu Hause. Nur einmal, ganz kurz, blitzt die andere Seite des stillen Mannes auf. Da erzählt er von seiner Guggenmusik, in der er seit Jahren mitmacht. Die Fasnacht ist der liebste Lärm des Gärtners.

Rolf Conzelmann,
Mitarbeiter Gärtnerei

Die Pragmatische

«Kürzlich war Paul Sachers Chauffeur hier und hat eine Blumenschale auf das Grab gebracht», erzählt Ruth Merz auf dem Spaziergang durch die Abteilung 11. Hier liegen zahlreiche bekannte Baslerinnen und Basler in grosszügigen Familiengräbern am Waldrand. Die Gärtnerin Ruth Merz ist für die Pflege dieser Grabstätten verantwortlich. Mit ihrer Fellmütze in Leopardenmuster fällt sie schon von Weitem auf. Wenn sie lacht, blitzt ein kleiner Brillant auf ihrem Eckzahn. Sie lacht oft. «Ich habe eine positive Einstellung zum Leben und mache meine Arbeit gern», erzählt die Bernerin, die seit 1989 auf dem Hörnli arbeitet.

In der ersten Zeit war sie Gruppenleiterin und für ein Team von circa sechs Mitarbeitenden verantwortlich. Nach der Umstrukturierung des Betriebes wechselte Ruth Merz in ein anderes Team. Die Freude an der Arbeit ist dadurch nicht kleiner geworden. «Die Frühlingsanpflanzung ist die schönste Zeit des Jahres, wie der Frühling selber auch», meint sie lachend. Denn dann sei die Blütenpracht auch am schönsten.

Ursprünglich hatte die junge Ruth Merz Goldschmiedin lernen wollen, entschied sich schliesslich aber für eine Ausbildung als Gärtnerin. Nach der Lehre ging sie auf Wanderschaft durch die Schweiz, arbeitete im Hotel und im Verkauf, als Landschafts- und Schnittblumengärtnerin. «Ich wollte alles ausprobieren», erzählt sie. Auf dem Hörnli ist sie geblieben, denn «wir haben es gut hier».

Den Traum vom Schmuckmachen hat Ruth Merz sich doch noch erfüllt: Zu Hause stellt sie ihren eigenen, indianisch inspirierten Schmuck her und näht ihre eigenen Kleider. Den grössten Teil ihrer Freizeit aber verbringt die sportliche Mittvierzigerin mit ihrem Pferd, das auf einem Pferdehof in Möhlin lebt. «In der Natur sein und mit den Händen arbeiten, das brauche ich», sagt Ruth Merz sehr bestimmt. Sie weiss, was sie will.

Ihre Beziehung zum Tod ist ebenso pragmatisch wie ihre Einstellung zum Leben – die beiden gehören zusammen. Deshalb fällt es ihr auch nicht schwer, bei den Kindergräbern zu arbeiten. Trotz der Gelassenheit findet sie bei der Arbeit auf dem Friedhof viel Stoff zum Nachdenken. Über die Häufung von Kinderbegräbnissen zum Beispiel: «Es gibt lange keines, und dann gleich zwei bis drei kurz nacheinander», erzählt Ruth Merz. Als ob jemand dafür sorgen würde, dass die Kinder nicht allein gehen müssen. Eine Erklärung dafür hat Ruth Merz nicht gefunden.

Nachdenklich wird die lebhafte Gärtnerin bei den vielen Grabstätten, die von niemandem mehr besucht werden. «Sie sind zwar hier als Symbol für das Erinnern, aber eigentlich kümmert sich niemand darum.» Ruth Merz ist sich klar darüber, dass sie selbst nach ihrem Tod kremiert werden will. Die Asche soll in der Natur verstreut werden. «Ich brauche kein Grab», sagt die Energische und lässt den Brillanten im Zahn aufblitzen. «Die Erinnerung bleibt in den Herzen derer, die mich kannten.»

Ruth Merz,
Mitarbeiterin Gärtnerei

Die Neugierige

Wer durch die Abteilung 3 des Friedhofs am Hörnli spaziert, trifft vielleicht auf Anette Michalski. Die Gärtnerin ist für Pflege und Unterhalt dieser lauschig gelegenen Familiengräber zuständig. «Aus nostalgischen Gründen», erklärt die zierliche Frau mit einem Lächeln. Dieser Teil des Hörnli erinnert Anette Michalski nämlich an ihren früheren Arbeitsort, den Wolfgottesacker. Während elf Jahren war sie dort für die Organisation des gesamten Friedhofs zuständig, leitete das Büro und alle Pflegearbeiten. Die Betreuung der Kundschaft gehörte ebenfalls dazu. Auf dem Wolfgottesacker sind Kontakte sehr persönlich, denn es gibt dort hauptsächlich Familiengräber.

2002 hätte die Grenzacherin auch die Durchführung aller Bestattungen übernehmen sollen. «Das ging mir zu nah, ich konnte es nicht machen», erzählt Anette Michalski. Das Schicksal der Verstorbenen und die Trauer der Angehörigen belasteten sie. So wechselte sie auf den Friedhof am Hörnli und arbeitet seither in einem Team von vier Gärtnerinnen und Gärtnern. In der vertrauten Atmosphäre auf der Abteilung 3 fühlt sie sich wohl.

Die Pflege der Grabstätten fällt ihr nicht schwer. «Ohne die Bestattung bleibt der Tod unpersönlich für mich», erklärt sie. Dabei ist klar, dass alle Mitarbeiterinnen und Mitarbeiter auf dem Friedhof ihren eigenen Weg finden müssen, mit dem allgegenwärtigen Tod umzugehen.

Ihre Lehre machte Anette Michalski in einer Topfpflanzengärtnerei in Wyhlen. «Es ist ein Familienbetrieb», erinnert sie sich. «Der Chef war streng, aber es war eine sehr schöne Zeit.» Noch heute ist sie mit der Kollegin befreundet, mit der sie die Ausbildung machte: «Ihre Eltern besitzen eine Gärtnerei, und ich helfe ihr jedes Jahr beim Eintopfen der Geranien.»

Anette Michalski ist mit Leib und Seele Gärtnerin. «Ich habe diesen Beruf gewählt, und er macht mir noch immer Freude.» Es ist ihr wichtig, alles mit einer positiven Einstellung zu tun. Deshalb schaut sie sich auch die Grabstätten an, die von den Angehörigen selbst gepflegt werden. Besonders schöne Blumensträusse oder aussergewöhnliche Wintergestecke fallen ihr auf. «Das kommt von meiner Zeit als Floristin», lacht die nachdenkliche Frau.

Trotz der körperlichen Arbeit tagsüber hat sie das Bedürfnis, abends noch Sport zu treiben. Vielleicht braucht sie das auch als Gegensatz zu der ruhigen Atmosphäre auf dem Friedhof. Und wenn dann noch Zeit bleibt, sitzt Anette Michalski an der Töpferscheibe.

Anette Michalski,
Mitarbeiterin Gärtnerei

Der Veteran

Roland Weber hat auf diesem Friedhof fast alles erlebt. Seit 1970 arbeitet er auf dem Hörnli, er kennt den Betrieb und das Gelände wie seine eigene Westentasche. Seine Geschichten und Anekdoten würden allein ein Buch füllen. Und der grosse, knorrige Mann erzählt gerne. Von den Zeiten, als noch viel mehr Gärtner für den Unterhalt der Anlage zuständig waren. Man hatte Zeit für einen Schwatz mit den Angehörigen, die auf den Friedhof kamen. «Fast jeden Tag brachte jemand Kaffee und Kuchen mit», erzählt Roland Weber. Im Gegenzug hatten die Gärtner immer ein offenes Ohr für die Besucherinnen und Besucher des Friedhofs. «Mit den Steinmetzen haben wir im Sommer manchmal hinter dem Magazin Würste gebraten.» Sein Lachen ist verschmitzt. «Das geht heute natürlich nicht mehr.»

In den Jahren, seit er hier arbeitet, hat er seine Mutter verloren, seine Schwester und seine Freundin. Sie liegen jetzt alle auf dem Hörnli, nahe bei ihm.

Roland Weber ist Maschinist, Baggerführer und Magaziner in einem. Er ist für alle Arbeiten zuständig, die mit grossen Maschinen ausgeführt werden: Wege putzen, Schnee räumen, Kranarbeiten, Lastwagen- und Traktorfahrten. «Ich bin der Mann fürs Grobe», lacht er. Ausserdem betreut er die betriebseigene Kompostierungsanlage und erledigt Wartungsarbeiten an den kleineren Maschinen. «Früher haben wir viel mehr selbst repariert», erzählt Weber etwas wehmütig. Heute werden die meisten Wartungsarbeiten in der zentralen Werkstatt der Stadtgärtnerei in Brüglingen erledigt. Trotzdem kann er sich keinen anderen Job vorstellen. «Ich bin der einzige hier, der mit den grossen Maschinen umgehen kann», sagt er stolz. «Und ich kenne den Betrieb. Deshalb habe ich viel Freiraum und kann meine Arbeit selbst organisieren.» Im Sommer ist er vor sechs Uhr der erste auf dem Friedhof und kommt wenn nötig auch am Samstag. Dieser Einsatz wird geschätzt, und man kommt ihm auch entgegen, wenn er einmal frei nehmen will.

Angefangen hat Roland Weber als 16-Jähriger auf dem Hörnli. «Ich kam direkt nach der Schule, um in den Sommerferien etwas zu verdienen», erzählt er. Nach den Ferien blieb er einfach da. Zuerst arbeitete er mit den Gärtnern, dann als Grabmacher. «Aber da konnte ich nachts nicht mehr schlafen», sagt Roland Weber. «Die Toten suchten mich in den Träumen heim.» Schliesslich wurden ihm immer mehr Arbeiten mit grossen Maschinen zugewiesen.

«Früher war die Arbeit bei der Verwaltung schlecht bezahlt», weiss der Maschinist. «Sie waren froh, dass man blieb.» Deshalb konnte Roland Weber irgendwann ausschliesslich das tun, was er am liebsten macht: mit Maschinen arbeiten. «So habe ich mir einen Bubentraum erfüllt», sagt er und lacht. Maschinen bestimmen auch seine Freizeit. Er fährt eine Corvette und war früher leidenschaftlicher Töfffahrer. Zu Hause hat er eine grosse Eisenbahnanlage, die er laufend um- und ausbaut. «Mehr brauche ich nicht zum Glücklichsein», lacht er und fährt mit dem Bagger davon.

**Roland Weber,
Maschinist**

Die Berufene

Das Aufbahrungsgebäude auf dem Friedhof am Hörnli ist kein fröhlicher Ort. Hier kommen die Menschen hin, wenn sie sich von einer verstorbenen Person verabschieden möchten. Hier wird der Leichnam aufgebahrt, entweder im offenen Raum oder hinter einer Glasscheibe. Moslems kommen hierher, um die Leichname zu waschen. Dieses schlichte und doch erhabene Gebäude ist Sandra Bernasconis Arbeitsort. Sie sorgt dafür, dass von der Überführung einer verstorbenen Person bis zur Bestattung alles reibungslos verläuft. Sie betreut die Kühlboxen und die Räume, wo Särge in verschiedenen Grössen gelagert werden. Sie reinigt die Waschräume und nimmt Blumenspenden entgegen. Sie empfängt die Trauernden, hört ihnen zu und berät sie über die Möglichkeiten und Abläufe bezüglich Kremation und Bestattung.

Es ist keine leichte Aufgabe, sich täglich hautnah mit Toten und Trauernden zu beschäftigen. Aber Sandra Bernasconi ist glücklich im Aufbahrungsgebäude. «Ich wollte schon als kleines Mädchen auf dem Friedhof arbeiten», sagt sie. Mit ihrer Mutter spazierte sie damals über das Hörnli. Trotzdem machte die junge Sandra zunächst eine Lehre als Verkäuferin und arbeitete eine Zeitlang als Filialleiterin eines Kleiderladens. Verkaufen war ihr aber nicht genug. Nach einem Pflegepraktikum im Spital bewarb sie sich auf dem Hörnli. «Ich war die erste Frau hier im Aufbahrungsgebäude», erzählt Sandra Bernasconi schmunzelnd. «Der damalige Leiter ging mit mir ein Experiment ein.» Weder er noch sie haben es je bereut. Inzwischen ist die quirlige Frau seit 15 Jahren dabei, und sie möchte mit niemandem tauschen: «Die Gesichter der Toten erzählen eine Geschichte. Sie interessieren mich auch heute noch.»

Für die Angehörigen sind die Mitarbeitenden im Aufbahrungsgebäude wichtige Ansprechpersonen. «Wir leisten hier viel Betreuungsarbeit», erzählt Sandra Bernasconi. Ihr gefällt das, sie hat immer ein offenes Ohr für die Menschen und begleitet sie, soweit sie es wünschen. «Ich spüre schnell, ob jemand wirklich in den Aufbahrungsraum gehen möchte», sagt sie. Manche Leute verkrampfen sich und schrecken schon beim Öffnen der Tür zurück. Manche bringen einen persönlichen Gegenstand mit, den sie in den Sarg legen möchten. Dann führt Sandra Bernasconi die Leute direkt zum offenen Sarg. «Wir versuchen, möglichst alle Wünsche zu erfüllen», erklärt die energische junge Frau. Durch ihre Direktheit und Neugier – gepaart mit Einfühlungsvermögen – ist sie den Trauernden eine grosse Stütze; und hilft mit, dem Tod ein menschliches Gesicht zu geben.

Sandra Bernasconi,
Mitarbeiterin im Aufbahrungsgebäude

Der Einfühlsame

Wer am Tag einer Bestattung noch Fragen zum Ablauf hat, wird im Büro des Aufbahrungsgebäudes ausführlich beraten. Gut möglich, dass dort gerade Massimo di Nucci Dienst tut. Er ist Teil des vierköpfigen Teams, das sich die vielfältigen Arbeiten im Aufbahrungsgebäude teilt. Der direkte Kontakt mit den Trauerfamilien im Beratungsbüro gefällt Massimo di Nucci besonders. Das erfordert in manchen Situationen viel Fingerspitzengefühl. Manchmal sind sich die Angehörigen nicht einig über die Art der Bestattung, oder Eltern und Ehepartner einer Verstorbenen sind gar zerstritten. Dann versucht Massimo di Nucci zu vermitteln: «Die Leute haben nur einmal die Chance, sich von der verstorbenen Person zu verabschieden», gibt er zu bedenken. «Ich versuche, ihnen das zu vermitteln. Meist finden wir dann eine Lösung.» Das sind besonders schöne Momente für den 36-Jährigen. Er freut sich, den Menschen eine Stütze zu sein. «Wir bieten ihnen Orientierung, keine Seelsorge», präzisiert er. «Das ist die Aufgabe der Seelsorgerinnen und Seelsorger.»

Diese klare Trennung von Aufgaben und Verantwortung hat Massimo di Nucci in seiner ersten Ausbildung als Krankenpfleger gelernt. Nach einigen Jahren im Beruf verspürte er den Wunsch nach Veränderung. «Ich bewarb mich bei der Stadtgärtnerei mit dem Ziel, als Gärtner zu arbeiten», erzählt er lachend. Mit der Stadtgärtnerei hat es geklappt, allerdings in einer Funktion, die er sich vorher nicht hätte vorstellen können. Das war vor fünf Jahren.

Eigenschaften wie Einfühlungsvermögen und Anteilnahme, die im Pflegeberuf wichtig waren, braucht er auch jetzt. Ebenso die Fähigkeit, sich abzugrenzen: «Ich weiss, dass ich die Trauer unserer Kunden nicht zu meiner eigenen Trauer machen darf.» Trotzdem gibt es Momente, die dem jungen Familienvater sehr nahe gehen. «Wenn Kinder sterben, wird es schwierig für mich», gibt er zu. Trotzdem berät er trauernde Eltern und hilft ihnen, die wichtigen Entscheide zu treffen.

Massimo di Nucci hat gelernt, mit Krankheit und Tod umzugehen. An seinen Arbeitsstellen hatte er immer mit der Zerbrechlichkeit des Lebens zu tun. Das hat Spuren hinterlassen. Er strahlt eine Gelassenheit aus, die bei einem so jungen Menschen überrascht. «Ich habe den Tod akzeptiert und geniesse mein Leben umso mehr», sagt er. Das spüren die Menschen, die mit Massimo di Nucci zu tun haben. Und es hilft ihm, nach der Arbeit abzuschalten und die gemeinsame Zeit mit der Familie zu pflegen.

Massimo di Nucci denkt viel über seine Arbeit nach und ist sich seiner Verantwortung sehr bewusst. Trotzdem fehlt der Humor nicht. «Wir sind hier alles lebensfrohe Menschen», sagt er mit diesem Lächeln, aus dem der Schalk hervorblitzt. «Ohne Lebensmut könnten wir nicht auf einem Friedhof arbeiten.»

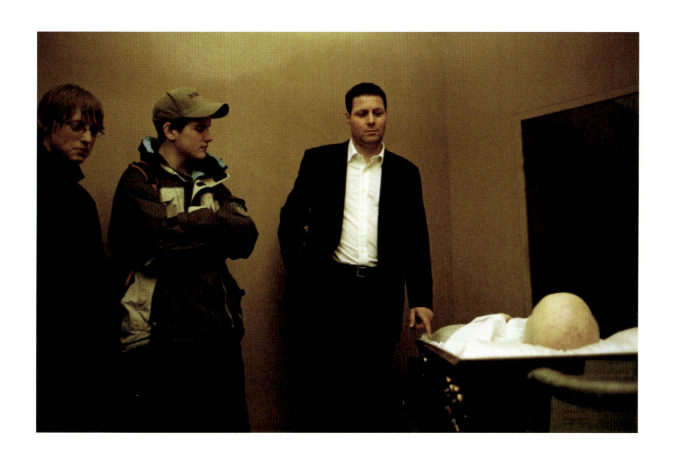

Massimo Di Nucci,
Mitarbeiter und stv. Leiter Bestattungsbetrieb

Der Gelassene

Kurt Hauser ist einer der Veteranen auf dem Friedhof am Hörnli. 1978 kam der gelernte Coiffeur mit einigen Jahren Berufserfahrung als Hilfsgärtner ins Team. Nach drei Jahren wechselte er ins Krematorium. Heute sagt Kurt Hauser, dass er seine Berufung gefunden hat: «Mir gefällt alles an meinem Beruf, und ich bin überzeugt, dass ich am richtigen Ort bin.» Seine Freude an der Arbeit ist spürbar, und er zeigt das Krematorium gerne allen, die an den Führungen auf dem Friedhof teilnehmen.

Jeden Morgen heizt Kurt Hauser den Ofen auf 650°C. Um acht Uhr müssen die Urnen für den Tag bereitstehen. «An gewissen Tagen führen wir nur acht Kremationen durch, an manchen 22», erzählt er. Es dauert drei Stunden, bis ein Leichnam ganz verbrannt ist. Dann kommt die Asche in die Urne, zusammen mit dem Tonplättli. «Wenn ich nach Hause gehe, will ich sicher sein, dass jeder Leichnam in der richtigen Urne ist», sagt Kurt Hauser. Aus Respekt vor den Verstorbenen und ihren Angehörigen erlaubt er sich keine Fehler bei der Arbeit.

Die Trauerfamilien spüren, dass der kleine Mann am Verbrennungsofen seine Aufgabe ernst nimmt. «Es kommt immer wieder vor, dass Angehörige während der Verbrennung hier sein wollen», erzählt er. Kurt Hauser erfüllt den Leuten diesen Wunsch gerne. Er ist überzeugt, dass das den Trauernden gut tut. Bei Kindern zieht er allerdings die Grenze. Einmal begleitete ein Mann den Verbrennungsprozess auf der Geige. Bei den Buddhisten und Hinduisten ist immer die ganze Familie dabei. «Sie haben eine andere Beziehung zum Tod», erklärt Kurt Hauser.

Er selbst beschäftigt sich seit längerer Zeit mit dem Tod und allem, was danach kommt. «Hier wird nur Materie verbrannt», sagt Kurt Hauser. «Die Seelen sind dann schon längst fort und bereiten sich darauf vor, irgendwann wieder zu kommen.» Für Kurt Hauser ist das Hörnli ein Kraftort, wegen der «geballten Kraft dieser Seelen». Deshalb wohnt er auch so gerne hier, im selben Gebäude wie das Krematorium. Die Wohnung teilt der gelassene Mann mit seiner Frau und fünf Katzen. «Ich würde mit niemandem tauschen», sagt er und lacht. Es ist ruhig hier und friedlich, und die Hausers gehen gerne auf dem Gelände spazieren.

Ebenso gross wie Kurt Hausers Interesse am Tod ist seine Freude am Leben. Er ist begeisterter Fasnächtler, kocht und isst gerne und macht mit seiner Frau Städtereisen, wann immer es möglich ist. Und man sieht ihm an, dass er viel und gerne lacht. Dem eigenen Tod sieht er gelassen entgegen, «er kommt, wann er kommt». Vorerst freut sich Kurt Hauser aber noch jeden Tag auf seine Arbeit.

Kurt Hauser,
Mitarbeiter Krematorium

Die Geduldige

«Ich habe einfach gerne Menschen», sagt Anita Torri, und man glaubt es ihr. Sie ist in der Friedhofsverwaltung für den Verkauf von Gräbern und Urnennischen zuständig. Die Gespräche mit trauernden Angehörigen oder mit Menschen, die sich auf den Tod vorbereiten, gehören zu ihrem Alltag. «Diese Gespräche sind oft schwierig», sagt die zierliche Frau. «Meist ist es am besten, die Leute erst einmal erzählen zu lassen.» Sie brauchen jemanden, der ihnen zuhört, Trost spendet und hilft, schwierige Entscheide zu fällen. Anita Torri nimmt sich für jedes Gespräch viel Zeit, jeder Todesfall betrifft sie auch persönlich. Es ist ihr eine grosse Befriedigung, für die Leute da zu sein. Daneben ist sie auch für die Lehrlingsbetreuung innerhalb der Friedhofsverwaltung zuständig. Auch das macht sie gerne. Die Arbeit mit jungen Menschen ist ein guter Ausgleich zum Grabverkauf.

Die gelernte Kauffrau ist seit 1996 auf dem Friedhof am Hörnli. «Davor habe ich lange bei einer Versicherung gearbeitet», erzählt sie. «Dort habe ich gelernt, einzelne Fälle möglichst schnell abzuwickeln. Auf dem Friedhof geht das nicht.» Auf das Stelleninserat des Friedhofs ist Anita Torri zufällig gestossen. «Ich beschäftigte mich schon vorher mit dem Tod und überlegte mir, eine Ausbildung für Sterbebegleitung zu machen», erinnert sie sich. Das Angebot des Friedhofs fiel deshalb auf fruchtbaren Boden. Auch durch die Auseinandersetzung mit dem Buddhismus fühlte sich Anita Torri bereit für die Arbeit mit Trauernden. Verändert hat sich ihre Einstellung seither nicht. Vielleicht, dass sie noch sensibler auf Unfallmeldungen oder die Sirenen von Ambulanz und Polizei reagiert. «Die landen ja vielleicht bei mir», sagt sie mit einem Lächeln, das gleichzeitig Humor und Respekt ausdrückt.

Mit dem Leben geht Anita Torri heute bewusster um. «Ich weiss, dass es schon morgen vorbei sein kann», sagt sie. Deshalb will sie ihr Arbeitspensum reduzieren, um mehr Zeit mit ihrem Mann zu verbringen, der bald pensioniert wird. «Wir wollen wandern, reisen, kochen und uns Zeit zum Lesen nehmen.» Darin findet sie auch den Ausgleich zur Arbeit und zu den Schicksalen, die ihr manchmal nahe gehen. Sie trifft Menschen, die einen kranken Angehörigen bis in den Tod pflegen; Eltern, die ihre Kinder verlieren oder junge Familien, denen die Mutter stirbt. «Da beginne ich schon manchmal zu grübeln», erzählt Anita Torri. Ein Kunde diskutierte mit ihr über den Moment, an dem ein toter Körper keine Schmerzen mehr verspürt. Eine Frau will den Tod ihres Mannes auch nach Jahren nicht akzeptieren. Anita Torri spricht manchmal mit ihr, wenn sie den Friedhof besucht. Wenn sie diese Geschichten erzählt, wirkt Anita Torri dünnhäutig. Aber genau die Fähigkeit, sich die Schicksale anderer Menschen zu Herzen zu nehmen, ist ihre Stärke im Umgang mit den Trauernden.

Anita Torri,
Mitarbeiterin der Administration

Die Macherin

Rita Wirz ist nicht so, wie man sich die Leiterin eines grossen Friedhofs vorstellt. Ihre zupackende Art, die pulsierende Energie, das Lachen tief aus dem Bauch heraus zeugen von Lebendigkeit und Bodenhaftung. Die braucht sie auch, denn ihre Arbeit ist ein täglicher Spagat: Sie muss die beiden Basler Friedhöfe wie moderne Dienstleistungsunternehmen wirtschaftlich führen. Das ist aber nur bis zu einem gewissen Grad möglich, denn es geht um Tod, Trauer, Bestattung und die Rituale, die damit zusammenhängen. Sowohl die Kundschaft als auch die Mitarbeitenden brauchen für gewisse Dinge mehr Zeit als in anderen Bereichen. «Aber genau dieser Spagat ist das Spannende an meiner Arbeit», sagt Rita Wirz und lacht ihr tiefes Lachen.

Seit 1999 ist sie als Leiterin Bestattungswesen für alles zuständig, was mit Bestattungen und der Administration der Friedhöfe zu tun hat. Sie erarbeitet Gesetzesänderungen und Friedhofsordnungen, bereitet Regierungsgeschäfte vor und erarbeitet Strategien für ihre Abteilung. Davor war sie während 20 Jahren für eine Pharmafirma als Personalchefin tätig. Als die Firma fusionierte, nahm sie ihre Chance zu einem Wechsel wahr. «Ich wollte selbst Leute führen und nicht nur die Führungsleute beraten», sagt Rita Wirz. «Meine jetzige Arbeit vereint alles, was ich gerne mache: Organisieren und führen, Dienstleistungen erbringen und im Kontakt mit vielen Menschen stehen.» In diesem Sinne ist ein Friedhof ein Unternehmen wie jedes andere.

Bereut hat sie den Wechsel nie, obwohl die erste Zeit nicht einfach war. «Ich erlebte einen richtigen Kulturschock», erzählt Rita Wirz. Die Arbeitsweise war ganz anders als in der Pharmabranche, und es gab Widerstände gegen die energische Frau aus der Privatwirtschaft. «Man wollte mich testen», sagt sie und erzählt schmunzelnd, wie die Mitarbeitenden im Betrieb sie zu heiklen Situationen im Aufbahrungsgebäude oder an offenen Gräbern riefen. Die Chefin bestand alle Tests, und so gewann sie schliesslich mit ihrer offenen Art das Vertrauen der Mitarbeitenden. Heute prägt Rita Wirz die Stimmung auf dem Friedhof, die stets lebendig, offen und freundlich ist. «Die Leute sollen fröhlich sein», ist Rita Wirz überzeugt. «Man kann diese Arbeit nicht mit einer bedrückten Grundstimmung machen.»

Trotz der grossen Freude, mit der Rita Wirz noch immer neue Projekte angeht, macht sie sich Gedanken über den dritten Lebensabschnitt. «Ich pflege meine Hobbys, weil sie mir den Ausgleich zur Arbeit ermöglichen», ist sie überzeugt. Zu Hause hat Rita Wirz einen Garten mit vielen Rosen, die sie mit Leidenschaft pflegt. «Und dann natürlich die Fasnacht», sagt sie lachend. Mit einer Freundin ist sie Piccolo spielend als «Schyssdräggziigli» unterwegs. Sujet und Kostüme bereiten die beiden jeweils mit viel Sorgfalt vor. Rita Wirz nimmt eins nach dem anderen. Ganz nach dem Motto ihres jetzigen Chefs, das sie beeindruckt hat: «Nimm nur so viel in den Mund, wie du schlucken kannst.»

Rita Wirz,
Leiterin Bestattungswesen

Der Glückliche

Louis van Niekerk ist nicht zu übersehen. Seine physische Präsenz, seine Fröhlichkeit und sein offenes Wesen füllen den Raum. Man kann sich gut vorstellen, dass die Orgel der Abdankungskapelle auf dem Friedhof am Hörnli voller klingt, wenn Louis van Niekerk auf ihr spielt.

Der gebürtige Südafrikaner ist einer von neun Organistinnen und Organisten, die auf dem Hörnli die Abdankungsfeiern musikalisch begleiten. Wie alle in seinem Team arbeitet er nach Bedarf. Louis van Niekerk weiss, an welchen Tagen er sich zur Verfügung halten muss, und erhält seinen Einsatzplan jeweils sehr kurzfristig. Nur donnerstags ist er nicht auf dem Hörnli am Spielen.

Er bereitet sich auf jede Begräbnisfeier sorgfältig vor. «Je grösser der Abstand der Menschen zur Kirche, desto mehr ändern sich ihre Musikwünsche», erklärt der erfahrene Organist. Er versucht, auf jeden Wunsch einzugehen, und übt laufend neue Stücke; auch Ländler oder Popmusik gehören mittlerweile zu seinem Repertoire. Wenn die Angehörigen keine besonderen Vorlieben äussern, wählt Louis van Niekerk Stücke aus seinem grossen Fundus an kirchlicher Musik. Auch dann versucht er, die Stimmung der Trauergemeinde zu treffen. Manchmal ist es angebracht, etwas Fröhliches zu spielen.

«Mein Beruf ist meine Berufung», sagt Louis van Niekerk mit Überzeugung. Während einer Trauerfeier sind die Leute sehr offen und empfänglich für Musik. Für den Organisten ist das sehr befriedigend. «Ganz anders als an Hochzeiten, da sind die Leute mehr mit sich selbst beschäftigt», sagt er und lacht.

Der Tod begleitet Louis van Niekerk seit seiner Kindheit. Als er sieben Jahre alt war, starb seine Grossmutter, sieben Jahre später sein Vater. Die Trauerrituale in Südafrika sind ganz anders als hier, das ist dem scharfen Beobachter aufgefallen. «Der Trauerprozess ist sehr wichtig», erzählt Louis van Niekerk. Während einer ganzen Woche ist das Haus der verstorbenen Person offen für Kondolenzbesuche. Man sitzt lange zusammen und erzählt Geschichten aus dem Leben des Verstorbenen. Auch das Lachen gehört zu der Verarbeitung der Trauer. «In der Woche nach dem Tod meines Vaters habe ich viel über ihn erfahren», sagt der Sohn heute. Für den damals 14-Jährigen war es wichtig, sich auf diese Weise vom Vater zu verabschieden. Er spielte während der Trauerwoche auf dem Klavier.

Die Musik war damals bereits die Sprache des jungen Louis. Später studierte er Orgel und kam vor 14 Jahren nach Basel, um sich an der Schola Cantorum mit der Musik des Barock auseinanderzusetzen. Bereits nach drei Monaten fand er eine Stelle als Organist in der Stephanuskirche, wo er auch heute noch arbeitet. Er hat in Basel seinen Platz gefunden: «Seit ich hier bin, spiele ich jeden Tag Orgel. Ich bin ein glücklicher Mensch.» Sagts und strahlt, und man glaubt ihm ohne Einschränkung.

**Louis van Niekerk,
Organist**

Die Organisatorin

Sabine Buser leitet die Administration der beiden Basler Friedhöfe mit Ruhe und Umsicht. Sie bringt die gesamte Verwaltung auf den neuesten Stand, führt das Team der Administration, erarbeitet Konzepte und leitet Projekte. Bevor sie ihre Stelle im Oktober 2005 antrat, hatte sie kaum eine Vorstellung von der Arbeit in einer Friedhofsverwaltung. Heute illustriert sie ihre Arbeit mit eindrücklichen Beispielen: Die Angaben zu den Wahlgräbern stehen zum Teil noch auf handbeschrifteten Karteikarten. Die Kontaktpersonen sind oft selber längst verstorben. «Unser Ziel ist es, zu jedem Wahlgrab eine Kontaktperson zu finden», erklärt Sabine Buser. Das bedeutet viel aufwändige Recherchearbeit.

Aufwändig ist auch die Administration der Grabpflege: Zurzeit sind rund 40 000 Grabstätten in Basel-Stadt belegt. Etwa die Hälfte davon wird von den Mitarbeitenden der Gärtnerei gepflegt. In der Administration auf dem Hörnli werden jährlich rund 10 000 Rechnungen für Grabpflegeaufträge geschrieben. Es gibt also viel zu tun für Sabine Buser und ihr Team. «Fehler können wir uns nicht leisten», sagt sie nüchtern. Deshalb ist ihr eine gute Stimmung im Team auch besonders wichtig. «Nur so können die Leute konstant gut arbeiten.»

Vor dem Wechsel in die Administration des Friedhofs am Hörnli war Sabine Buser lange Jahre beim Modehaus Spengler im Einkauf tätig. Das war ihr Traumjob. Sie bestimmte jede Saison die Kollektion mit und war viel unterwegs. «Ich konnte kreativ und eigenverantwortlich arbeiten», erzählt sie. Mit der Schliessung des Unternehmens war die engagierte Kauffrau gezwungen, sich beruflich neu zu orientieren: «Plötzlich fragte ich mich, ob es vielleicht doch noch etwas anderes für mich gibt.» Die Stelle auf dem Friedhof schien ihr passend – ein neues Umfeld, neue Arbeitsinhalte und mit dem 80-Prozentpensum auch mehr Freiraum für persönliche Interessen. Sabine Buser hat den Schritt nie bereut. «Ich habe viel gelernt, vor allem in der Führungsarbeit», sagt sie. Und einiges bewirkt: Sie brachte frischen Wind aus der Privatwirtschaft in den Verwaltungsbetrieb.

Als Leiterin der Administration hat Sabine Buser wenig Kontakt mit den Kundinnen und Kunden. Darüber ist sie froh, denn der tägliche direkte Umgang mit dem Tod und trauernden Menschen würde sie belasten. Dennoch liest die Baselbieterin heute Todesanzeigen bewusster als früher, weil sie weiss, was dahinter steckt.

Sabine Buser hat mit dem reduzierten Pensum an ihrer Arbeitsstelle eine ganz neue Lebensqualität entdeckt. «Mit einem einzigen Tag mehr Freiraum wird plötzlich vieles möglich», schwärmt die vielseitig interessierte Frau. Sie besucht gerne Ausstellungen, geht oft ins Theater und pflegt ihren Freundeskreis. Auch ihre Leidenschaft für Mode und Textilien hat jetzt Platz in der Freizeit. «Diese Lebensqualität würde ich nicht mehr hergeben.»

**Sabine Buser,
Leiterin Administration**

Die Eigenständige

Die strengste Zeit für Tamara Peralbo ist jedes Jahr kurz nach Ostern. An den Feiertagen besuchen viele Leute den Friedhof. Sie erwarten, dass die Stiefmütterchen, Vergissmeinnicht, Bellis, Tulpen und Osterglocken auf den Gräbern in voller Blüte stehen. Wer das Grab nicht zu seiner Zufriedenheit vorfindet, ruft gleich nach Ostern bei Tamara Peralbo an, um zu reklamieren. Oder – das ist erfreulicher – um sich zu bedanken und zu erzählen, dass man da war.

Tamara Peralbo ist in der Friedhofverwaltung für die Administration der Grabpflege zuständig. Fast 20 000 Grabstätten werden von den Mitarbeitenden der Stadtgärtnerei gepflegt. Das Interesse der Leute, sich selbst um ein Grab zu kümmern, nimmt ab. Die Abwicklung dieser Grabpflegeaufträge ist eine anspruchsvolle organisatorische Aufgabe, die auch sehr viel Kontakt mit den Auftraggebenden beinhaltet. Wie die meisten Mitarbeiterinnen und Mitarbeiter auf dem Friedhof braucht Tamara Peralbo ein offenes Ohr für die Anliegen der meist älteren Kundschaft. «Die Einsamkeit vieler alter Menschen macht mich sehr betroffen», sagt sie. Sie haben niemanden zum Reden, deshalb ist der Kontakt mit der Angestellten auf dem Friedhof so wichtig. Tod und Trauer belasten die lebensfrohe Kauffrau nicht: «Ich habe meist erst mit den Leuten zu tun, wenn sie schon wieder vorwärts blicken.» Der Friedhof kann sogar ein Ort des Neubeginns sein. «Viele Frauen knüpfen hier neue Kontakte», erzählt Tamara Peralbo und findet, dieses soziale Element könnte man auch gezielt nutzen. Schliesslich sind viele dieser Frauen und Männer auf neue Freundschaften dringend angewiesen.

Das Einzige, was Tamara Peralbo wirklich belastet, sind Leute, die bei ihr eine über Jahre angestaute Unzufriedenheit abladen. «Sie schimpfen dann gerne pauschal über die Regierung, die Steuern und die BVB», erzählt sie mit einem Schmunzeln. Solche Situationen nimmt sie mit Humor: «Ich sage mir dann, dass mit den Steuern dieser Person auch mein Lohn bezahlt wird.»

Seit sechs Jahren arbeitet Tamara Peralbo auf dem Friedhof am Hörnli. Vorher war sie in einer kleinen Firma angestellt, die spezialisierte Pumpen herstellte. Dort hatte sie nur telefonischen Kundenkontakt. Als ihre Tochter grösser wurde, wollte Tamara Peralbo ihr Arbeitspensum erhöhen. Die Stelle auf dem Friedhof kam wie gerufen. «Hier ist ein ständiges Kommen und Gehen, das gefällt mir», sagt sie.

Ausgleich zur Arbeit findet Tamara Peralbo zu Hause mit ihrer Tochter und dem kleinen Pony, das sie gemeinsam pflegen. «Es ist fast wie ein Hund, zu klein, um darauf zu reiten», lacht sie. Ausserdem arbeitet sie im Vorstand ihrer Wohngenossenschaft mit. Daneben gibt es «Unmengen von Büchern, die in diesem Leben noch zu lesen, und Konzerte, die noch zu besuchen sind.» Tamara Peralbo ist eine zufriedene, tatkräftige Frau. «Ich will meiner Tochter zeigen, dass man das Leben selber in die Hand nehmen kann», sagt sie bestimmt. Dieses Ziel hat sie sicher schon erreicht.

Tamara Peralbo,
Mitarbeiterin Friedhofverwaltung

Lena Albrecht

Wohlklang für die Toten – Musik an Abdankungsfeiern

Montagmorgen, fünf nach acht Uhr, das Telefon klingelt. «An der Abdankung für unseren Vater wünschen wir uns den Wettsteinmarsch. Und beim Hinausgehen ‹z'Basel an mim Rhy›.» Klar, das spielen wir. Lieber von der Orgel als von Pfeifen und Trommeln gespielt – das schallt nämlich über den halben Friedhof und freut nicht alle. Besonders nicht die Menschen, die zu einer anderen Trauerfeier hier sind. Aber manchmal wird wirklich getrommelt. Zu einer Randzeit oder wenn keine andere Bestattung im Gang ist. Eine sehr spezielle Trommelmusik war vor vielen Jahren bei einer militärischen Abdankung zu hören. Ein Mann war im Dienst gestorben. Dumpf, monoton – ein wahrer Trauermarsch! Eine Unmenge Uniformierte im Gleichschritt hinter der Musik, Fahnen, Rituale, militärische Befehle, Rufe. Ich hatte den Eindruck, als hätte die Familie des Verstorbenen nur höflichkeitshalber dabei sein dürfen. Sie kam erst ganz zuhinterst.

Was soll die Musik denn eigentlich auf dem Friedhof? Was erwarten die Menschen von ihr? Immerhin gehört an jeder Trauerfeier automatisch ein Orgelspiel dazu. Der Kanton Basel-Stadt offeriert dies allen Einwohnern.

«Echte» Musik oder ab Konserve

Viele Menschen äussern zu ihrem Musikwunsch ausdrücklich, es solle echt gespielt werden und nicht aus der «Konserve» kommen. Obwohl mancher Titel aus der Unterhaltungsmusik nur halbwegs erkennbar auf der Orgel wiedergegeben werden kann. Die von Instrumenten gespielte Musik macht einen anderen Eindruck als diejenige aus dem Lautsprecher. Aber es gibt doch in jeder der vier Friedhofkapellen eine CD-Anlage. Familien, die keine kirchliche Trauerfeier wollen, benützen diese mehr als die anderen. Sie lassen uns dann wissen, dass sie uns Organisten nicht brauchen, denn sie hätten Pavarotti – so wie er könnten wir niemals das «Ave Maria» ausführen.

Befremdlich ist für uns Organisten, wenn sie dann Orgelmusik ab CD hören. Erst recht, wenn es ein Stück ist, das jeder Organist und jede Organistin im Repertoire hat. Es muss eben genau die Musik sein, die sie zu Hause hören, genauso gespielt wie immer. Kein Risiko, wenigstens nicht bei der Musik. Die Worte des Redners oder Pfarrers kann man nämlich nicht so vorschreiben wie die Musikstücke.
Manchmal wird nach einer Liste von Musikstücken gefragt, die wir spielen würden. So eine Liste führen wir aber nicht. Das wäre der Anfang einer Automatisierung. Unsere Kreativität und Motivation würden leiden. Ich frage also nach. Soll es etwas Bekanntes sein, etwas, das viele Leute kennen? Wie soll es tönen, im Stil von

Mozart oder eher wie Bach oder Händel? Ruhig oder beschwingt oder glänzende Orgelmusik? So ergeben sich Hinweise, auch wenn am Schluss kein Titel feststeht.

Vor 25 Jahren war dies alles noch ganz anders. Da waren Kirchenlieder und Variationen darüber gefragt, und allenfalls ein Wunsch nach einem klassischen Stück. Die «Träumerei» von Schumann, der Nabuccochor, das «Largo» von Händel. Und das «Ave Maria» war bei reformierten Pfarrern unerwünscht. Das «Ave Maria» ist ein sehr häufiger Wunsch. Die Organisten möchten zwar gerne wissen, welches gemeint ist. Es gibt zwei bekannte und unzählig viele unbekannte Versionen. Wenn wir die Familie fragen, sind die Leute ratlos – einfach das bekannte. Immerhin wissen wir aus Erfahrung, dass Italiener und Amerikaner dasjenige von Schubert kennen und hören wollen, und für Einheimische ist es meist die Version von Gounod über ein Praeludium von Bach.

Aussergewöhnlich waren früher die Abdankungen von alten Sozialisten. Die roten Nelken gehörten dazu, die Internationale und der russische Trauermarsch. Alle standen auf, wenn diese Musik erklang und meistens wurde mitgesungen. Es war eine höchst eindrückliche Stimmung. Aber das ist vorbei. Diese Generation ist ausgestorben.

Mögliches und Unmögliches

Wieder klingelt das Telefon. Nächster Musikwunsch. «Wir möchten einen Solisten für die Abdankungsfeier. Am liebsten eine Flöte. Und gern etwas von Mozart». Flöte ist das meistgewünschte Soloinstrument auf dem Friedhof. Oft wird auch eine Sängerin gefordert, meist mit klaren Musikwünschen. Das kann eine Arie aus dem «Messias» von Händel oder etwas von Bach sein. Sänger sind seltener gefragt. Aber in einem Sommer wurde gleich mehrmals ein Bass gewünscht mit der Arie «In diesen heil'gen Hallen» aus Mozarts «Zauberflöte». Es ist nämlich die ideale Musik für eine Freimaurerabdankung. Manchmal können wir auch grosse Opernarien begleiten: Mozart, Puccini, Verdi.

Viele Leute haben eine Vorstellung von einem bestimmten Instrument und einen bestimmten Musikwunsch – nur passt das nicht zusammen. Wir sollten mit einem Cello die «Moldau» spielen, oder mit einer Flöte solo den «Bolero» von Ravel. Dann erkläre ich, wie schwierig oder unmöglich dies ist. «Liegt Ihnen denn mehr am Cello oder an der Moldau?» «Ach, der Verstorbene hat eben selber früher Cello gespielt, und wir waren auf unserer letzten Reise in Prag und hörten dort die Moldau in einem Konzert.» Ich schlage vor, wir können etwas aus der Moldau auf der Orgel spielen, und auf dem Cello könnte etwas von Vivaldi gut tönen.

Ebenso gibt es Musikwünsche für die Orgel, die auf diesem Instrument kaum zu realisieren sind oder jedenfalls sehr unbefriedigend, was bedeutet, dass man das Stück kaum wiedererkennt. Gershwins «Rhapsody in Blue» ist so etwas, und der erwähnte «Bolero»! Immer wieder sind es Schlagertitel oder Popsongs, die uns an unsere Grenzen bringen. Manchmal wirkt das wie ein Wunschkonzert, in dem alles machbar sein sollte. Auf dem Friedhof haben wir zum Glück eine Notenbibliothek, sie wird ständig ausgebaut und ist eine immense Hilfe bei der Suche nach speziellen Titeln.

Vor Jahren meldete sich eine Frau mit einem speziellen Musik-Wunsch: «Dies ist der schönste Tag in meinem Leben.» «Sie wundern sich bestimmt. Aber das hat mein Mann immer am Zahltag gesungen – früher, als die Löhne in bar am letzten Tag des Monats ausbezahlt wurden. In der ganzen Firma war er deswegen bekannt. Mit diesem Lied erkennen ihn alle. Es gehört zu ihm.» So machte ich mich auf die Suche, es blieb nicht viel Zeit. Abends war ein Essen mit einer Gruppe von Vereinsleuten, die meisten älter als ich. Beim Dessert dachte ich wieder an den «schönsten Tag» und fragte die Runde, ob jemand das Lied kennt. Und schon begannen sie zu singen (dank des Weins ohne Hemmungen in dem eleganten Restaurant), zum Erstaunen der anderen Gäste. Ich notierte mir die Melodie auf einer Papierserviette mit selbst gezogenen Notenlinien unter mehrmaligem Wiederholen der Melodie durch die Sängerinnen und Sänger. Diese waren sich an einigen Stellen nämlich nicht einig, wie es richtig heisst.

Eine Melodie aufschreiben – dies ist oft nötig. Wenn es sich um ein Lied handelt, kann ich jemanden anrufen, mir das Stück am Telefon vorsingen lassen und es gleichzeitig notieren. Auf diese Weise sind das «Kufsteinlied» in unsere Bibliothek gekommen und einige alte Kinderlieder.

Öfters soll ein Musiker draussen am Grab spielen. Etwas Musikalisches soll aus einer Beisetzung ohne vorgängige Feier doch ein Ritual machen. Da ergeben sich nicht unerhebliche Probleme. Leute, die sich nicht auskennen mit den Instrumenten, verstehen manchmal nicht, dass eine Violine nicht günstig ist, erst recht nicht im Winter oder bei Regenwetter. Ein Cellist müsste gut sitzen können. Und bei Streichern ist die akustische Situation im Freien überhaupt ein Problem. Eine Flöte sollte bei feuchtem Wetter nicht draussen gespielt werden, die Pölsterchen unter den Klappen würden leiden. Deren Ersatz wäre teuer und das Instrument eine Weile in Reparatur. Das Angebot, einen Regenschirm aufzuhalten, hilft auch nicht weiter, denn die Feuchtigkeit ist das Problem. Eine Trompete ist am geeignetsten dafür, aber bei Temperaturen um den Gefrierpunkt will auch kein Trompeter draussen spielen, weil seine Lippen am Metall festfrieren könnten. So kann es unmöglich werden, Musik am Grab zu spielen.

Einzelgänger mit Zusammenhalt

Seit etwa 30 Jahren ist eine Gruppe von acht bis zehn Organistinnen und Organisten auf dem Friedhof tätig. Vorher waren es nur vier und gelegentlich zusätzliche Stellvertretungen. Jetzt ist ein wirkliches Team beisammen, alle fühlen sich verantwortlich für eine gute Qualität der Musik. Wir treffen uns mehrmals jährlich in der

Freizeit, diskutieren über unsere Erfahrungen und Sorgen und tauschen viele Geschichten aus – wir gehören zusammen. Diese Situation ist auch einmalig in der Schweiz. Weil wir in Basel einen einzigen grossen Friedhof haben (und den kleinen Wolfgottesacker), sind alle Organistinnen und Organisten am gleichen Ort tätig und können deshalb viel mehr Kontakt pflegen als in den anderen Städten mit mehreren Friedhöfen mit jeweils nur einem oder zwei Organisten. Dank diesem guten Gruppenzusammenhang ergeben sich ein starkes Bewusstsein und ein Verantwortungsgefühl für unsere Arbeit.

Bei trübem Wetter ist es noch dunkler in der Kapelle, als es schon bei Sonnenschein ist. Die Stimmung ist verständlicherweise immer dunkel. Aber von uns wird erwartet, dass wir hell, heiter, aufbauend, tröstlich spielen. Die vielen traurigen, tragischen, schlimmen Geschichten, die wir hören, sollen uns nicht aufs Gemüt schlagen. Oft wünschen die Trauerfamilien, dass wir fröhliche Musik spielen. Das kann einen guten Grund haben. Da hat vielleicht die Verstorbene auch im Altersheim noch mit Vergnügen getanzt, so wie sie es früher gemacht hat. Dann ist es richtig, an ihrer Trauerfeier einen lüpfigen Ländler auf der Orgel zu spielen.

Ein schönes Erlebnis ist für mich mit dem Duett «Bei Männern, welche Liebe fühlen» aus Mozarts «Zauberflöte» verbunden. Es sollte auf der Orgel gespielt werden, also nicht gesungen. Nun ist dies nicht so leicht! Da muss die tiefe Stimme des Papageno mit den Füssen, die hohe Stimme der Pamina mit der rechten Hand, und die Orchesterbegleitung mit der linken gespielt werden. Ich wollte nicht so recht zusagen. Aber die Geschichte zu dieser Musik war so berührend, dass ich mit Hingabe das Stück übte: Die Ehefrau erzählte, sie und ihr Mann hätten das Duett immer zusammen in der Badewanne gesungen – eine gemeinsame Erinnerung an alte Zeiten.

Vor 75 Jahren, als der Friedhof Hörnli gebaut wurde, gab es dem Geschmack der Zeit und dem Stand der Orgelbautechnik entsprechend pneumatische Orgeln für die einzelnen Kapellen. Diese Orgeln brauchten unendlich lange Zeit vom Tastendrücken bis zum Erklingen des Tones und waren daher ein Albtraum für schnelle Stücke. Lautstärke war auf diesen Orgeln nicht vorgesehen. Die berühmte «d-Moll-Toccata» von Bach etwa war ein Stück, das kaum zu spielen war. Die Vorstellungen von Musik auf dem Friedhof haben sich eben im Lauf der Jahrzehnte stark verändert. Es kam in den letzten Jahren vor dem Neubau öfter vor, dass eine dieser alten Orgeln still blieb im dümmsten Moment, wenn schon alle Leute in der Kapelle sassen und das Eingangsspiel beginnen sollte. Einmal begann plötzlich ein Lärm wie von einem Staubsauger während einer Feier. Und kein Ton aus einer Orgelpfeife kam mehr zu Stande. Dann musste der Organist mit Handzeichen dem Pfarrer zu verstehen geben, dass keine Musik mehr zu erwarten war. Im Jahr 1997 wurden die letzten beiden dieser Orgeln ersetzt. Jetzt gibt es in jeder Kapelle ein Instrument mit mechanischer Traktur, welche die Orgeltaste viel direkter mit der Orgelpfeife verbindet.

Freud und Leid dicht beieinander

Eine andere Herausforderung und auch ein Vergnügen ist es, anspruchsvolle Werke spielen zu können. Das heisst: grosse Orgelwerke von Bach oder etwas von Messiaen. Oder wenn wir mit anderen Musikerinnen und Musikern etwas Grösseres einstudieren. Das sind seltene Sternstunden für uns!

Wir Organistinnen und Organisten werden aber auch oft mit schwierigen Schicksalen konfrontiert. Es ist für uns eine besondere Herausforderung, sich immer wieder der Sterblichkeit bewusst zu werden, den Gedanken darüber und den damit verbundenen Gefühlen nachzuhängen. Wir hören fast jedes Mal etwas, was uns zu denken gibt, und können uns deshalb nicht vor Fragen zu unserer Existenz, zu unserem eigenen Leben verschliessen. Immerhin sind wir wenigstens nicht von morgens bis abends und täglich dieser Stimmung ausgesetzt. Alle Organisten haben auch noch Beschäftigungen ausserhalb des Friedhofs.

Unendlich schwierig sind Todesfälle von Kindern. Wenn wir dafür einen Musikwunsch erfahren, macht es uns die Aufgabe leichter, aber es trifft uns emotional auch mehr. Einmal sollte eine Sängerin Kinderlieder singen, darunter von Brahms «Die Blümelein, sie schlafen». Das war eindrücklich, unvergesslich, allen liefen die Tränen übers Gesicht.

Die Blümelein, sie schlafen schon längst im Mondenschein.
Sie nicken mit den Köpfchen auf ihren Stängelein.
Es rüttelt sich der Blütenbaum,
er säuselt wie im Traum:
Schlafe, schlafe, schlaf ein, mein Kindelein.

Die Vögelein, sie sangen so süss im Sonnenschein.
Sind nun zur Ruh gegangen in ihren Nestlein klein.
Das Heimchen in dem Ährengrund,
es tut allein sich kund:
Schlafe, schlafe, schlaf ein, mein Kindelein.

Sandmännchen kommt geschlichen und guckt durchs Fensterlein,
ob irgend noch ein Liebchen nicht mag zu Bette sein.
Und wo er nur ein Kindlein fand,
streut er ins Aug ihm Sand:
Schlafe, schlafe, schlaf ein, mein Kindelein.

Sandmännchen aus dem Zimmer, es schläft mein Herzchen fein,
Es ist gar fest verschlossen schon sein Guckäugelein.
Es leuchtet morgen mir Willkomm
das Äugelein so fromm!
Schlafe, schlafe, schlaf du, mein Kindelein.

Urs Höchle

Wachsame Augen – Die Friedhofkommission

Bis zur Einrichtung eines zentralen Friedhofs «am Hörnli» in Riehen gab es in Basel mehrere Quartier-Gottesäcker, welche alle ihren eigenen Charakter hatten. Mit dem neuen Friedhof, welcher letztlich alle bestehenden Gottesäcker ablösen sollte, mussten auch neue Vorschriften auf Verordnungsstufe erlassen werden, «um einen ästhetisch befriedigenden Charakter des neuen Gottesackers zu erzielen». Das Gesetz sollte «nur die wichtigsten grundlegenden Bestimmungen enthalten, die dem Regierungsrat den Erlass von Verordnungen und Reglementen (...) ermöglichen». Und weiter: «Um dem Regierungsrat die hiefür erforderlichen Unterlagen zu beschaffen, ist vorgesehen, dass dem Sanitätsdepartement eine Gottesackerkommission beigegeben werden kann. Diese Kommission soll aus Sachverständigen (Architekten, Bildhauern, Gärtnern usw.) bestehen.» (Ratschlag und Entwurf zu einem Gesetz betreffend das Bestattungs- und Gottesackerwesen Nr. 2982 vom 2. Oktober 1930)

Gestützt auf den Ratschlag und den Gesetzesentwurf erliess dann der Grosse Rat des Kantons Basel-Stadt am 9. Juli 1931 unter dem Titel «Gesetz betreffend die Bestattungen», das neue Gesetz. Dieses war vor allem darauf angelegt, den neuen Gross-Friedhof und alles, was mit Tod und Sterben zu tun hatte, neu zu ordnen. Entsprechend dem Gesetzesentwurf wurde in § 2 des Gesetzes festgelegt, dass dem Sanitätsdepartement «zur Mitwirkung bei der Verwaltung der Friedhofanlagen (...) eine Friedhofkommission ‹nicht ‘Gottesackerkommission'› beigegeben werden» könne. Und die Bestattungs- und Friedhofordnung vom 29. April 1932 führte näher aus, wie diese Kommission zusammengesetzt sein und welche Aufgaben ihr zukommen sollten. Die Kommission wurde dann auch unter dem heute noch geltenden Namen Friedhofkommission eingesetzt.

Von Beginn der Wirksamkeit des neuen Gesetzes und der neuen Verordnung an war der Vorsteher des Sanitätsdepartementes von Amtes wegen Präsident der Kommission. Der Friedhofverwalter, der Verwalter der Friedhofgärtnerei und der Chef des Bestattungsbüros durften den Sitzungen mit beratender Stimme beiwohnen.

Die Friedhofkommission hatte eine umfassende Beratungsaufgabe im Bestattungs- und Friedhofwesen. So mussten ihr alle Fragen zur Begutachtung vorgelegt werden, «die sich auf die Vorschrift über die Grabmäler, die Anpflanzung und den Unterhalt der Gräber und der allgemeinen Friedhofanlagen, sowie auf den weiteren Ausbau der Friedhöfe beziehen» (Bestattungs- und Friedhofordnung vom 29. April 1932, § 5 Abs. 5). Insbesondere waren ihr Gesuche um grössere Beisetzungsstätten (gemeint waren u.a. Beisetzungsstätten für Verstorbene von Gemeinschaften) und «zu erlassende Vorschriften über Grösse, Form und Material der Grabmäler und über die Anpflanzung der Beisetzungsstätten» vorzulegen. Der Friedhofverwaltung waren demnach die Hände gebunden und sie durfte keine gärtnerischen und grabmalgestalterischen Entscheide von Bedeutung treffen, ohne die Friedhofkommission zurate zu ziehen. Lange Zeit galt die Kommission als Repräsentantin der Bevölkerung und war dementsprechend politisch und konfessionell heterogen zusammengesetzt. Neben politischen Parteien hatten auch Pfarrer, Gärtner, Kunstschaffende, Juristen, Vertreter der Gemeinden, Frauen und Männer «aus dem Volk» in der Kommission Einsitz. Insbesondere waren – den gesetzlichen Aufgaben der Kommission entsprechend – regelmässig Bildhauer Mitglieder der Kommission. Als wohl bekannteste Mitglieder prägten der Bildhauer Albert Schilling (1904–1987) und der Kunsthistoriker Dr. Robert Stoll (1919–2006) lange Jahre die Arbeit der Kommission. Ebenfalls vertreten in der Kommission war das Architektenteam Bräuning, Burckhardt, Klingenfuss, Leu und Suter, welches den Friedhof am Hörnli als Gesamtanlage plante und die Friedhofgebäude im klassizistischen Stil erbaute. In der Folge waren drei Generationen der Architektenfamilie Suter jeweils in der Kommission vertreten. Bald schon etablierte sich unter dem Namen Grabmalkommission eine eigene aus drei bis fünf Mitgliedern bestehende Kommission, welche sich mit Grabmalfragen und Rekursen gegen Entscheide der Grabmalberatungsstelle beziehungsweise der Friedhofverwaltung befasste. Als wohl bekanntester «Fall» aus dem Jahr 1968 ist das sogenannte «Bambi-Urteil» zu bezeichnen, in dem ein Rekurs gegen die Ablehnung einer Bronzeplastik «Reh» auf einem Familiengrab bis hin zum Bundesgericht durchgezogen und schliesslich abgewiesen wurde. Das Bundesgericht gab der Argumentation Recht, dass eine Plastik, welche an den Filmemacher Walt Disney erinnere und wegen ihrer verniedlichenden Wirkung auf einem Friedhof als Fremdkörper störe, auf einem Familiengrab nichts zu suchen habe. Diese Haltung sei zwar streng, aber nicht völlig abwegig.

In der Folge hatte sich die Friedhofkommission mit vielen weiteren Rekursen über Grabmäler zu befassen und sorgte damit zusammen mit der Grabmalkommission für eine ästhetische und der Umgebung angepasste Grabmalkultur. Diese Aufgabe bestand auch für den im November 1995 unter Denkmalschutz gestellten Wolfgottesacker. Dieser ist neben dem Hauptfriedhof am Hörnli der letzte Friedhof für Einwohner der Stadt Basel, wobei festzuhalten ist, dass auf diesem Friedhof nur Familiengräber vorhanden sind.

Neben Fragen und Problemstellungen betreffend die Vorschriften über die Gestaltung von Grabmälern hatte sich die Friedhofkommission mit vielen weiteren gestalterischen Themen zu befassen. Dazu gehörte die für die damalige Zeit fortschrittliche Errichtung eines «Grabes der Einsamen» im Jahr 1941, welches die Möglichkeit bot, Aschenurnen schicklich zu bestatten, ohne dass den Angehörigen durch die Bestattung irgendwelche Unkosten entstanden. Dies hatte aber auch zur Folge, dass kein Grabmal, kein Blumenschmuck und keine

Beschriftung angebracht werden konnten. Weiter befasste sich die Friedhofkommission mit der gärtnerischen und planerischen Gestaltung ganzer Friedhofteile, mit der Errichtung von Urnenhallen und war in verschiedene Wettbewerbe des Kunstkredites eingebunden. Einer der wichtigsten Wettbewerbe war wohl die Urnennischenanlage von Bildhauer Ludwig Stocker. In den 80er- und 90er-Jahren des letzten Jahrhunderts führte die Friedhofkommission zusammen mit der Grabmalkommission zwei Studienreisen durch, von denen sie sich vor allem neue Impulse für zeitgemässe Gemeinschaftsgräber erhoffte und auch bekam. So wurde in der Folge ein neues Gemeinschaftsgrab vor dem Übergang zur Abteilung 12 des Friedhofs am Hörnli errichtet. Weiter beschloss die Kommission, ein Urnen-Gemeinschaftsgrab für sogenannte Anatomieleichen einzurichten, um damit Menschen, die nach ihrem Ableben ihren Körper der Wissenschaft zur Verfügung stellen, eine würdige Beisetzungsstätte zu ermöglichen. Dieses Grab wurde unter Errichtung einer Grabstele der Bildhauerin Helene Balmer auch realisiert. In neuerer Zeit (ab Mitte 1980er-Jahre) befasste sich die Kommission unter anderem mit einem Gemeinschaftsgrab für Erdbestattungen (was aus verschiedenen Gründen nicht realisiert werden konnte), mit der Neugestaltung der Leichenaufbahrungsräume (mit der Schaffung der Besuchsmöglichkeit von Angehörigen), mit dem Neubau des Krematoriums, mit dem Velo- und Autoverkehr auf dem Friedhofareal, mit neuen Orgeln in zwei Abdankungshallen, mit nichtkonfessionellen Abdankungen, mit der Gestaltung neuer Grabfelder für Erdbestattungen, mit einem «Mustergrabfeld» für Grabmäler, mit neuen Bestattungsformen usw. Vergeblich hat sich die Kommission auch dafür eingesetzt, dass die Tramhaltestelle «Wolfgottesacker» für die Zukunft hätte erhalten werden können.

Die Bestattungs- und Friedhofverordnung aus dem Jahr 1932 wurde im Laufe der Zeit mehrmals geändert und wurde erst im Jahr 1980 durch eine neue, totalrevidierte Verordnung über das Bestattungs- und Friedhofwesen ersetzt. Mit dieser Verordnung wurde dann neben der Friedhofkommission formell eine Grabmalkommission eingesetzt. Es war eine der wichtigsten Aufgaben der Friedhofkommission der damaligen Zeit, sich mit dem Erlass der neuen Verordnung zu befassen. Ein Meilenstein für die Kommission wie für das ganze Friedhof- und Bestattungswesen war die Zusammenlegung des Friedhofamtes mit der Stadtgärtnerei im Jahr 1994. Damit änderte auch die Unterstellung der Kommission, indem seit diesem Zeitpunkt nicht mehr der Vorsteher oder die Vorsteherin des (damaligen) Sanitätsdepartementes, sondern des Baudepartementes den Vorsitz der Kommission inne hatte. Dies führte dann dazu, dass im Jahr 1999 die Friedhofordnung aus dem Jahr 1980 durch eine neue Verordnung ersetzt wurde. Mit dem Erlass dieser Verordnung beschloss der Regierungsrat, von der jahrzehntelangen Tradition des Kommissionsvorsitzes durch die zuständige Departementsvorsteherin oder den zuständigen Departementsvorsteher abzuweichen und das Präsidium der jeweilgen Leiterin oder dem jeweiligen Leiter der Abteilung Stadtgärtnerei zu übertragen.

Ralph Stojan, Susanne Buder

Kunstraum unter freiem Himmel – Kunst auf dem Friedhof

In der Sonne blitzen Spiegel, steinerne Löwen lächeln in der Ferne, Wasserläufe sprudeln durch Kanäle und geheimnisvolle Zeichen ruhen im Gras: Betritt man das weitläufige Areal des Friedhofs Hörnli, trifft man auf vielfältigste Ausdrucksformen künstlerischen Gestaltungswillens. Und der Besucher findet sich mitten in einer reichen, öffentlichen Kunstsammlung, die zur Entdeckung einlädt.

Gegenüber anderen Orten in Basel zeichnet sich der Friedhof als aussergewöhnlicher, in sich geschlossener Raum aus. Die Ruhe, Ordnung und Würde, die hier angestrebt und spürbar sind, betten die Kunst in ein schützendes Umfeld ein. Durch die Jahrzehnte haben Künstlerinnen und Künstler zur Reichhaltigkeit und Dichte an Kunstwerken auf dem Friedhof beigetragen. Sie zeigen hier anschaulich, dass Kunst nicht nur eine besondere Umgebung braucht, sondern den Raum menschlicher Handlungen auch zu erzeugen und zu prägen vermag. In diesem Sinn bildet sich am Friedhof Hörnli eine innige Verbindung zwischen den Kunstwerken, der Gartengestaltung und der Architektur.

Anders als bei älteren Bestattungsstätten Basels sind auf dem Hörnli nicht nur Grabmäler verziert oder Altäre in den zugehörigen Kapellen ausgeschmückt. Vielmehr wird Kunst auch als eigenständiges Medium gefördert, gesucht und entwickelt. Erklären lässt sich diese aussergewöhnliche Entwicklung dadurch, dass die Friedhofsverantwortlichen seit der Gründung die Zusammenarbeit mit anderen Institutionen nutzten. Sowohl der Kunstkredit Basel-Stadt als auch das Baudepartement spielten dabei als begleitende Instanzen und zur Qualitätssicherung besondere Rollen. Im Vergleich mit dem übrigen Stadtraum lässt sich deshalb auf dem Friedhof Hörnli für die Schaffung von Kunst eine bemerkenswerte Konstanz und Kontinuität feststellen.

In Wettbewerben des Kunstkredits zum Friedhof Hörnli waren die Basler Kunstschaffenden aufgerufen, zur Bedeutung des Ortes und seiner besonderen Funktion passende, künstlerische Lösungen zu suchen. Entstanden ist dabei eine aussergewöhnliche Vielfalt von Medien. Sind es im Aussenraum Plastiken, Skulpturen und Wandmalereien, so begegnet man im Innenraum Gemälden, Mosaiken, Glasbildern und raumbezogenen Installationen. Beziehen sich die älteren Kunstwerke in ihrer Themenwahl und Darstellung auf die christliche Bildtradition, suchen jüngere Künstlerinnen und Künstler vermehrt andere Ausdrucksmittel und -formen in der Beschäftigung mit dem Tod.

Anfänge und erste Werke

Bereits in der Planungsphase der Anlage 1927 wurde durch die Architekten eine künstlerische Gesamtausstattung der Innenräume angeregt, die vorerst zu keinem Ergebnis führte. Seit 1930 wurden erneut Wettbewerbe ausgeschrieben, an denen sich die wichtigen zeitgenössischen Basler Künstler rege beteiligten. Die ersten ausgeführten Kunstwerke finden sich in oder nahe bei den zentral gelegenen Gebäuden. Das älteste Werk liegt im geometrischen Zentrum der Anlage. Louis Weber (Übersichtsplan Innenseite Umschlag hinten, Nr. 1) schuf 1931 als Brunnenrelief die «Frau im Todesschlaf» in Granit. Das klassische Bildthema der ruhenden Frauengestalt interpretiert er zeitgemäss in einer kubistisch beeinflussten Formgebung, die seine Meisterschaft als Bildhauer im Medium Stein hervorragend zeigt. Innerhalb der blockhaften Wandfläche wird die subtile Dreidimensionalität durch den Licht- und Schattenwurf des Sonnenverlaufs wunderbar hervorgehoben. Über der immer leicht bewegten Wasserfläche strahlt die Arbeit Entspannung und Geborgenheit aus.

Als einziges Mosaik findet sich nicht weit davon in der Aufbahrungsvorhalle die «Mutter mit totem Kind», das wenig später von Hans Haefliger (Nr. 2) geschaffen wurde. Von der Jury wurde der Künstler für seine konfessionsübergreifende Aussage gelobt. Er verbindet unterschiedliche christliche Bildtraditionen, wie Pietà, Mater dolorosa und thronende Madonna mit einer grundlegenden menschlichen Erfahrung von Verlust.

Bald danach wurde die Atmosphäre und Ausstrahlung der Innenräume der traditionalistisch monumentalisierenden Architektur wiederholt als bedrückend und stimmungslos beanstandet. Zum Ausgleich wurden in den Kapellen Wandgemälde von Ernst Baumann (Nr. 3), Hermann Meyer und Hans Stocker (Nr. 4) realisiert. Sie kreisen in gegenständlicher Ausführung um die Darstellung von Auferstehung und Erlösung. Basler Vertreter der künstlerischen Avantgarde wie Walter Bodmer und Walter Kurt Wiemken strebten in ihren Vorschlägen abstraktere Kompositionen und Raumgestaltungen an. Sie wurden – aus heutiger Sicht bedauerlicherweise – nicht berücksichtigt.

Dauer und Vergänglichkeit

Der Friedhof ist der Ort, an dem Vergänglichkeit Ursache aller Handlungen ist. Dem gegenüber beabsichtigen Kunstwerke die grössere Spanne an Dauer oder Existenz, die «Verewigung» einer Idee oder einer Darstellung. Dies soll auch durch die Materialwahl gesichert werden. Anders als in einem Museum oder einer privaten

Sammlung im Innenraum bauen Kunstwerke im Freien ab. Werkspuren verwittern durch Wind und Regen unter freiem Himmel, Organismen siedeln auf der Oberfläche und entziehen dem Werkverband Substanzen. Ausführungsmängel bei der Herstellung zeigen ihre Schadensbilder schneller als unter geschützten Klimakonditionen.

Die Bemühung einer wissenschaftlich fundierten Konservierungs- und Restaurierungstechnologie stellt sich dem Phänomen des Substanzverlustes entgegen. Exemplarisch lässt sich dies an der 1956 entstandenen Skulptur «Stehende weibliche Figur» von Carl Gutknecht (Nr. 5) nachvollziehen. Zwar entspricht die Wahl des Materials Kalkstein dem Anspruch an Dauerhaftigkeit, dessen Qualität steht dem aber entgegen. In mehreren grösseren Restaurierungen mussten Ausbrüche am Werk gesichert und ergänzt werden. Der Sockel wird inzwischen durch eine Stahlmanschette vor dem Auseinanderbrechen bewahrt. Dank dieser tief greifenden Massnahmen konnte die Figur, die im Zusammenspiel mit einem Wasserbecken ihre skulpturale Schönheit entfaltet, an ihrem ursprünglichen Standort erhalten werden.

Jüngeres Kunstschaffen mag tendenziell weniger den Anspruch auf Dauer und Beständigkeit in Inhalt, Form und Materialität haben. Die Vergänglichkeit des Werks kann sogar Teil der künstlerischen Aussage sein. Auch die Ansprüche der Nutzer und gewandelter Zeitgeschmack beschränken die Lebensdauer der bestehenden Kunst. In Kapelle 1 führte dies 1991 zum Austausch eines von christlicher Symbolik geprägten Kunstwerks durch eine universell verstehbare, frei assoziierbare Rauminstallation. Ziel der Umgestaltung war die Schaffung eines Abdankungsraumes ohne eindeutige religiöse Motivik. Jürg Stäuble (Nr. 6) gestaltete hier das zweiteilige Werk «Ohne Titel». Mittels Kunstlicht und Spiegeln wird durch die Kassetten einfallendes Tageslicht verstärkt und überlagert. So entstehen auf der Wandfläche Lichtfelder unterschiedlicher Helligkeit, Leuchtkraft und Intensität. Auf der schräg gegenüberliegenden Wand findet sich eine weite, scheinbar schwebende Schlinge. Ein farbig gefasstes Armierungseisen ist zu einem Oval gebogen. Diese Arbeit kann als Symbol für den Lebenszyklus gelesen werden. Sie eröffnet ein vibrierendes Spannungsfeld zwischen Innehalten und Aufbruch, Begrenzung und Weiterführung. Die Lichtinstallation strahlt – im wörtlichen Sinn – innere Ruhe und Hoffnung aus, indem die Wand als Träger aufgebrochen und entmaterialisiert wird. In der Kombination der beiden Werkteile gelingt dem Künstler die Schaffung eines subtilen und atmosphärisch dichten Raumerlebnisses.

Brunnen und Wasserspiele

Brunnen und Wasserstellen sind auf allen Friedhöfen funktionale Ausstattungsgegenstände für die Grabpflege und den Unterhalt bestehender Bepflanzung. Auf dem Hörnli werden sie auch immer wieder als Objekte künstlerischer Gestaltung verstanden. An dieser Schnittstelle zur angewandten Kunst werden vor allem in den 50er-Jahren Aufträge sowohl an Bildhauer als auch Steinmetze vergeben, die einen materiell und in den Abmessungen einheitlichen Rohling an den Frontflächen verzierten. Wasser wird in diesen Jahrzehnten in Becken und Trögen «gefangen» und als stehende Wasserfläche nutzbar gemacht. Der Stein wird, neben seiner Funktion als Becken, als Bildträger verstanden oder wird zum Bildträger. Die Tief- und Hochreliefs der ersten Brunnentröge greifen drei Kategorien auf: Einen antikisierenden Bezug schafft Rudolf Schmid (Nr. 7) mit seiner «Flötenspielerin». Christliche Sinnbilder werden von Heinz Marco Fiorese (Nr. 8), Willy Hege (Nr. 9) und Christel Hettinger

(Nr. 10) mit Symbolen der Evangelisten oder der Darstellung von Posaunenbläsern des Jüngsten Gerichtes verwendet. Eine Allegorie des Werdens und Vergehens wird von Hans Geissberger (Nr. 11), Peter Moilliet (Nr. 12) und Alfred Wymann (Nr. 13) durch die Darstellung einer ruhenden weiblichen Figur angesprochen.

Einen Übergang von einer gegenständlichen Bildsprache zu einer Abstraktion der Mittel stellt der Brunnen von Benedict Remund (Nr. 14) «La vie et la mort» von 1956 dar. Er steht als sechseckiger Block, aus nur zwei Werkstücken gefügt, mittig im alten Urnenhof. Die sechs Aussenflächen sind eher als leicht erhabene Zeichnung denn als Relief gestaltet. In einer für den Künstler typischen Stilisierung thematisieren eine Pflanze, ein Vogel und ein Gesicht mit Hand den Übergang vom Leben zum Tod und die Verheissung der Auferstehung. Durch eine gelungene Zusammenstellung des Brunnens als Objekt, der Bepflanzung und der umschliessenden Architektur entsteht ein stimmiges Ensemble. Es bildet einen würdevollen Ort für die Urnenaufbewahrung.

Seit den 80er-Jahren wird sowohl die geometrische Beschaffenheit des Brunnenkörpers als auch das Wasser als gestaltendes Element im Entwurf behandelt und interpretiert. Ein Sprudeln, Fliessen, Laufen, Tropfen und sogar Versickern des Wassers wird Teil der Gestaltung der Wasserstellen. Der geformte Lauf wird in Rinnen, Kanälen und Wasserspeiern unterschiedlichster Formgebung Teil der Brunnen. Die Gestalt des umgebenden Steines ermöglicht diese Bewegung oder setzt sich ihr als blockhafte Form entgegen. Dies spiegelt sich auch in den gewählten Titeln der Arbeiten: «Wasserspiegel» von Stephan Gut (Nr. 15), «Niagara» von Renato Rossi (Nr. 16) und «Bassin de Vichy» von Tobias Sauter (Nr. 17).

Monument und räumliche Setzung

An einzelnen, prominenten Stellen und Plätzen innerhalb der Gesamtanlage des Friedhofs Hörnli finden sich grossformatige und ausstrahlungsstarke Kunstwerke. So platzierte Peter Moilliet (Nr. 18) 1966 im Zentrum des Kapellenplatzes «Die vier Evangelistensymbole». Ein massiver, rechteckiger Block aus Kalkstein wird von den vier Repräsentanten der Evangelisten an den Ecken getragen: ein lächelnder Löwe für Markus, ein Adler für Matthäus, ein orientalisch wirkender Stier für Lukas und ein Engel für Johannes. Aus der Distanz erscheint die 74 Tonnen schwere Komposition wie eine überdimensionierte Opferstelle, ein gewaltiger Sarkophag oder ein monumentaler Altartisch. Die Skulptur bezieht sich damit in vergrösserter Gestaltungsweise auf Kultgegenstände der älteren, abendländischen Geschichte. Bei näherer Betrachtung zeigen sich die vier Zeichen Kreuz, Fisch, Reichsapfel und Rad als Flachreliefs auf den Flächen des Blockes. Sie vertiefen die im Gesamten angelegte christliche Symbolik, die in der Wiederholung der Zahl Vier auf die vollkommene Welt verweist. Gegenüber anderen Bildhauern, die sich nach 1945 der Abstraktion widmen, bleibt Moilliet in seinem Werk einer Bearbeitung der Gegenständlichkeit treu. Die Reduktion von Einzelheiten dient ihm dabei zur Steigerung der plastischen Wirkung, eine für ihn typische, gerundete Formgebung führt zur Wucht und Einheit des Volumens. Dank dieser künstlerischen Haltung kann sich die Skulptur am repräsentativ gemeinten Ort mit seiner dominierenden Architektur und Platzanlage behaupten.

Etwas weiter hangaufwärts am südlichen Ende des Friedhofs liegt die 1987 realisierte Urnenanlage mit dem Titel «Offener Raum» 1987 von Ludwig Stocker (Nr. 19). In Zusammenarbeit mit dem Architekten Marc-Olivier Mathez entstand ein vieldimensionales und materialreiches Zusammenspiel. Eine zentral platzierte, vertikal orientierte Skulptur als Art von Raumgitter, die funktionale Architektur von Urnenwänden und eine Wegführung werden durch Wasserspiele miteinander verbunden. Die Komposition gründet auf einem individuellen künstlerischen Verständnis des Universums. Es bildet sich aus einem eigens entwickelten Proportionssystem unter Einbringung unterschiedlicher Kulturkreise und Philosophien. Die begehbare Grossskulptur sucht sich als komplexes Ensemble harmonisch in die Umgebung der Waldlichtung einzubinden und formt einen Stimmungsraum.

Landschaftskunst und ortsspezifische Interventionen

Nicht weit davon entdeckt man zwischen Bänken und Bäumen auf einer Wegkreuzung ein weiss schimmerndes Gebilde. Es scheint ein Modell für ein schmales, lang gestrecktes Gebäude mit einem steilen Dach und Öffnungen unterschiedlicher Grösse zu sein. Ist diese Arbeit aus einem Werkstein gehauen oder aus einzelnen Teilen zusammengesetzt? Erst bei genauerer Betrachtung erkennt man die sehr hellen, dicht gefügten Marmortafeln, Material und Bauweise, wie sie auf italienischen Friedhöfen für Totenhäuser und Grabmäler angewendet werden. Diese Materialität und das Verhältnis von Massstab und Modellhaftigkeit tragen zur Verunsicherung und zur Mehrdeutigkeit des Werkes bei. Auf diese Weise pendelt das von Peter Staiger (Nr. 20) 1996 geschaffene Haus zwischen Architektur und Skulptur, zwischen Gebautem und Geformtem. Auf dem Feld der Kindergräber hat der Künstler damit der schwierigen und emotional aufgeladenen Aufgabe der Trauer um den Verlust von jungem Leben Gestalt gegeben. Das Haus aus Marmor ist einerseits zu klein, um betreten zu werden, um heimzukehren oder sich zu Hause fühlen zu können. Andererseits ist es zu gross, um nur Puppenstube zu sein, in der das Leben nachgespielt wird. Das Haus zu beleben, ist ein offenes Angebot an die Hinterbliebenen: Kerzen und Blumen können abgelegt werden. In Gedanken lassen sich der leere «Dachboden» füllen und persönliche Erinnerungen stellvertretend darin aufbewahren.

Wie das Zentrum eines Koordinatensystems liegt im oberen Drittel des Friedhofes die Arbeit «Zeichen II», die Bruno Leus (Nr. 21) 1986 schuf. Hier kreuzt sich die zentrale Erschliessungsachse mit einem Weg, der parallel zum Hang geführt ist. In einem schmalen Feld liegen – bündig mit dem umgebenden Rasen – längliche Steinplatten aus Granit mit feiner Rillung. Auf den ersten Blick könnte man sie für Tritte zur sicheren Überquerung der Fläche halten, wäre gegenüber nicht eine Mauer ohne Treppe. Es könnten auch Reste von Grabsteinen sein, die schon von Flechten überwachsen und langsam in den Boden versunken sind. Erst von weiter oben betrachtet, erkennt man die geometrische Anordnung eines zentralen Andreaskreuzes, eingemittet zwischen zwei Streifen oder Strichen. Aus dem Plan des Friedhofs lässt sich entnehmen, dass sich hier ein Gemeinschaftsgrab befindet. Damit können die Steinstreifen als Erinnerungsträger und Markierung des Ortes und seiner Funktion begriffen werden. Sie berühren in zurückhaltender Weise die christliche Bildsprache ohne jedoch andere Deutungen auszuschliessen. Liest man das Zeichen typografisch – als X zwischen zwei Gedankenstrichen – ist es als Annäherung an das Unbekannte zu deuten. Damit mag die von den Verstorbenen gewünschte Anonymisierung innerhalb der Grabstätte Berücksichtigung finden.

Die jüngste Zufügung innerhalb der Sammlung des Friedhofs ist eine künstlerische Intervention von 2001. Sie entstand im Zusammenhang mit dem Umbau und der Erweiterung eines Urnenfeldes. Der zugrunde liegende Wettbewerb wurde erstmals gesamtschweizerisch ausgeschrieben, um der überregionalen Bedeutung des Friedhofs Hörnli gerecht zu werden. Gesucht wurde eine intensive Verschränkung zwischen Landschaft, Architektur und Kunst. Das ausgewählte Werk «Rückspiegel» und «Pfützen» der Künstlerin Barbara Mühlefluh (Nr. 22 und 23) erscheint auf den ersten Blick unspektakulär und still. Beide Teile zeichnen sich durch die Verwendung alltäglicher, ja fast banaler Komponenten und Materialien aus. Durch ihre Kombination und Anordnung entwickelt sich eine eigenständige Poesie und vielschichtige Bedeutungstiefe. Da das Gelände im oberen Teil des Friedhofes stark ansteigt, wurden für die Wegführung und Entwässerung auf drei Ebenen neue Stützmauern aus Beton ausgeführt. In Ausschnitten dieser Mauern sind quadratische und längsrechteckige Spiegelgläser bündig eingelassen. Weil die Scheiben in unterschiedlichsten Höhen montiert sind, sieht der Besucher, der sich über die Wege und Rampen bewegt, kleinformatige Reflexionen der Umgebung und Ausschnitte seiner selbst/seiner Person aufblitzen. Wie in einem Kaleidoskop verschieben sich die Bruchstücke oder Fragmente der abgebildeten Realität ineinander. Die Künstlerin sieht darin ein «Instrument zur Auseinandersetzung mit sich selbst», das bei der Trauer- und Erinnerungsarbeit unterstützen soll.

Ganz oben am Hang erreicht man eine Aussichtsterrasse. Lose verteilt darauf liegen fünf kreisrunde flache Wasserflächen als «Streupfützen». Auch hier wird das Alltägliche unaufdringlich verdichtet und in diesem Fall das von den Architekten gewählte Material – Beton und Schotter – aufgegriffen, weiter verwendet und umgedeutet. Grossformatige, industriell gefertigte Betonröhren sind im Bodenbelag versenkt. Durch die Zufügung von wenig Wasser entstehen zum einen räumliche Vertiefungen innerhalb der Platzfläche, zum anderen bilden sich spiegelnde Flächen, in denen – ähnlich wie bei den Rückspiegeln – Bestandteile der Realität wiedergegeben werden. Nicht nur im Blick nach unten setzt sich die Landschaft im Himmel gleichsam fort. Auch im Ausblick über ganz Basel und das Umland erweitern sich die inneren und äusseren Horizonte.

Bildserie 2

Hans A. Jenny

«Keebi», «Läppli», «Blasius» – Gräber von Basler Originalen

Felix Burckhardt-Schmid

Als Advokat und Dichter führte er ein baslerischwitziges Doppelleben. Seine Verse gehören zum klassischen Bestand rheinstädtischer Poesie, seine Reimkunst ist auch heute noch Vorbild für gediegene Dialektsprache, für Satire und Ironie.

Einen Poeten soll man in seinen Gedichten würdigen: Im «Till vo Basel» präsentierte «Blasius» seine träfe Antwort auf die Frage «Was isch e Basler?»:

>«Haiss aine Zäsli, Meier oder Vischer,
>me frogt halt z Basel zerscht emool: Was isch er?
>Wo kunnt er här? Und isch jetzt au sy Bappe
>dä vo der Sandoz oder vo der Schappe?
>Wo schafft är sälber? Waiss er, dass me spart
>und dass me s Gält noo gueter Basler Art
>uffs Biechli duet, wils däwäg Zinse trait,
>und s nit verklepft by jeder Glägehait?
>Het er e Frau? Und ischs, wenn aini doo isch,
>au ebbis Rächts, wo gfrait und comme il faut isch?
>Und noo der Arbet? Het er ix e Hobby?
>Isch er e gscheite Siech, e glatte Bobbi,
>e Doochten oder gar e Kimmispalter?
>Dänkt er z modärn? Läbt er im Mittelalter?
>Und isch er sänkrächt oder fräch und lusch?
>E Sirpfli, allewyle nooch am Rusch?
>Politisch suuber oder ain vo däne,
>won ihri Aktie hännim Oschten äne?
>Goht er in d Kirche oder meh in d Baiz?
>So frogt me z'Basel. Und wärs weiss, dä saits!»

Der spätere Dr. iur. und Dr. med. h.c Felix Burckhardt-Schmid kam 1906 zur Welt. 1992 starb er im Alter von 87 Jahren und wurde auf dem «Hörnli» begraben.

1986 erschienen seine gesammelten Verse aus 50 Jahren, illustriert von Irène Zurkinden, mit einem Vorwort von Rudolf Suter: «Blasius stellt die Unvollkommenheiten dieser Welt und die Unzulänglichkeiten Basels in das Licht einer lächelnden Ironie und eines feinen Humors. Auch dort, wo er zuweilen satirisch oder gar sarkastisch wird, verletzt er nie. Sein lyrisches Empfinden kommt immer wieder zum Zug, aber mit spezifisch baslerischer Zurückhaltung, mit der Scheu vor dem «Seeleblittle». Dank all diesen positiven Eigenschaften wirken die Gedichte leicht und mühelos: ihren ganzen lautlich-rhythmischen Reichtum erschliessen sie, wenn man sie laut liest.»

Felix Burckhardt führte eine erfolgreiche eigene Anwalts- und Notarpraxis, war Sekretär der Medizinischen Gesellschaft Basel, Mitgründer der Regionalen Krebsliga beider Basel und während Jahrzehnten Generalsekretär der Schweizerischen Krebsliga. Seiner Vaterstadt diente er ausserdem als Mitglied der Theaterkommission, als Vorgesetzter der Akademischen Zunft, in der Allgemeinen Lesegesellschaft, in der Hebel-Stiftung und im Schnitzelbank-Comité. 1974 ernannte ihn die Medizinische Fakultät der Uni Basel zum Ehrendoktor.

Als «Blasius» debütierte der ebenso prominente wie bescheidene Basler 1949 mit «Vorwiegend heiter», gefolgt von der «Kleinen Stadtmusik» (1951) und dem legendären, zum geflügelten Wort promovierten «Soll i oder soll i nit?» (1954). Ebenso populär wurde der Titel «Verzell du das em Fährimaa!» (1955). Seinen Ruf als Stadtpoet untermauerte Blasius mit «Spritzfährtli», «I bin e Bebbi» und «Haimlifaiss». Als Fasnachts-Zeedeldichter und als brillanter Tischredner bei den Rektoratsessen der Akademischen Zunft rundete Felix Burckhardt seine Meisterschaft auf dem lokalen Pegasus.

> Herrlich, wie er «my Stadt» besingt:
> «Wyti Blätz und stilli Egge,
> Dürm und Muure, brait und grooss,
> Hyser, wo sich fascht verstegge,
> Dalbeloch und Freii Strooss,
> halb Seldwyla und dernääbe
> au e Groossstadt, wo sich streggt,
> bald verschloofe, bald voll Lääbe,
> wenn der Moorgestraich si weggt,
> O du Gmisch us häll und dunggel,
> Späärerle und Toleranz,

> Winterpflotsch und Sunnegfunggel,
> Schnitzelbangg und Dootetanz!
> I bi doch in dyne Muure
> mit der Aarbed, mit de Draim,
> mit de Fraide, mit em Druure
> fir e Lääbe lang dehaim ...»

Auch der Abschied von einem Dichter muss poetisch bleiben – so, wie in Blasius' «Schloofliedli», einer Variante von Richard Beer-Hoffmanns «Myriam»:

> «Schlooff, my Bueb, schlooff yy,
> s isch e Daag verbyy.
> Viel hesch doo: di luschtig gmacht,
> gschafft und gspiilt und gluegt und glacht,
> Mied wirsch jetze syy.
> Schloof, my Bueb, schloof yy.»

Jacob Burckhardt

Er hat für Generationen ein neues Kulturverständnis geprägt und gültige, gelehrte und doch allgemeinverständliche Kunstgeschichte geschrieben. Der bescheidene Wissenschafter war auch ein typisches Basler Original. Er ziert heute unsere Tausendernote.

Jacob Burckhardt (1818–1897), der grosse Basler Kunsthistoriker, hat einen seiner internationalen Berühmtheit entsprechenden Gedenkplatz auf dem «Hörnli» – im kleinen Hof hinter den Abdankungshallen steht sein Epitaph gewissermassen als Solo-Denkmal. Der «Keebi», wie man ihn zu Lebzeiten in Altbasler Kreisen nannte, ist monetär der ranghöchste Schweizer: Sein Porträt ziert unsere Tausendernote. Er studierte in Basel, Berlin, Bonn, Neuenburg und Paris, beleuchtete dann mit seiner ersten Publikation «Die Zeit Konstantin des Grossen» und bot mit dem legendären «Cicerone» ein Gesamtbild der italienischen Kunst. Als Frucht seiner Berufung an das Zürcher Polytechnikum präsentierte Burckhardt sein berühmtes Hauptwerk über «Die Kultur der Renaissance in Italien». Damit öffnete er weiten Kreisen ein tieferes Verständnis für die Schätze unserer südlichen Nachbarn.

Zwischen 1844 und 1887 vermittelte Jacob Burckhardt einem breiten Basler Publikum mit regelmässigen öffentlichen Vorträgen Freude, Interesse und Wissen an kulturgeschichtlichen Zusammenhängen. Diese beliebten Lesungen umfassten die verschiedensten Themata: Homer, griechische Kochkunst, Schiller, Rembrandt, Napoleon, Pythagoras, van Dyck, Madame de Sévigné, die Genfer Escalade von 1602, die Münster von Freiburg und Strassburg, Rabelais, Ovid, Shakespeare, Ludwig XI. – eine bunte Vielfalt von faszinierenden Referaten, die ein intensives Interesse nicht nur in akademischen Kreisen, sondern vor allem auch im «Volk» fanden. Burckhardts visionäre, in zahlreiche Sprachen übersetzten «Weltgeschichtlichen Betrachtungen» sind gewissermassen ein prophetisches Kultbuch geworden. Dass der Verfasser der vierbändigen «Griechischen Kulturgeschichte» ausserdem ein origineller, liebenswürdiger und bescheidener Bürger war, erleichtert den Zugang zu ihm und seinem Schaffen: Eines Tages wurde er von der Basler Regierung gebeten, sich doch zu einer bestimmten Stunde bei einem Fotografen einzufinden. Pünktlich erschien der einfach gekleidete Gelehrte im Atelier, wurde aber unerkannt schroff abgewiesen: Man erwarte jetzt einen weltberühmten Mann und habe leider keine Zeit! «Denn kumm y halt e-n-ander mool!» meinte Burckhardt, lüpfte höflich sein Basler Hütchen und verschwand ...

Einmal sass er in der Halle eines Stuttgarter Hotels, als er hinter sich zwei Schwaben gar schrecklich über die Schweiz lästern hörte. Nach einer Viertelstunde wurde es Burckhardt zu bunt, und er stand auf, um sich für sein Vaterland zu wehren. Dann aber fiel ihm auf, dass die beiden Schimpfer ihre negativen helvetischen Erfahrungen ausschliesslich auf Zürich bezogen – und er setzte sich wieder ruhig hin. Bei seinen Vorlesungen über die Blütezeit des Mittelalters sassen auf den vorderen Bankreihen Damen, die immerzu wollene Jacken strickten. Burckhardt wurde diese weibliche Emsigkeit nachgerade lästig und er erwähnte einmal beziehungsgerecht jene Königin Bertha, die sogar auf dem Pferd reitend gesponnen habe. Von da an blieben die «Striggete» verschwunden. Triumphierend sagte «Keebi» zu seinem Vetter, dem Rektor Fritz Burckhardt: «Dene ha-n-is jetzt aber vertriebe!» Jacob Burckhardt hatte bereits drei wissenschaftliche Werke veröffentlicht, als er zu Weihnachten 1853 anonym seine sehr persönlichen Liebesgedichte «E Hämpfeli Lieder» publizierte. Mit diesen zartpoetischen Versen des damals 35-Jährigen an das 19-jährige «Gritli» bewies schon der junge Gelehrte getreu seiner Devise «Das Versemachen ist doch mein letzter Trost, wenn alle Stränge reissen», dass er auch als Dichter zu bestehen vermochte. Wie zeitlos baslerisch-klassisch tönt doch sein feuriges Liebesgeständnis «Nyt Eiges meh»:

> «Was wie-n-e Flamme-n-uf mym Scheitel rueht –
> Du bisch die Glueth!
> Was wie-n-e helli Wulke-n-um mi wallt –
> Du bisch die Gwalt!
> Und s'Morgeroth schynt dur e Rosehag –
> Du bisch der Tag!
> Und d'Stärne glänze-n-in der hellste Pracht –
> Und Du bisch d'Nacht!
> Es ghört mer weder Dänke, Gseh no Thue
> Meh aige zue –
> Wär het mi au mit Allem, was i bi
> Verschänkt an Di?»

«Keebi» war nicht nur der Stadt, sondern auch der Basler Regio verbunden: Regelmässig spazierte er zum Beispiel nach Grenzach, um dort seinen Nachmittagstrunk zu geniessen.
Jacob Burckhardt starb am 8. August 1897 im Lehnstuhl in seiner Gelehrtenstube in Basel im Glauben an eine Unvergänglichkeit und als «treuer Hüter der Flamme des Humanen».

Alfred Rasser

Er beherrschte über Jahrzehnte die Schweizer Cabaret-Szene. Sein «HD-Soldat Läppli» war eine legendäre Figur von zeitloser Gültigkeit. In Dutzenden von Filmen ist er noch heute beim Publikum beliebt. Jetzt ruht Alfred Rasser im Ehrenhof des «Hörnli»-Friedhofs.

Rassers Vater war Elsässer, seine Mutter Badenserin; sie trafen sich und wohnten in Basel als eine Art Regio en miniature. Alfred Rasser kam am 29. Mai 1907 im Frauenspital zur Welt. Während des Ersten Weltkrieges stand auf dem Nachttisch von Berta Rasser ein Hindenburg-Bild, auf jenem von Emil Rasser das Konterfei des Marschalls Joffre ...

An der Gotthelfstrasse 99 fanden im Schopf des Hinterhauses die ersten Vorstellungen von Alfred Rasser statt. Er imitierte einen Pfarrer und schuf die Rolle des «Seppli», aus dem dann später der «Läppli» wurde. Zu Monatslöhnen zwischen 30 und 50 Franken war Rasser von 1922 bis 1925 kaufmännischer Lehrling bei Jacky Maeder. Ab Herbst 1928 besuchte er die Schauspielschule von Oskar Wälterlin, zusammen mit den späteren Radiomitarbeitern Hans Häser, Helli Stehle und Otto Lehmann – einmal sogar an der Seite des Weltstars Alexander Moissi!

Obwohl vom BIGA im März 1934 als Charakterdarsteller behördlich anerkannt, führte der «Berufskomiker» vorerst noch ein Malergeschäft, bis dann im September 1935 Rasser als «Läppli» beim Cabaret «Resslirytti» im «Gambrinus» debütierte. Die «National-Zeitung» jubelte: «Man muss A. R. gesehen haben, um den Saal zu begreifen, der sich vor Biegen und Lachen nicht mehr fassen wollte!» Beim «Cornichon» im Zürcher «Hirschen» und auch bei der Berner «Bärentatze» hatte noch im gleichen Herbst das Musical «Hupa-Haua» Premiere. Rasser spielte und sang den Oskar Sirisan, einen Super-Basler aus dem «Daig». Bei der Berner «Bärentatze» lernte Rasser Rolf Liebermann, Elsie Attenhofer, Margrit Rainer, Voli Geiler, Zarli Carigiet und Emil Hegetschwiler kennen. Es entstanden bald auch Filme mit namhaften Rasser-Rollen: «Die missbrauchten Liebesbriefe», «Das Gespensterhaus», «Dr Wyberfind»; später «Palace Hotel», «Ueli der Knecht», «Ueli der Pächter».

Ab 1943 blühte das typisch baslerische Cabaret «Kaktus» mit zwölf Inszenierungen. Am Silvesterabend 1943 stand der «HD-Soldat Läppli» zum ersten Mal «abendfüllend» auf der Küchlin-Variété-Bühne. Aus Jaroslav Haseks «Abenteuer des braven Soldaten Schwejk» hatte Rasser ein in Mentalität und Kolorit, in Namen und Situationen brillant «verschweizertes», aktuell politisierendes Lustspiel komponiert. Die ganze Schweiz schmunzelte ob Läpplis langfädigem Trick, wie er sich seine Gewehrnummer merkte: «Uff em Bahnhof in Brugg isch emol uff em sächzähnte Gleis e Lokomotiv gschtande mit der Nummere 4268 ...»

In der 261. «Läppli»-Vorstellung lachte eine junge Frau so herzhaft, dass sie viel früher als erwartet einem gesunden Knaben das Leben, die Vornamen Alfred Theophil – und Rasser dazu als Götti schenkte. Auf der Welle des so erfolgreichen HD-Soldaten ritt ab Herbst 1947 der «Demokrat Läppli», gefolgt vom «Weltbürger Läppli» (Ende 1949) und vom «Millionär Läppli» (1958).

Beliebt waren auch Rassers Einmann-Programme. 1952 im Zürcher «Embassy» fing es an: «Wisse Sie's Neyscht?», «Alma Kater», «Schwindelfrei», «Stop Schwyz», «Wo Zwerge sich erheben», «Zuvielcourage», «National oder Rot», «Lache Bajazzo» setzten diese Traditionslinie fort. Im Herbst 1954 reiste Rasser mit der «Vereinigung Kultur und Volk» nach China. Mit dieser «Wallfahrt» (wie seine Gegner meinten) respektive «Untersuchung über Freiheit und Unfreiheit» (wie Rasser es sah) setzte sich der Zeitkritiker selbst der Kritik aus.

Im Oktober 1967 liess sich A. R. in den Nationalrat wählen. Seine parlamentarische Jungfernrede am 24. September 1968 lobte die Presse als «formal brillant». In alter Frische stürzte sich der Kabarettist Rasser dann ein Jahr später auf das eben erschienene amtliche Zivilverteidigungsbuch. Als «Zivilverteidiger Läppli» nahm er all die Vorschriften, Anregungen und Hinweise dieser politisch-moralischen Aufrüstungsbroschüre so stur todernst, dass einmal mehr sein versöhntes Publikum über diese gelungene «Läppli»- Renaissance lachte.

Durch seinen Tod am 17. August 1976 verlor die Schweiz nicht nur ein facettenreich schillerndes Original, sondern auch einen ebenso couragierten wie empfindsamen Menschen. Alfred Rasser war mehr als eine kabarettistische Koryphäe, mehr als ein populärer Schauspieler. Sein Wirken als personifizierte Theater-Institution, als Katalysator helvetischer Persiflage, ist Kulturgeschichte geworden.

Auf seinem Grab im «Hörnli»-Ehrenhof heisst es geheimnisvoll-tröstlich: «Ueberquere nun den Strom der Qual Du Tor – Nicht ist es an der Zeit zu schlafen».

Peter Galler, Christoph Stutz

Geliebt und unvergessen – Die Sammlung Friedhof Hörnli

Dank privater Initiative beherbergt der Friedhof am Hörnli eine in der Schweiz einzigartige Sammlung sepulkraler Objekte. Sie repräsentieren ein Spezialgebiet der Volkskultur und erinnern an oft bereits vergessene Trauer- und Bestattungsriten.

Um es vorwegzunehmen: Die im Juni 1995 eröffnete «Sammlung Friedhof Hörnli» ist eine Sammlung der besonderen Art. Was sie beinhaltet, kann so aufwühlende wie tröstliche Gedanken auslösen, denn es geht buchstäblich um Leben und Tod. Im Leben können wir uns Gedanken über den Tod machen. Ob dies auch möglich sein wird, wenn wir gestorben sind? Wir wissen es nicht. Was wir mit Sicherheit wissen, unser irdisches Leben wird enden. Heute sind wir noch «Hinterbliebene», morgen schon können wir «im Tod Vorangegangene» sein. Die Sammlung ist also nicht allein von volkskundlichem Interesse, sondern auch ein Ort der Reflexion über das eigene Leben und eine Stätte der Erinnerung an die Toten. Die Ausstellungsobjekte erzählen letztlich von Lebenden wie von Toten – was oft auf Grabsteinen eingemeisselt nachzulesen ist: «Teure Mutter – Auf Wiedersehen» oder «Geliebt und unvergessen». Bilder und Worte erzählen von Menschen, die alt oder jung gestorben sind, die vermögend waren oder arm.

Vom Räumen zum Sammeln

So besonders die Sammlung, so erstaunlich ihre Entstehungsgeschichte. Sie begann Anfang der 60er-Jahre, als ein junger Friedhofsgärtner aufgefordert wurde, die Keller der zentralen Friedhofsanlage auf dem Hörnli zu räumen. Hier lagerten viele Urnen aus den Gottesäckern Horburg und Kannenfeld, die nach der Eröffnung des Friedhofs am Hörnli 1932 aufgehoben worden waren und nun entsorgt werden sollten. Peter Galler tat, wie ihm geheissen und fand dabei Modelle, die er nicht wegwerfen mochte. Sie repräsentierten für ihn schöne Handwerkskunst, und die sollte nicht zerstört, sondern vielmehr aufbewahrt werden. Er legte sie zur Seite, und dies war, ohne dass Galler dies damals ahnte, der Grundstock zu einer umfangreichen Sammlung sepulkraler Objekte, die heute internationalen Ruf geniesst.

Die Sammlung ist der Begeisterung von Peter Galler zu verdanken, seiner Intuition auch, dieses selbst von Volkskundemuseen eher vernachlässigte Gebiet der Volkskultur zu pflegen und vor dem Vergessen zu bewahren. Er finanzierte die Sammlung während über 30 Jahren allein, widmete ihr seine Freizeit. Ein alter Geräteschuppen wurde erstes Sammlungslager für die Urnen und weitere Grabgegenstände. Als die Sammlung um alte

Pferdeleichenwagen, Bahren, Särge, Grabkreuze und -steine bereichert wurde, galt es in anderen Räumlichkeiten zu improvisieren. Jahrzehnte gingen ins Land, bis ein erstes «Museumsprojekt» realisiert werden konnte.

Seitens der Stadt ist Gallers Sammlung zwar stets mit mehr oder weniger Wohlwollen betrachtet worden, finanzielle Unterstützung allerdings mochte sie nicht leisten. Erst 1994 war die Zeit für mehr Aufmerksamkeit reif und die Begegnung Gallers mit dem damaligen Vorsteher des baselstädtischen Baudepartements, Regierungsrat Christoph Stutz, brachte die Sache ins Rollen. Der Verein «Sammlung Friedhof Hörnli» wurde gegründet und seit Sommer 1995 kann die vielfältige und informative Sammlung im alten, umgebauten Krematorium besichtigt werden.

Für Reich und Arm

«Was ist das für ein Ding: Einer, der's sieht, begehrt es nicht, und der, der's macht bedarf ihm nicht, und der's bedarf und braucht – der weiss es nicht?»

Die Antwort auf die alte Rätselfrage, die dem Besucher in der Ausstellung gestellt wird, kennen wir wohl alle: Es ist der Sarg. In ihn gebettet wird unser Körper dem Feuer oder der Erde übergeben. Wer die Antwort nicht kennen sollte: sie steht auch da, kann besichtigt werden. Es ist ein schlichtes Modell aus Tannenholz, das sich sowohl für die Kremation wie für die Erdbestattung eignet. Es ist übrigens der sogenannte Staatssarg, mit dem sich der Kanton Basel-Stadt seinen Einwohnerinnen und Einwohnern gegenüber als grosszügig erweist, für sie ist er, ob arm oder reich, gratis.

Särge sind unter verschiedenen Bezeichnungen seit Jahrtausenden belegt; Baumsärge und Sarkophage sind nur zwei Belege dafür. Die Beispiele der Basler Sammlungs-Exponate zeigen einige Konstruktionsvarianten und Bauarten: luxuriös ausgestattete Metallsärge aus den Vereinigten Staaten, ein geflochtener Weidenkorb, der als Transportsarg diente, oder ein mit Zollsiegeln versehener Teakholzsarg, in dem eine Leiche aus Guatemala nach Basel transportiert wurde. Den Möglichkeiten punkto Materialwahl sind aus Gründen des Umweltschutzes inzwischen Grenzen gesetzt. Metallsärge sind auf dem Hörnli verboten, ebenso Holzsärge aus Kastanien- oder Teakholz.

Wie der Anblick eines Sarges löst auch ein vorbeifahrender Leichenwagen bei manchen Menschen unangenehme Empfindungen aus; beide werden als Hinweise auf das Unausweichliche wahrgenommen. Zur Vielzahl der Objekte, welche die Sammlung Friedhof Hörnli besitzt, gehören denn auch Leichenwagen. Darunter befindet sich auch ein veritabler Basler Leichenwagen, dessen Geschichte Galler nachgegangen ist. Der Wagen war 1868 von der Basler Gottesackerkommission in Auftrag gegeben worden. 1925 wurde er an die Gemeinde Birsfelden verkauft, die ihn 1950 nach Arboldswil veräusserte, wo er 1980 zum letzten Mal eingesetzt wurde. Nun veranschaulicht er, nebst weiteren kunstvoll ausgestatteten Gefährten, nicht nur die handwerkliche Fertigkeit, mit der Leichenwagen im Laufe der Zeit gestaltet wurden, sondern auch die Geschichte des Leichentransportes. Zudem lassen die verschiedenen Fahrgestellkonstruktionen auch die allgemeine Entwicklung des Transportwesens vor der Motorisierung erkennen.

Vielfältiger Grabschmuck

Der Gedanke an eine Feuerbestattung war dem christlichen Denken lange fremd und änderte sich erst mit der Industrialisierung. Nach jahrzehntelangen Diskussionen wurde in Zürich 1889 das erste Krematorium der Schweiz in Betrieb genommen, Basel folgte 1898, wo auf dem Horburggottesacker die erste Kremation durchgeführt wurde. Mit der Möglichkeit der Feuerbestattung war auch der Bedarf nach Urnen geschaffen, von denen die Sammlung über 150 Exponate besitzt. Klar für einen spezifischen Zweck geschaffen, dokumentieren sie vorherrschende Vorlieben für Materialien und Formen. Schönes Handwerk lässt sich nach wie vor ausmachen, doch kunstvoll verarbeitete Materialien wie Kupfer, Zink und Messingblech oder wie Ton, der nach antiken Vorbildern zu Vasen, Pokalen und Bechern geformt wurde, weichen mittlerweile Metallblech oder Kunststoffboxen.

Die Sammlungsinitiative Gallers hatte zur Folge, dass auf dem Hörnli beim Aufheben von Gräbern achtsamer mit Grabschmuck und -inhalt umgegangen wurde, und es sprach sich herum, dass er sich für alles interessierte, was mit Grabkultur zusammenhing. Der spätere Grabmachermeister wurde mit der Zeit schweizweit auf Objekte für seine Sammlung aufmerksam gemacht. Oft waren sie gross und gewichtig wie die Pferdeleichenwagen und -schlitten, die Bahren, oder die Grabkreuze aus Holz und Eisen. Sie mussten begutachtet, nach Basel transportiert und meist auch repariert und restauriert werden.

Zur Sammlung gehören kleine und grosse, schwere und filigrane Objekte. Es gibt meisterlich geschmiedete Grabkreuze, die im Laufe des 18. Jahrhunderts Verbreitung fanden, wie zum Beispiel ein Liliengrabkreuz mit Vergoldungen und Symbolen: einen Totenschädel, darüber ein Inschriftkästchen mit Votivbild, das eine Engelsgestalt und eine kniende Frau zeigt. Ist sie die Frau, die anno 1776, 84-jährig, beerdigt wurde? Grabkreuze dokumentieren denn nicht nur eine Handwerkskunst, sondern geben auch einige wenige Informationen über die Verstorbenen. Eine Votivtafel aus dem Jahr 1807 erzählt eine ganz andere Geschichte: «Liebes Kindlein, Engeln gleich, lebst du fort im Himmelreich.» Das Kind hatte nur wenige Monate gelebt, doch seiner gedenkt auch nach 200 Jahren noch, wer die Worte liest. Andere Exponate lassen den Schluss zu, dass auch der Grabschmuck von Moden beeinflusst wurde. Nebst Votivtafeln wurden auch Glasperlenkränze ans Grabkreuz gehängt oder auf das Grab gelegt, filigrane, zu Spiralen, Blättern und Blüten geformte Gebilde, die in aufwändiger Handarbeit gefertigt worden waren. Sie rankten sich um ein Gipsmedaillon, auf dem eine betende Madonna, der Heiland mit Kreuz oder das Jesuskind dargestellt waren. Da Glasperlenkränze den Winter über vom Grab genommen wurden, blieben sie oft lange erhalten und waren vereinzelt noch anzutreffen, als bereits eine neue Mode in Erscheinung trat: Kränze und Gebinde aus natürlichen Laubzweigen.

Eine Besonderheit bilden medizin-technische Bestandteile wie Herzklappen, Gelenkköpfe, Ellbogengelenke, Unterkieferspangen, Pfannen und Gelenkkopfschrauben aus Metall, welche das Feuer im Kremationsofen überdauert haben.

Sitten und Bräuche

Kondolenz- respektive Trostkarten mit Texten wie «Sterben ist unser Los, Auferstehen unsere Hoffnung» sind eher aus der Mode gekommen, ebenso bestimmte Totenandenken. Nach wie vor gilt wohl, dass die Erinnerung dazu beiträgt, den Tod eines Menschen zu bewältigen. Heute können dabei Fotografien und Filme helfen, früher bewahrte man von Verstorbenen Haare auf. Diese wurden zu kunstvollen Gebilden geflochten und in einem Rahmen an einem besonderen Ort im Haus aufgestellt, Armringe wurden aus dem Haar gefertigt, oder eine Locke wurde in ein schwarzes Medaillon gefasst. Auch an sich immer mehr verlierende Sitten und Bräuche erinnert die Ausstellung also. Schwarz war die Farbe der Trauer: Vor noch gar nicht so langer Zeit signalisierten Männer mit einem schwarzen Trauerflor am Arm und später mit dem schwarzen Stoffknopf am Revers, dass sie einen ihnen nahestehenden Menschen verloren haben, also in Trauer sind. Frauen trugen schwarze Kleidung und/oder schwarzen Trauerschmuck. Wer immer Schwarz trug, gab einen besonderen Gefühlszustand preis, entsprechend rücksichtsvoll begegnete man diesem Menschen. Man kondolierte ihm, sprach sein Beileid aus, und wo dies nicht persönlich möglich war, sandte man eine der bereits erwähnten Kondolenzkarten. Sie waren bereits um 1900 erhältlich und zeigen die im Laufe der Zeit jeweils vorherrschenden Vorlieben bei den Motiven: Blattkränze, Blumengirlanden, weinende Engel, Trauerweiden oder betende Hände. Gefühlsvoll war nicht nur die Ornamentik, sondern auch die Wortwahl. Sie haben sich gewandelt und anstelle von Worten wie «Dem Auge fern, dem Herzen ewig nah» wählt man eher schlichte Karten, die «innige» oder «herzliche» Anteilnahme bekunden.

Nichts ist so gewiss wie der Tod, doch wir haben ihn sozusagen aus unserer Gesellschaft ausgestossen. Was immer mit ihm zu tun hat und zu tun ist, wird meist an Spezialisten mit einer möglichst gefühlneutralen Bezeichnung delegiert, an Bestattungsunternehmen. Der Beruf des unabdinglichen und doch gleich dem Henker geächteten Totengräbers ist in Grabmacher umbenannt worden und heisst inzwischen Maschinist. Es sind nur mehr sprachliche Relikte, dass Verstorbene früher im wahrsten Sinne des Wortes «zu Grabe getragen» und «zur letzten Ruhe gebettet» wurden. Der Beruf des Sargschreiners ist ausgestorben; Särge werden in allen erdenklichen Varianten industriell hergestellt. Und was das «Leichenmahl» anbelangt – das Wort wird kaum mehr ausgesprochen.

Zeugnisse und Dokumente

Sammeln war das eine, doch die Objekte wollten auch beschrieben sein. Peter Galler holte sich in Basler Institutionen wie dem Museum der Kulturen und dem Kutschenmuseum den fachmännischen Rat, um seine Sammlung korrekt zu katalogisieren und die einzelnen Objekte genau zu beschreiben. Galler begann, auch im Staatsarchiv zu recherchieren, wo er prompt fündig wurde. Er fand Dokumente wie Friedhofsverordnungen, einen Regierungsratsbeschluss zur Finanzierung eines Pferdeleichenwagens, später Papiere, die belegten, dass diese Leichenwagen im Zuge der Motorisierung an umliegende Gemeinden weiterverkauft worden waren. Die alten Schriften geben Aufschluss über die Zeit nach 1868, als die alten Kirchfriedhöfe sukzessive aufgelöst und die damals noch am Rande gelegenen Friedhöfe Horburg, Kannenfeld und Wolfgottesacker gebaut wurden. Reglementiert wurde schon damals: die Arbeit der Grabmacher, der Leichenbegleiter oder der Tragfrauen; die Beschaffenheit der Särge wie auch die Zeitspanne, in welcher das Begräbnis zu erfolgen hatte. Auch wenn bereits Pferdeleichenwagen geliehen werden konnten, wurden die Toten meist noch zu Grabe getragen. Bis zu zwölf Personen konnten als Sargträger bestimmt werden. Leichen von Kleinkindern wurden von Tragfrauen zum Grab getragen. Der Aufwand, mit dem ein Begräbnis begangen wurde, hing mit den finanziellen Möglichkeiten zusammen; Pferdeleichenwagen konnten sich nur vermögende Leute leisten, die Armen wurden auf Handkarren zum Grab gefahren. Ausser dem Wolfgottesacker, der Familiengräbern vorbehalten ist, sind alle Friedhöfe aufgehoben, in Parks umgenutzt oder überbaut worden. Der Bau des Friedhofs am Hörnli dauerte von 1926 bis 1932 und ist im Rahmen der Sammlung selbstredend bestens dokumentiert.

Ausbauprojekt für die Sammlung

Die «Sammlung Friedhof Hörnli» ist in der Schweiz einzigartig, und ihre besondere Thematik findet zunehmend Aufmerksamkeit. Die Anzahl der Besucherinnen und Besucher steigt kontinuierlich; jährlich werden rund 60 Führungen für über 1500 Personen durchgeführt und weit über 1000 Besucher werden jeweils an der Museumsnacht gezählt. Der Verein zählt inzwischen über 200 Mitglieder, die Vorstandsmitglieder arbeiten alle ehrenamtlich. Die Mitgliederbeiträge, der Erlös aus Führungen und die freiwilligen Spenden der Besucherinnen und Besucher sichern die Weiterexistenz der Sammlung. In naher Zukunft ist ein Erweiterungsbau geplant, in dem die ebenfalls von Galler zusammengetragenen Werkzeuge, Instrumente und Maschinen, die für die Grabmacherei und -pflege benutzt worden sind, ausgestellt werden können. Für dieses Vorhaben erhält der Verein erstmals einen Beitrag aus dem Lotteriefonds des Kantons.

Internationale Verbundenheit

1998 haben die Museen in Europa, die sich der Bestattungs-, Friedhofs- und Trauerkultur widmen, die «Europäische Vereinigung der Bestattungsmuseen» gegründet. Ihr gehören nebst der «Sammlung Friedhof Hörnli» das «Kegyeleti Múzeum» in Budapest, das «Museum Friedhof Ohlsdorf» in Hamburg, das «Museum für Sepulkralkultur» in Kassel, das «Wiener Bestattungsmuseum», das «National Funeral Museum» in London und das «Nederlands Uitvaart Museum» in Amsterdam an. Mit ihren vielfältigen Sammlungen der spezifischen Kultur- und Kunstgüter wollen sie zur Bewahrung kultureller Werte im Umfeld von Sterben und Tod beitragen.

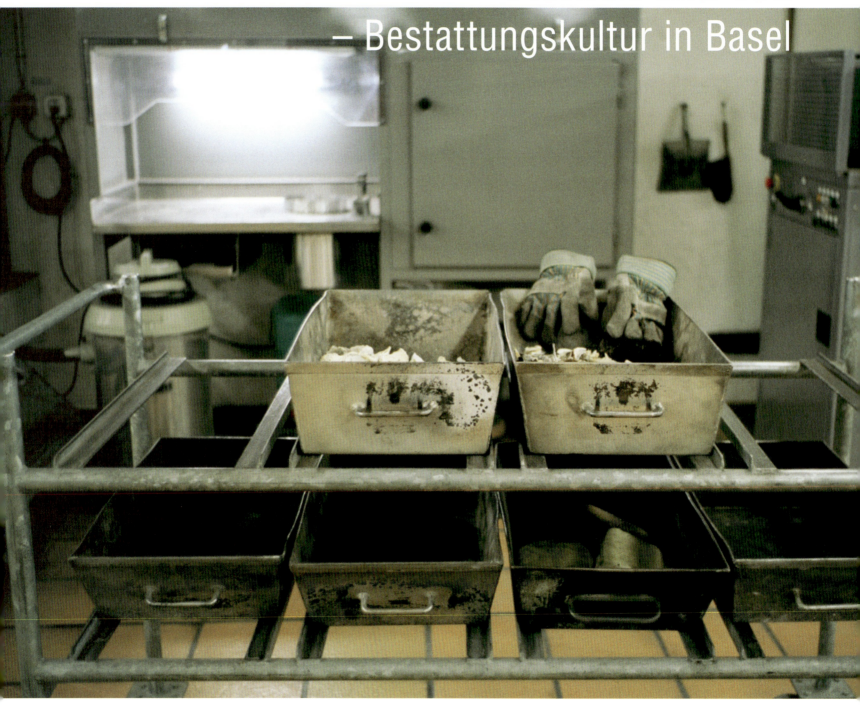

Sterben und Tod
– Bestattungskultur in Basel

In den Pathologie-Abteilungen der Krankenhäuser öffnen sie immerfort Schädel und Bäuche, um herauszukriegen, was den Gevatter Tod aus seinem Schlaf geweckt hat. Von den Lebensläufen, die Tag für Tag aus den Lautsprechern der Friedhofshallen tönen, lässt keiner klarwerden, weshalb er sich überhaupt schlafen gelegt hatte.

Auch in den schwarzen Quadraten der Todesanzeigen wird über Leben und Tode getappt und höchstens dort eine Sinnader entdeckt, wo gelegentlich eine Opfergabe wie Kerzenflackern ihr Licht hinwirft.

«Der Verstorbene war bis zu seiner Pensionierung fast dreissig Jahre lang mit Fleiss und steter Hilfsbereitschaft in unserer Flaschenabfüllung tätig.» –

«Die Krönung seines Lebenswerkes war der Kühlhausneubau in Rapperswil.» –

«Sie war mir ein guter Kamerad, eine ordentliche und brave Frau.» –

«In Zufriedenheit und Dankbarkeit verabschiede ich mich von meinen Mitarbeitern, Freunden und Verwandten in der stillen Hoffnung, meine Pflicht getan und so dem Sinn des Lebens entsprochen zu haben.»

Manchmal sagt ein Pfarrer von einem: «Sein Leben war wertvoll» und fügt als Begründung bloss hinzu: «...weil es von Gott kam.» Da ist man gründlicher, wenn es ums Sterben geht, wehleidiger auch, man schreibt nicht hin: «Todesursache: weil es Gott so gefiel».

Jan Lurvink

Daisy Reck

Liebevolle Hinwendung und Geduld – Das Hildegard-Hospiz

Über eine leicht ansteigende Rampe und durch eine breite Tür gelangt man am Basler St. Alban-Ring 151 in die schöne Eingangshalle eines schlichten Hauses. Dort steht eine ergreifende Statue aus schwarzem Metall. Sie trägt das Gewand und die Insignien einer Äbtissin und hält ein Buch und eine Feder in der Hand. Eingraviert in den Sockel aus Metall entdeckt man zwei Daten: 1098 und 1179 – das Geburts- und das Todesjahr der Hildegard von Bingen. Die Frauengestalt, die so klar und so mild in den Raum hineinschaut, ist die Heilige aus dem Rheinland. Als grosse Persönlichkeit des Mittelalters gründete und verwaltete sie nicht nur Klöster, dichtete und komponierte sie nicht nur geistliche Lieder, vertiefte und versenkte sie sich nicht nur in die Geheimnisse der Mystik, sondern beschäftigte sich vor allem mit der Natur und mit der Heilkunde. Für viele gilt sie als erste Ärztin auf deutschem Boden. In ihren Schriften, in denen sie über das Verhältnis zwischen Leib und Seele nachdenkt, spricht sie viel von liebevoller Hinwendung und Geduld. Und obwohl sie selbst Zeit ihres Lebens krank war, machte sie sich doch unentwegt zur Anwältin der Schwachen. Sie ist also geradezu als Schutzpatronin eines Hauses prädestiniert, das, wie das Haus am St. Alban-Ring, Leidende auf- und sich ihrer in einer ganz speziellen Weise annimmt. Es war am 17. September 1986 gewesen, als dieses Haus feierlich eingeweiht worden war. Ganz bewusst am Sterbetag der Hildegard von Bingen. Und ganz bewusst als «Hildegard-Hospiz» nach ihr benannt. Dieser Feier war eine lange Entstehungsgeschichte und waren viele grundsätzliche Überlegungen vorausgegangen.

In den 80er-Jahren hatte sich in Basel eine Gruppe von Menschen zusammengefunden, die zum Teil aus Kreisen der Gemeindekrankenpflege stammten. Sie waren zur Einsicht gekommen, dass die Betreuung von Schwerstkranken in ihren letzten Wochen des Lebens zu Hause oft nicht mehr möglich ist und dass es sinnvoll wäre, für sie ein Hospiz – Hospiz im Sinne des mittelalterlichen Begriffes für Ruhe und Segen – zu schaffen. Bei ihren Plänen waren sie beeinflusst vom Josephs-Hospice, das bereits um 1900 von irischen Nonnen in einem Londoner Armenviertel gegründet worden war und das in seiner Entstehungszeit Obdachlosen als «Home for the dying poor» ein Bett zum Sterben geboten hatte. Und sie waren beeinflusst vom Lebenswerk der englischen Ärztin und Sozialarbeiterin Cirly Saunders, die in diesem Josephs-Hospice gearbeitet und dann 1967 ein eigenes, das Christopher's Hospice, eröffnet hatte. An beiden Orten hatte sie das vorgelebt, was man in Basel mit dem «Hildegard-Hospiz» beabsichtigte: Schwerstkranken medizinische und vor allem menschliche Betreuung zu bieten und sie schmerzfrei in den Tod zu begleiten.

1983 kam es durch das Ehepaar Cyrill und Claudine Bürgel zur Stiftungsgründung. Und dann, dank dem Erwerb einer geeigneten Liegenschaft unter ausserordentlich grosszügigen Bedingungen, dank einer speditiven Betriebsplanung und dank eines geglückten Um- und Ausbaus bereits 1986 zur Eröffnung: mit vorerst 24 Betten unter der Pflegedienstleitung von Christen Mohler.

Es war der damals noch nicht überall bekannte Begriff der Palliativmedizin, der das «Hildegard-Hospiz» von allem Anfang an prägte. Damit ist die Herausforderung gemeint, jene Menschen zu pflegen und zu betreuen, die unter einer unheilbaren Krankheit leiden. Die Schwerpunkte liegen bei der Schmerzbekämpfung und bei der Behandlung von Angst und Depression. Beschwerden, beispielsweise die Atemnot, werden so weit als möglich gelindert, ohne den Patienten zu belasten. Und also ist eines der Hauptziele der Erhalt von Lebensqualität. Auf diese Weise ist Sterben ein natürlicher Vorgang. Der Tod wird weder beschleunigt noch hinausgezögert. Die Betroffenen können ihr Selbstwertgefühl bis zuletzt behalten. Die Würde der anvertrauten Menschen soll gewahrt bleiben. Auch miteinbezogen werden die Angehörigen, auf deren Ohnmachtsgefühle man eingeht. Und so entsteht ein Zusammenwirken von körperlichen, psychischen, sozialen und spirituellen Einflüssen. Im Umfeld des Sterbens will man niemanden allein lassen. Man will auf Ängste, Zweifel, Aggressionen und Enttäuschungen, aber auch auf wiederkehrende Hoffnungen Rücksicht nehmen.

Diese Grundsätze der Palliativmedizin versuchte man im «Hildegard-Hospiz» vom ersten Tag an in die Praxis umzusetzen. Dem lateinischen Wort Pallium entsprechend, den Mantel also als Vorbild nehmend, war man bemüht, eine umhüllende, umfassende und schützende Atmosphäre zu schaffen. Man entwarf dafür eine Grundlage und formulierte sie aus. Man fasste Vorsätze und schrieb sie nieder. So kam ein Konzept zustande, in dem es unter anderem heisst: «Jedes Sterben ist so individuell wie das Leben selbst. Für die Sterbebegleitung gibt es kein Pauschalrezept. Die Bereitschaft loszulassen, ist für Sterbende und Angehörige gleichermassen bedeutend. In einer Atmosphäre von Ruhe in Kontakt zu bleiben und in Stille zu kommunizieren, kann hilfreich sein. Nicht ansprechbare Kranke gibt es nicht, ein Dialog braucht nicht immer Worte. Der Eine will begleitet sein bis zum letzten Atemzug, der Andere wählt einen Moment des Alleinseins, um zu gehen. Sterben in unserem Hospiz ist demnach eine Art von kreativem Akt.» Und stellvertretend für die Haltung des Pflegepersonals, sagte man: «Wir kommen nicht als Lehrmeister, eher als Schüler, denn immer ist der, den wir begleiten, bereits ein

Stück weiter auf dem Weg als wir. Wir wollen zuhören, wenn Wichtiges noch gesagt sein muss. Wir können die Hand reichen, wenn Halt und Wärme gebraucht werden. Wir können da sein, wenn nichts mehr anderes von Bedeutung ist.» Damit erfüllt das Hospiz die Kriterien der Weltgesundheitsorganisation (WHO) für Palliativmedizin. Es sind die vier Säulen: Pflege, ärztliche Betreuung, soziale Unterstützung und Spiritualität.

Liest man die Presseberichte zum 10- und 15-jährigen Bestehen des Hospizes in den Jahren 1996 und 2001 nach, so kann man sich davon überzeugen, dass die Vorsätze, die zu Beginn definiert worden waren, und die Ziele, die man sich sehr ehrgeizig und gemäss den englischen Vorbildern als schweizerische Pioniertat gesetzt hatte, auch tatsächlich erfüllt und erreicht wurden. Die Institution, die keine «Nobelklinik» ist, in der etwa nur Reiche erwünscht wären, sondern in der Patienten aller Versicherungsklassen aus dem Dreiländereck Aufnahme finden, wird geschätzt und gelobt. Nicht zuletzt ihres familiären Klimas wegen. Wenngleich immer wieder Geldsorgen auftreten – und dies, obwohl mit privaten Legaten und Spenden Lücken gestopft werden – leistet man sich nach wie vor den Luxus einer sehr persönlichen Betreuung rund um die Uhr. Dazu gehört auch eine seelsorgende Hilfe für alle Religionen, falls sie gewünscht wird. Und dazu gehört auch eine in der eigenen Küche zubereitete, nach modernsten Erkenntnissen hergestellte Verpflegung. Das «Hildegard-Hospiz» ist deshalb – trotz der vielen Schwerstkranken – nicht ein Haus des Todes, sondern ein Haus des Lebens.

So viele Ärzte und so viele Pflegerinnen und Pfleger, wie sie für eine gute Betreuung notwendig sind, arbeiten derzeit am St. Alban-Ring. Sie waren im Jahr 2005 während rund 6000 Pflegetagen im Einsatz und betreuten dabei 235 Patienten. Diese hielten sich durchschnittlich 25 Tage im Haus auf. 112 von ihnen starben. An diesen Zahlen ist abzulesen, dass im «Hildegard-Hospiz» nicht nur Sterbebegleitung geleistet wird. Wenige Zimmer sind nämlich reserviert für alte, schwache Menschen, deren Angehörige, die über sie wachen, sich in einer kurzen Ferienzeit dringend erholen sollten. Und viel Einsatz wird auch geleistet für die Nachsorge von Akutkranken, die aus einem grossen Spital überwiesen werden. Manche von ihnen können nach Hause zurückkehren, kommen dann aber, wenn sich ihr Zustand später wieder verschlimmert, ins Hospiz zurück. Ihnen hilft dabei, dass sie die gute Atmosphäre des Hauses schon kennen.

Von dieser guten Atmosphäre kann sich überzeugen, wer sich als Gast für einen Tag oder eine Nacht ins Hospiz eingliedern lässt. Vom Äusseren her erinnert auf Anhieb wegen der gemütlichen Aufenthaltsräume mit ihren grossen Bibliotheken und wegen der hellen Gänge mit ihren schönen Bildern nichts an ein Spital. Und in den Zimmern sind die Patienten umgeben von persönlichen Dingen. Wer noch kann und wer noch will, auf den wartet ein Garten mit alten Bäumen und eine hübsche Cafeteria. Das Team arbeitet ruhig. Jeder ist auf jeden eingespielt. Und vor allem: Jeder kennt jeden Patienten. Es gibt keine «Fälle», es gibt nur «Schicksale».

Wenn es dann das Schicksal will, dann werden die Angehörigen, die selbstverständlich während 24 Stunden zugelassen sind und auch im Haus schlafen können, betreut und getröstet. Und die Toten sehen so aus, wie wir alle einmal aussehen möchten: friedlich.

Karin Schaub

Von Ruhe getragen dem Licht entgegen – Kirchliche Sterbebegleitung

Um es vorwegzunehmen: Die kirchliche Begleitung von Sterbenden ist wohl so verschieden, wie jeder Mensch – oder sollte es zumindest sein.

Es gibt zwar eine Grundstruktur der sakramentalen Handlungen, aber wie diese ausgeführt und «gefüllt» werden, hängt sehr von der Situation des im Sterben liegenden Menschen ab. Dass hingegen der Übergang vom irdischen Leben ins geistige Leben überhaupt durch ein Ritual begleitet wird, will ich nicht in Frage stellen; Wert und Wichtigkeit einer Begleitung dieses Übergangs können wir wohl nicht hoch genug einschätzen. Eine kleine «Erklärung» für diesen Wert und diese Wichtigkeit aus christlicher Sicht zitiere ich aus unserem christkatholischen Gebet- und Gesangbuch. Sie beginnt mit dem schönen Satz eines Gebetes aus der Totenmesse, der auf knappe Weise die christliche Auferstehungshoffnung formuliert: «Deinen Gläubigen, Herr, wird das Leben gewandelt, nicht genommen.»

Dann heisst es weiter: «In Christus» bekommen Menschen Anteil am österlichen Übergang Jesu von Leiden und Tod in Licht und Leben. Sie bekommen ganz und endgültig Anteil daran. Auch die Taufe ist im ursprünglichen Verständnis ein solcher Übergang: Damit ist ein Weg eröffnet, an dessen irdischem Ende jeder Mensch (in seiner unverwechselbaren Identität) hinübergeht – zu dem, «was kein Auge gesehen und kein Ohr gehört hat und in keines Menschen Sinn gekommen ist, was Gott denen bereitet hat, die ihn lieben» (1. Korintherbrief 2,9).

Die damit gegebene Freiheit, den Tod nicht zu verdrängen oder verharmlosen zu müssen, ist ein Grund, warum Sterben und Bestattung einen liturgischen Ausdruck finden, Trauer und Schmerz der Zurückgebliebenen ihren Platz haben und auch seelsorgerlich begleitet werden. Unter den heutigen Umständen muss dafür bisweilen ein Freiraum erkämpft werden. Wenn in Christus der Tod die Macht der Trennung, der Vereinzelung und der Auflösung verloren hat, kann sich die Kirche nur als eine Gemeinschaft verstehen, die Leben und Entschlafen umfasst.

Auch dies kommt im christlichen Beten zur Geltung. Dieses eröffnet zudem auch Räume für die Verarbeitung von Trauer und Schuld. Elemente einer Sterbeliturgie sind darum Psalmen, Schriftlesungen und Gebete, die den sterbenden Menschen Gottes Erbarmen empfehlen. Das eigentliche Sterbesakrament ist die letzte Kommunion, die «Wegzehrung» für den Hinübergang zum Herrn über Leben und Tod. Wo Sterbende nicht mehr ansprechbar sind, ist die Salbung mit Krankenöl – die «Letzte Ölung» – ein Ersatz als Zeichen der Liebe Gottes.

Man kann daraus Sinn und Inhalt der kirchlichen Sterbebegleitung entnehmen, aber auch, dass Auswahl und Art und Weise der Gestaltung einer solchen Handlung völlig von der Situation und den Wünschen des Sterbenden abhängen. Die Hauptaufgabe am Sterbebett ist und bleibt diskussionslos die Begleitung einer Menschenseele in das geistige Reich! Welche «Hilfsmittel» für diese «Übergangsbegleitung» am besten geeignet sind, muss wohl der Intuition des/der Begleitenden überlassen werden. Es gibt Situationen, in denen einfach ruhiges Dasein gefordert ist. In denen spürbar ist, dass der sterbende Mensch sich schon in einer anderen Dimension befindet. Dann ist – meiner Meinung nach – das stille Gebet und die eigene Verbindung mit der Christuskraft und der geistigen Welt angesagt. Aus Erfahrung traue ich mich zu sagen, dass die «himmlischen Kräfte» bereit stehen, um eine Seele in das Lichtreich zu begleiten; es scheint eine Frage des Vertrauens und des «Loslassenkönnens» des sterbenden Menschen sowie der Angehörigen zu sein, wie stark und wie schnell diese Kräfte eingreifen können. Aus diesem Grund ist die Hauptaufgabe der kirchlichen Begleitung, diese Verbindung zu schaffen; mittels Gebet, Lied, Gespräch, Stille und/oder Salbung beziehungsweise Kommunion sowie körperlichem Kontakt! Oft ist es wichtiger, jemandem einfach die Hände zu halten oder zu streicheln, als Psalme zu rezitieren – da ist Empathie und Intuition gefordert!

Diese Sorgfalt im Umgang mit Sterbenden, der Respekt vor dem Weg, den dieser Mensch nun zurücklegt, sollte sich unbedingt auch in der Umgebung spiegeln. Gedämpftes Licht, eine Kerze, keine Störungen von aussen sind die absolut notwendigen Grundlagen. So bin ich dem Personal von Spitälern, Alters- und Pflegeheimen sehr dankbar, wenn sie um «störungsfreie» Begleitung besorgt sind, und selber einen sorgfältigen Umgang mit den Sterbenden pflegen. Schon eine laut ins Schloss fallende Tür kann eine zarte Verbindung mit dem geistigen Reich stören oder gar abbrechen, geschweige denn ein – wohl gut gemeintes – Ablenken durch laufende Radios oder Fernseher. All diese für uns selbstverständlichen Geräusche werden schnell zu Störfaktoren, weil sie aus der Welt kommen, die es hinter sich zu lassen gilt. Alles, was sich bisher in den Vordergrund drängte und lauthals auf sich aufmerksam machte, kann jetzt eben in den Hintergrund treten.

Manchmal habe ich erlebt, wie gern Sterbende eine gewisse Zeit für sich im Schweigen sind. Das kann auch bedeuten, dass ich den betreffenden Menschen für einen Augenblick allein lasse – sicher nicht, wenn Angst spürbar ist, doch es kann eben auch anders sein. Es gibt sicher bisweilen das gut gemeinte, aber oft für den sterbenden Menschen bedrohliche «offensive» Begleiten. Doch der Redeschwall des Alltags muss nicht in die letzte Phase des irdischen Weges fortgesetzt werden – eine stille, wortlose Gegenwart kann dann viel beredsamer sein als viele Worte. So ist das Begleiten eines Menschen auf der letzten Wegstrecke auch ein Lauschen in sich selbst. Ein Hören auf das Wesentliche, was es noch zu sagen gibt. Es braucht die Bereitschaft, da wo sich das Leben im Tod in gewisser Weise «konzentriert», auch sich selbst zu sammeln. Behutsam bei sich zu bleiben, um dem anderen damit ganz begegnen zu können. Das Dasein, das Öffnen der eigenen inneren Quellen steht nun im Vordergrund. Die Hektik des «Kurz-Vorbeischauens» muss unterbleiben. Der Tod hat seine eigene Zeit und seinen eigenen Rhythmus. Die Sterbebegleitung setzt voraus, dass ich diesen Rhythmus annehme und gelten lasse. Vielleicht lässt sich nur so erspüren, was dem konkreten Menschen, der – wie ich es verstehe – auf dem Heimweg ist, gut tut und hilft.

Wie gesagt, es kann sein, dass ich ein vertrautes Lied summe oder leise singe. Es mag aber auch sein, dass ich einen Psalm, ein Gebet oder ein Gedicht spreche. Da hängt die Auswahl davon ab, ob sich der sterbende Mensch selber noch äussern kann, oder wie gut ich ihn, und damit seine Vorzüge, kenne. So oder so aber ist das Hören – anders als das Sehen – einer der Sinne, die dem Sterbenden noch lange zur Verfügung stehen. Daher darf nie im Hörbereich des Sterbenden etwas verhandelt werden, was ihn betrüben oder kränken könnte! Auch das Riechen bleibt lange vital, sodass es sinnvoll ist, durch angenehme Düfte für einen Wohlgeruch zu sorgen. Ein fein duftendes Öl zum sorgfältigen Einsalben von Händen, Armen und vielleicht auch Füssen sollte darum nicht fehlen. Oder eben das Krankenöl zur Salbung von Stirn und Händen mit dem Kreuzzeichen – dem Zeichen der Auferstehung und des ewigen Lebens. Eine alte Tradition der Krankensalbung sah sogar vor, dass nicht nur die Stirn, sondern auch die Hände und Füsse sowie die wichtigen Sinnesorgane wie Augen, Nase und Mund berührt und mit dem kostbaren Öl gesalbt wurden. Denn, der ganze Mensch ist von Gott gewollt, mit all seinen Sinnen – und der ganze Mensch kehrt heim zu Gott.

Ich denke, dass dies bei der Begleitung von Sterbenden ein ganz wichtiger Punkt ist: Die Aufmerksamkeit gilt diesem Menschen, und sie gilt ihm ganz – die Bedürfnisse oder Wünsche der anderen haben jetzt keinen Platz mehr. Es gilt also dem betroffenen Menschen das Sterben so leicht wie möglich zu machen und ihn auf seinem Weg zu Christus, auf seinem Seelenweg ins göttliche Reich sorgsam zu unterstützen und zu stärken. Diesen Weg «frei zu machen», kann auch heissen, das, was den Sterbenden noch belastet, «mitzunehmen». Alles – Ausgesprochenes oder Unausgesprochenes – trage ich weg und übergebe es in der Kirche dem Licht einer Kerze. Oft gilt es dabei auch Angst zu nehmen; eine unterschwellige Angst, die davon rührt, sich im irdischen Leben nicht «richtig» benommen zu haben und dies jetzt vergolten zu bekommen. Aus diesem Grund steht bei der Auswahl von Texten oder beim Gespräch die Vergebung absolut im Vordergrund. Der christliche Glaube fundiert auf der göttlichen Vergebung und darauf, dass das Licht alle Dunkelheiten überwunden hat – dies kommt in dieser Situation besonders zum Tragen!

Oft ist es auch gut und angesagt, etwas zurückzulassen – etwa ein Gebet, das man miteinander gesprochen hat. Und mit einem solchen will ich meine Gedanken zur kirchlichen Sterbebegleitung auch schliessen.

Gepriesen seist du, Herr,
für die wunderbare Liebesgeschichte,
die ich hier unten mit dir erlebt habe
und die nun ihre Vollendung erfahren wird!

Gepriesen seist du, Herr,
für deine leuchtende Gegenwart
auf meinem ganzen Weg der Schmerzen!

Gepriesen seist du, Herr,
für deinen endgültigen Sieg über den Tod,
ein Sieg, an dem auch ich teilhaben werde!

Gepriesen seist du, Herr,
denn bald werde ich dich
von Angesicht zu Angesicht schauen,
und meine Augen werden sich nicht satt sehen können
an deinem Antlitz!

Bea Berczelly

Beraten, begleiten und helfen – GGG Voluntas

«GGG Voluntas» ist eines der zahlreichen Angebote der «Gesellschaft für das Gute und Gemeinnützige» – in Basel bestens bekannt als «GGG» – die von allen in Anspruch genommen werden können. Die GGG arbeitet in allen ihren Angeboten vor allem mit Freiwilligen – nur die leitenden Personen sind fest angestellt. GGG Voluntas steht auf drei Säulen: Einerseits werden persönliche Patientenverfügungen erstellt; anderseits bietet Voluntas die Begleitung von Schwerkranken und Langzeitpatienten an; sie verfügt auch über verschiedene Bildungsangebote zu Themenkreisen wie «Begleitung bei Krankheit, Trauer und Sterben» und «Beratung bei Vorsorgeverfügungen» für interessierte Laien und Berufspersonen.

GGG Voluntas (lat.: «Wille») arbeitet mit Freiwilligen, die aber präzis geschult und von ihren fest angestellten Einsatzleitenden in ihrer Tätigkeit persönlich begleitet und fachlich informiert werden; ausserdem erhalten alle Freiwilligen eine Supervision. Denn worum es geht, ist das schwerste menschliche Thema überhaupt – das Sterben. Frühere Generationen, noch vor 100 Jahren, hatten Rituale, die allen bekannt waren: Man starb meistens zu Hause und hatte Zeit, sich zu verabschieden. Auch die Trauerarbeit war gewissen Riten unterworfen: die klar erkennbare schwarze Kleidung, das gemeinsame Weinen und die «Jahrzeit-Messe» mit Familie, der ganzen Verwandtschaft und Freunden sind nur einige Beispiele. Heute stirbt man - eine Folge der rasanten medizinischen Entwicklung - meistens im Krankenhaus oder in Alters- und Pflegeheimen. Dieses «anonyme» Sterben bedeutet in Bezug auf die Abschiedsrituale eine neue Herausforderung für unsere Gesellschaft.

Nachfolgend ein Auszug aus dem Leitbild der GGG Voluntas:
GGG Voluntas ist eine Organisation der GGG und eine politisch unabhängige sowie konfessionell neutrale Nonprofit-Organisation. Wir arbeiten für Menschen, die sich mit den Themen Krankheit, Sterben und Tod auseinandersetzen wollen. Wir tragen zu einer Sensibilisierung im Umgang mit diesen Themen bei und bieten konkrete Unterstützung zur Erhaltung grösstmöglicher Selbstbestimmung (Präambel).

Das Angebot:
- Soziale und emotionale Begleitung von Klientinnen und Mandanten
- Beratung beim Erstellen individueller Patienten- und Bestattungsverfügungen und Vollmachten (keine vermögensrechtlichen Verfügungen wie Testamente etc.)
- Kurse für Menschen, die bei GGG Voluntas als Freiwillige mitarbeiten, oder sich aus anderen Gründen mit Krankheit, Sterben und Tod auseinandersetzen wollen.

Im Rahmen der Möglichkeiten bietet GGG Voluntas auch weitere Bildungs- und Beratungsangebote für Einzelpersonen und Institutionen an.

Voluntas versteht den Menschen als Individuum, das sich selbst bestimmt, Verantwortung für seine Entscheidungen übernimmt und seinem Umfeld gegenüber sozial verantwortlich handelt. GGG Voluntas geht es also in erster Linie darum, die Würde des Individuums sowie den Schutz seiner Entscheidungen zu gewährleisten.

Die Patientenverfügung: eine Möglichkeit, das eigene Sterben zu beeinflussen

Peter Lack ist Theologe, Mitbegründer und Geschäftsleiter von GGG Voluntas, deren helle Büroräume sich in einem Hinterhaus an der Leimenstrasse befinden. Er erzählte, wie die «Patientenverfügungen» (PV) entstanden sind. PV gibt es seit den 1970er-Jahren. Rudolf Ritz, damals Leiter der Intensivabteilung des damaligen Basler Kantonsspitals, war der Begründer des Grundgedankens: Schwer kranke Menschen und auch Unfallopfer haben oft keine Möglichkeit mehr, sich darüber zu äussern, was mit ihnen geschehen soll: Künstliche Beatmung? Wie lange? Bluttransfusion? Künstliche Ernährung – und wenn ja, wie lange? Antibiotika? Wie lange ist Leben lebenswert und unter welchen Bedingungen – und für wen? Dies sind nur einige der Fragen, die auftreten und im Fall von Urteilsunfähigkeit vom Betroffenen nicht mehr beantwortet werden können. Die grundsätzliche Frage ist: Auf welcher Basis werden Entscheidungen getroffen und wer handelt und entscheidet anstelle des Patienten – auch bei Fragen über Leben oder Tod – wenn die betroffene Person sich nicht mehr äussern kann?

Viele Institutionen haben vorformulierte PV verfasst – Formulare und Internetseiten, die aber dem Individuum nie persönlich gerecht werden konnten, weil keine Beratung und Aufklärung stattfand. Und hier setzt GGG Voluntas ein: Settimio Monteverde, Bereichsleiter Beratung, arbeitet mit zehn freiwilligen Mitarbeitenden. Alle nehmen sich Zeit – zwei Gespräche sind die Regel, bis eine PV «steht»; ein drittes ist nur selten nötig. Seine Mandanten finden sich «quer durch alle Altersstufen; sie sind aber hauptsächlich über 50 Jahre alt – mit oder ohne Krankheit». Interessanterweise wollen mehr Frauen für sich eine PV erstellen als Männer. Den Grund hierfür vermutet Monteverde in einem gender-spezifischen Unterschied: Frauen seien allgemein gesundheitsbewusster und versuchten eher, ihrer Umgebung nicht zur Last zu fallen. Ausserdem meint er, dass Männer im Grossen und Ganzen «medizin-gläubiger» sind als Frauen. «Der Arzt wird schon wissen, was er tut», laute der männliche Tenor oft. Die Frauen seien viel kritischer.

Was ist mir wirklich wesentlich, wenn ich mich nicht mehr äussern kann?

Als Erstes muss der Mandant eine sogenannte Werteerklärung ausfüllen: Unter dem Titel «Worauf es mir im Leben und im Sterben ankommt» sind unter anderem folgende Fragen zu finden: «Was macht Ihr Leben lebenswert?» oder «Was bedeutet es für Sie, abhängig oder auf Hilfe angewiesen zu sein?» und «Welche Rolle spielen Religion/Glaube/Spiritualität in Ihrem Leben?». Es sind nur sechs Fragen, aber sie bedingen, dass man präzis über sich reflektiert. Mit diesem ausgefüllten Fragebogen findet das erste Gespräch bei GGG Voluntas statt. Wenn die Mandantin mit der PV zufrieden ist, wird sie unterzeichnet und auf Wunsch bei der Medizinischen Notrufzentrale hinterlegt, die an 365 Tagen während 24 Stunden telefonisch erreicht werden kann. Der PV-Besitzende erhält eine Karte im Kreditkartenformat – die logischerweise immer im Portemonnaie sitzen müsste – und dank der die behandelnden Ärztinnen und Ärzte erkennen können, dass der Patient über eine PV verfügt.

Monteverde berichtet, dass viele Mandanten beim zweiten Gespräch ihre Meinung ändern, vor allem in Bezug auf sogenannte Vertrauenspersonen, das heisst, auf die Person, die entscheiden soll, was mit ihm oder ihr passiert: «Hm, ich denke, meine Frau/mein Mann/mein Kind wäre nicht fähig, zuzulassen, dass die Beatmungsmaschine abgeschaltet werden soll. Ich möchte den Namen ändern: Der meiner besten Freundin soll in der PV stehen. Und wenn diese dann nicht mehr am Leben sein sollte, der von meiner Nachbarin.»

Pflege und Begleitung von Schwerkranken und Langzeitpatienten zu Hause

Beate Wölfle ist die Leiterin von weiteren 30 freiwilligen Begleitern von GGG Voluntas. Viele Menschen melden sich bei GGG Voluntas, die Interesse haben, Kranke zu Hause zu begleiten. Überwiegend sind es Personen, die eine Pflegesituation in der Familie erlebt haben. Diese werden, ebenso wie die Interessierten ohne Erfahrungen, zunächst in einem Grundkurs geschult. Die Ausbildung vermittelt praxisbezogen Grundlagen zur Gesprächsführung und die Fähigkeit, eigene Haltungen und Wertvorstellungen zu den Themen Krankheit, Sterben und Alter zu reflektieren. «Es ist kein Pflegekurs, denn unsere Freiwilligen haben ihre Aufgabe darin, den Kranken und deren Angehörigen zur Seite zu stehen. Die ausgebildeten Freiwilligen können die Spitex nicht ersetzen; sie sind keine Pflegepersonen», hält Frau Wölfle gleich zu Beginn unseres Gespräches fest. «Im Gegenteil, häufig sind es die Mitarbeitenden der Spitex oder anderer Pflegeorganisationen, die unseren Begleitdienst ihren Patienten und deren Angehörigen empfehlen. Sie sehen die Belastung der pflegenden Angehörigen. Die Pflegenden übernehmen die fachgerechte Pflege zu Hause, sowie die Körperpflege oder vom Arzt angeordnete Massnahmen wie Injektionen und Infusionen. Die betreuenden Angehörigen der Kranken zu Hause müssen häufig rund um die Uhr – 24 Stunden – präsent sein. Oft kann ein Kranker nicht mehr alleine gelassen werden. In diesen Situationen können die Freiwilligen konkret helfen. Sie besuchen ein- bis zweimal in der Woche die Kranken und geben den Angehörigen damit Gelegenheit, diese Stunden für sich zu nutzen, um von der Situation Luft zu holen. Das entlastet alle Beteiligten, und auch die Kranken geniessen den frischen Wind der Aussenwelt. Berufstätige oder in der Ferne lebende Kinder, wenn es sie gibt, sind froh über die kurze Entlastung der Eltern.»

Herausfinden, welche Freiwillige zum Patienten passt

Wölfle: «Unsere Einsätze bei den Langzeitpatienten sind sehr häufig. Die Angehörigen und Kranken sind froh über die regelmässigen und zuverlässigen Besuche ihrer Freiwilligen. Nicht selten ist es sogar die einzige Gelegenheit für sie, zum Coiffeur oder zu Freunden zu gehen. Dabei wird immer die gleiche Freiwillige eingesetzt, sodass eine enge Beziehung entsteht.»

Beate Wölfle besucht immer zuerst die Kranken, schaut sich die Situation an und überlegt sich genau, welche ihrer Freiwilligen hier hineinpassen könnte. Sie bespricht sich mit allen an der Pflege und Betreuung beteiligten Personen. Wölfle: «Die Frage ist stets, was erwartet wird, und in welcher Form wir unterstützen können. Manchmal sind die Kranken froh, wenn die Freiwilligen mit ihnen spazieren gehen. Ein anderes Mal ist es wichtig, dass jemand mit Verständnis neben dem Bett sitzt. Auch Gespräche können entlasten, oder allein die Bereitschaft zu spüren, dass jemand zuhört.» Die Begleitsituationen haben aber ebenso Platz für Unbeschwertheit, das Entdecken gemeinsamer Vorlieben wie zum Beispiel das Hören klassischer Musik. Selbst in den Sterbebegleitungen kann es diese Momente geben. Die Freiwilligen betonen immer wieder, wie bereichernd die Begleitsituationen auch für sie sind. Eine meinte, dass sich ihr Leben seit der Mitarbeit bei GGG Voluntas «unheimlich positiv» verändert habe.

Diese Freiwillige besucht schon seit einem Jahr eine Patientin, die nach einem schweren Schlaganfall viel Unterstützung in den alltäglichen Verrichtungen braucht. Ihr Ehemann pflegt sie liebevoll. Er verabreicht ihr die Sondenkost und lagert sie zur Vermeidung von Wundliegen häufig am Tag und in der Nacht um. Bis vor wenigen Wochen noch konnte sie sich mit wenigen Worten und Gesten verständlich machen. Ihr Lächeln belohnte jede Mühe. Nach einem zweiten kleineren Schlag kann die Frau sich auch nicht mehr verbal mitteilen, und es ist abzusehen, dass sie sterben wird. Dem Ehemann fällt es schwer, die Situation zu akzeptieren. Er schwankt zwischen dem Bewusstsein über den nahenden Abschied und der unrealistischen Hoffnung, dass seine Frau wieder wie vor dem zweiten Schlaganfall werde. Die Voluntas-Freiwillige nimmt sich Zeit für die Sterbende, aber auch für den Ehemann. Sie lässt seine ambivalenten Gefühle zu und bespricht mit ihm, wenn er sich öffnet, dass die Zeit des Abschiednehmens begonnen hat. Er empfindet die Besuche der Freiwilligen gerade in dieser Phase als persönliche Stütze, zumal das Ehepaar keine Kinder hat und Freunde rar werden, da sie selber alt sind. Er äussert anerkennend, dass sich seine Frau sichtbar entspannt, wenn die Freiwillige deren Füsse massiert. Die Freiwillige beschreibt, dass sie dabei das Gefühl hat, der Patientin nahe zu sein. Beate Wölfle bestätigt: «Die Freiwilligen sagen, dass sie nicht nur gäben, sondern auch sehr viel zurück erhielten.»

Wolf Südbeck-Baur

«Mir reichts, ich will jetzt sterben» – Sterbehilfe in Basel

In den Basler Spitälern und Pflegeheimen ist das Personal relativ selten mit einem Sterbewunsch mit Hilfe einer Sterbehilfeorganisation konfrontiert. Auffällig ist, dass in allen Institutionen das Bemühen um Sterbebegleitung den Wunsch nach Sterbehilfe verblassen lässt. Kritik vorab an der Sterbehilfeorganisation Exit ist unüberhörbar.

2005 starben in Basel 2179 Menschen. Das entspricht ca. 1,1 Prozent der Basler Einwohnerinnen und Einwohner. Laut einer Anfang Jahr in Paris veröffentlichten neuen Untersuchung des Instituts für demografische Studien INED kommt es in der Schweiz vor jedem zweiten Todesfall zur Einstellung einer Behandlung oder zur Verabreichung schmerzstillender und möglicherweise lebensverkürzender Mittel. Für Basel bedeutet dies, dass es in 1000 Fällen zur gesetzlich erlaubten passiven oder indirekten aktiven Sterbehilfe kommt. Unter passiver Sterbehilfe ist dabei der Abbruch oder Verzicht auf eine Behandlung zu verstehen. Bei der indirekten aktiven Sterbehilfe wird billigend in Kauf genommen, dass bei der Behandlung mit schmerzlindernden Medikamenten wie zum Beispiel Betäubungsmitteln der Tod möglicherweise früher eintritt.

Von Pflegern und Ärzten werden diese Zahlen für Basel für möglich gehalten, aber nicht explizit bestätigt. «Ich habe die genannten Zahlen nicht überprüft, kann sie also weder verifizieren noch falsifizieren», sagt Professor Christian Ludwig, Chefarzt im Basler Claraspital. Und Urs Baudendistel, Leiter des Kleinbasler Altenpflegeheims «Zum Lamm», kommentiert: «Ich halte diese Zahlen für sehr realistisch.»

Sterbehilfe im Universitätsspital

«Die vollendete Sterbehilfe durch eine Organisation ist in der ambulanten Onkologie-Pflege mit zwei bis drei Fällen pro Jahr erstaunlich selten», sagt Hansruedi Stoll, leitender Onkologie-Pfleger im Universitätsspital Basel. Eher schon höre er von Krebspatienten «wie eine Art Drohung», dass sie Mitglied einer Sterbehilfeorganisation sind. «Die Patienten verstehen diesen Schritt immer als letzten Ausweg, falls das Leben nicht mehr erträglich ist», unterstreicht der 55-Jährige. Dabei beruft sich der Onkologie-Pfleger auf 17 Jahre Berufserfahrung in der häuslichen Pflege in Basel und 25 Jahre Pflege im Universitätsspital.

Viel Verständnis hat Hansruedi Stoll denn auch für Krebspatienten, bei denen die Medizin die Schmerzen nicht mehr in den Griff bekommt, und die sagen, «mir reichts, ich will jetzt sterben». Nachvollziehbar ist für den Pfleger ein Sterbewunsch zudem, wenn «das soziale Umfeld angesichts der Krankheit zugrunde geht». Will heissen, «wenn beispielsweise der Ehepartner mit der Situation völlig überfordert ist, dem Schwerkranken die Einweisung ins Spital droht, obwohl man dies unbedingt vermeiden wollte, und zu all dem die Kinder unter der trägen, langsamen Verschlechterung des Zustands des Patienten leiden». In einem solchen Fall sei der Sterbewunsch ein langsam gereifter, wohlüberlegter Entschluss, «den ich unterstützen kann». Konkret weist Pfleger Stoll auf Nachfragen des Patienten dann auf Sterbehilfeorganisationen hin und empfiehlt: «Schaut im Internet nach.»

Klar ist jedoch, dass die Sterbehilfeorganisationen in Basel keinen Zutritt zu den Spitälern haben. Wohl könne ein Patient vom Spital aus Kontakt mit Exit oder Dignitas aufnehmen, berichtet Hansruedi Stoll, doch zur Einnahme der tödlichen Dosis muss er nach Hause gehen. «Ich habe diesen Organisationen Auskünfte gegeben, habe vermittelt, aber ich war nie bei der Durchführung dabei.» Zudem wolle die Spitalleitung verhindern, dass sich Patienten im Spital das Leben nehmen, berichtet Stoll. Ansonsten könnte der falsche Eindruck entstehen, erklärt der Pfleger weiter, dass die Patienten zur Selbsttötung gedrängt würden. Darum hält Stoll es auch für richtig, dass die Durchführung der Selbsttötung vom Spital ferngehalten werde.
Trotz dieser Maxime «kommt es in sehr seltenen Fällen aber dennoch vor». In der Regel ahne das Pflegepersonal zwar etwas von einer bevorstehenden Selbsttötung, doch werde das selten angesprochen. Hier liegt denn auch der Grund, warum Onkologie-Pfleger Stoll den Besuch einer Sterbehilfeorganisation befürwortet, damit sie eine bevorstehende Umsetzung eines Sterbeentschlusses mit dem Patienten im Spital besprechen können. «Ich nehme an, dass das auch schon praktiziert wird», stellt Stoll fest.

Die Grenze zwischen indirekter aktiver Sterbehilfe und der verbotenen direkten aktiven Sterbehilfe, bei der das Leben mit Einwilligung des Patienten gezielt verkürzt wird, ist für Hansruedi Stoll «ganz heikel, weil die Grauzone mir mehr Freiheit lässt, als mir lieb ist». So komme der Onkologie-Pfleger so gut wie nie zu einem Patienten, dem er sagen müsste, er könne ihm nicht helfen. Mutterseelenallein müsse er in solchen Fällen abwägen und entscheiden, was gerechtfertigt ist zu tun. So schildert Stoll den Fall einer Rheumapatientin, die mit Hilfe der Dienste von Exit sterben wollte. Sie habe keine akuten Schmerzen gehabt, jedoch einen epilepsiekranken Sohn und eine herzkranke Tochter. «Diese Frau wollte nicht erleben», so Stoll «als letzte ihrer Familie gehen zu müssen». Exit brachte der Frau das Medikament zur Selbsttötung nach Hause. «Das konnten ich und der Hausarzt, der mich kontaktiert hatte, zunächst nicht nachvollziehen.»
Nachdem er nochmals über diesen Fall nachgedacht hatte, kam der Pfleger zu einem anderen Schluss: «Ich habe gemerkt, dass es ungerecht ist, wenn der Patient von meinem Verständnis und meiner Beurteilung seiner Situation abhängig ist.» Daher brauche es ein Leitprinzip, das unabhängig von der momentanen Situation Orientierung bietet. Und dieses Prinzip ist für Stoll «die aufgeklärte, autonome Selbstbestimmung des Patienten».

Vor diesem Hintergrund müsse er den Entschluss einer alten Dame, die schrecklich leidet und keine Lebensperspektive mehr sieht, weil sie zwei schwerkranke Kinder hat, als autonomen Entscheid respektieren.

Bei Urteilsunfähigen zugunsten des Lebens

Die Frage der Sterbehilfe «stellt sich nur bei Patienten, die sich selbst nicht mehr äussern können», sagt der Leiter der Onkologie-Pflege. Denn Patienten, die sprechen können, würden dem Arzt sehr wohl mitteilen, ob sie mit der Behandlung einverstanden sind oder nicht. Liegt eine Patientenverfügung vor – Stoll empfiehlt dies jeder und jedem dringend –, so sei für das medizinische Personal klar deklariert, wie die Patientin, der Patient im Falle einer lebensbedrohlichen Erkrankung behandelt werden wolle. Ist ein Patient jedoch nicht mehr bei Bewusstsein und daher urteilsunfähig, «wird zusammen mit den Angehörigen der mutmassliche Wille des Patienten ergründet». Ist das nicht möglich, werde schliesslich entschieden aufgrund «dessen, was die Mehrheit der Bevölkerung an dieser Stelle sagen würde, wenn sie was sagen könnte. Das ist die leitende Maxime», bekräftigt Stoll. Dabei unterstellt das medizinische Team in aller Regel, dass jemand leben will. «Deshalb wird bei urteilsunfähigen Patienten immer sehr konservativ gegen den Abbruch von Behandlungen entschieden.»

Erst wenn Komplikationen wie etwa eine Lungenentzündung bei urteilsunfähigen Patienten auftreten, stelle sich die Frage nach einer weiteren Behandlung neu. Auch hier würden wiederum die Angehörigen konsultiert. Weil die aber in der Regel als zukünftige Erben durchaus eigennützige Interessen verfolgen könnten, würden die Angehörigen lediglich als Informationsträger beigezogen. «Sie sprechen sich zumeist konservativ für die Fortsetzung einer Behandlung aus, damit ihnen nicht der Vorwurf gemacht wird, sie hätten das Leben des Angehörigen verkürzen wollen, damit sie schneller ans Geld kommen», betont Hansruedi Stoll. Die letzte Entscheidung jedoch hätten die behandelnden Ärzte und Pflegenden zu treffen und zu verantworten. Dabei gehe es weniger um eine moralisch korrekte Entscheidung, die unabhängig vom Patienten Bestand hätte, erklärt Stoll weiter, sondern darum, was unternommen werden muss, damit der Patient sagen würde, «ihr habt so entschieden, wie ich es gewollt habe».

Der klassische Fall einer passiven Sterbehilfe «ist der Verzicht auf die Gabe von Antibiotika etwa bei einer Lungenentzündung bei einem nicht mehr ansprechbaren Patienten». In einem solchen Fall werde den Angehörigen gesagt, so Stoll, dass mit Antibiotika die Lungenentzündung in den Griff zu kriegen sei. «Verzichten wir auf die Antibiotika, so sinkt die Wahrscheinlichkeit um 50 Prozent, dass der Patient die Lungenentzündung übersteht. Was würde der Patient sagen, wenn er könnte?» Werden die Antibiotika nicht verabreicht, stirbt der Patient daran oder nicht. «Hier können wir nicht mehr tun als die Kräfte der Natur walten lassen.»
Die indirekte aktive Sterbehilfe komme klassischerweise in Fällen mit starker Atemnot zum Zuge. Stoll erzählt von einer Patientin, die zu Hause war und auf keinen Fall ersticken wollte. Zeitlich wurde es sehr eng. Die Frau und die sie pflegende Tochter waren einverstanden, dass der Pfleger im Haus genügend Morphium deponierte, «damit die Tochter, wenn sie die erste ist, oder ich, wenn ich der erste bin, Morphium spritzen kann, unter Inkaufnahme des schmalen Grates, dass die Frau daran stirbt». Schliesslich verstarb die Frau ohne die Spritze. «Solche Fälle habe ich im letzten Jahr zweimal erlebt», sagt Stoll.

Sauer aufgestossen ist Hansruedi Stoll hingegen eine Erfahrung, die er mit der Sterbehilfeorganisation Exit machen musste. «Ein Patient rief uns an, er habe Durst. Aufgrund einer ärztlichen Verordnung haben wir ihm zu Hause eine Infusionsleitung zur Flüssigkeitsaufnahme gelegt. Als ich am Abend zur Kontrolle vorbeiging, stand die Polizei am Bett. Exit hatte also alles gut eingefädelt», erzählt Stoll. «Weil der Patient nicht mehr schlucken konnte, brauchte er eine Infusionsleitung, um das tödliche Pentobarbital verabreichen zu können. Exit kann aber keine Infusionen legen. Darum täuschten sie Durst vor, damit wir die Leitung legten. Wir wussten also nicht, dass Exit im Spiel war. Wir fühlten uns extrem missbraucht.»

Zur Rechenschaft gezogen wurde Exit nicht. Die Sterbehelfer gaben an, ihr Mitglied habe den Infusionshahn mit dem Pentobarbital selbst geöffnet. Zudem: Bei jeder Selbsttötung, bei der Exit assistiert, schaltet die Sterbehilfeorganisation von sich aus die Polizei ein, um sicherzustellen, dass der Sterbehelfer keine eigennützigen Beweggründe hatte. Pfleger Stoll musste jedoch bei der Polizei erscheinen und Auskunft geben darüber, dass ein Patient, der durstig ist, das Recht auf Infusionen hat. «Die Polizei hätte Exit nachweisen müssen», berichtet Stoll, «dass der inzwischen tote Patient nicht in der Lage gewesen ist, den Dreiweghahn der Infusion eigenhändig selber zu öffnen. Ob er ihn selber geöffnet hat», fragt der Onkologie-Pfleger zweifelnd, «ist eine andere Frage». Und weil der Patient inzwischen tot war, kann anderes nicht mehr nachgewiesen werden. Laut Stoll zeige dieses Beispiel, wie weit Exit heute bereit sei zu gehen.

Ortswechsel: Claraspital

Professor Christian Ludwig, Chefarzt im Claraspital, stellt klar, dass «eine Tötung auf Verlangen nicht in Frage kommt». Das widerspreche nicht nur dem Gesetz, sondern auch dem christlichen Leitbild des Claraspitals, das von der Ordensgemeinschaft der Ingebohl-Schwestern getragen wird. Entsprechend haben Sterbehilfeorganisationen keinen Zutritt zum Claraspital. «Die Beihilfe zum Suizid lehnen wir ab.»

Im Blick auf die eingangs zitierte INED-Studie warnt Ludwig, es könnte der falsche Eindruck entstehen, dass «bei der Hälfte der Patienten etwas unternommen wird mit der Absicht, Leben zu verkürzen. Das trifft mit Sicherheit nicht zu», unterstreicht der Basler Mediziner. Als Beispiel führt Professor Ludwig einen schwer kranken Herzpatienten an, der unter anderem mit einem Antibiotikum behandelt wurde. «Stoppen wir wegen der aussichtslosen Situation dieses Antibiotikum, trägt das höchstwahrscheinlich sehr wenig dazu bei, dass der Patient schneller stirbt. Insofern wäre es falsch, den Eindruck zu erwecken, durch den Verzicht auf dieses Antibiotikum hätten wir eindeutig das Leben dieses Patienten verkürzt.»

Im Umgang mit den Angehörigen Schwerkranker versucht ihnen der Chefarzt jeweils klarzumachen: «Wir sollten möglicherweise das Schicksal entscheiden lassen.» Für Ludwig ist es ein immenser Unterschied, zu sagen, die Behandlung solle Leiden verkürzen oder man verzichte auf lebensverlängernde Massnahmen. «Das hat für mich emotional einen anderen Stellenwert, auch wenn in beiden Fällen am Ende der Tod steht.» Dieses Handeln sei von der Haltung geprägt, nicht Leiden zu verkürzen, sondern Leben bis zum Schluss würdig gestalten zu können. Konkret heisst das für Ludwig: «Ist die Lebensqualität eines Patienten irreversibel schlecht, verzichte ich auf eine lebensverlängernde Behandlung.»

Kommen Patienten mit einem «Exit-Wunsch», so setzt «nur ein Drittel die Selbsttötung um, und dies, obwohl sie über ein Rezept mit dem tödlichen Medikament verfügen», erklärt der Chefarzt. So ist es «innerhalb von zwei Jahren gerade nur ein Patient, der seinen Sterbewunsch mit Exit umsetzt.» Bleibe also jemand bei seinem Sterbewunsch, «stellen wir das Rezept aus, und er oder sie muss dies ausserhalb unseres Hauses machen», umreisst Chefarzt Ludwig die Praxis im Claraspital. Bevor jedoch ein solches Rezept unterzeichnet werde, «besprechen und gewichten wir den Fall ausführlich im Team, in das mindestens auch zwei Onkologen und der Psychiater involviert sind».

Gefragt nach seiner Einschätzung zur Sterbehilfeorganisation Exit, weist Christian Ludwig auf ein grundsätzliches Problem hin: «Ein Riesenproblem in der Debatte um die Sterbehilfe ist meines Erachtens die grosse Schwierigkeit, im Einzelfall abzuschätzen, was der Wille des Patienten ist und was aufgrund des Drucks aus dem Umfeld als Wunsch geäussert wird». So sei es keineswegs selten, dass der Patient mit seiner Krankheit und dem, was auf ihn zukommt, besser zurechtkomme als sein Vis-à-Vis. «Muss ich jetzt zuschauen, wie mein Vater stirbt?», sei kürzlich die bange Frage eines überforderten Sohnes gewesen. «Er konnte es nicht aushalten», erzählt der Chefarzt, «da zu sitzen und abzuwarten, bis der Vater stirbt». In solchen Situationen müsse die Gefahr gesehen werden, dass Druck aus der Familie, aus dem sozialen Umfeld komme, «besser Schluss zu machen». «Es ist eine grosse Kunst», fährt Ludwig fort, «wirklich sicher zu sein, dass der Sterbewunsch tatsächlich der Wunsch des Patienten selbst ist und nicht den Druck von der Umgebung reflektiert».

Zugleich verweist der Onkologe auf die Palliativ-Abteilung des Claraspitals, die mit sechs Betten ausgestattet ist. Mit dieser eigens für Patienten im terminalen Stadium eingerichteten Station hätten sie im Claraspital durchwegs gute Erfahrungen gemacht, sagt Ludwig. Dies unter der Voraussetzung, dass sich das medizinische Personal um den Patienten kümmere, für eine gute medikamentöse Schmerzeinstellung sorge und auch zu den Angehörigen schaue, «was das Palliativ-Team sehr intensiv praktiziert. Unter solchen Umständen kommt in den meisten Fällen der Wunsch nach Exit gar nicht mehr zur Sprache», resümiert der Arzt. Mit anderen Worten: Im Claraspital wird der Schwerpunkt der Behandlung und Betreuung Sterbenskranker auf die Begleitung gelegt. Zu dieser Begleitung durch das Palliativ-Team gehört nicht nur Ärztliches, sondern auch der Seelsorger, der Psychiater und die Maltherapeutin. «Wer bei der Begleitung die führende Rolle übernimmt, hängt von dem einzelnen Patienten ab», betont Professor Ludwig. So wolle der eine keinen Seelsorger, ein anderer hingegen keinen Psychiater oder umgekehrt. «Die Autonomie des Patienten ist uns etwas vom Wichtigsten, damit er entscheiden kann, wie er seine letzte Lebensphase gestalten möchte», unterstreicht der medizinische Leiter. Auf der Palliativ-Abteilung sind die Patienten im Schnitt 15 bis 16 Tage.

Ortswechsel: Pflegeheim «Zum Lamm»

«In der Realität war ich in meinen 13 Jahren Heim noch nie mit Sterbehilfe und den entsprechenden Organisationen konfrontiert», erklärt Urs Baudendistel, Zentrumsleiter des Bürgerspitals Basel. In seinem Büro im Kleinbasler Pflegeheim «Zum Lamm» ist die Stimmung aufgeräumt. Entspannt berichtet Baudendistel – er leitet drei der sechs Pflegewohnheime des Bürgerspitals –, dass sie «grundsätzlich sterbebegleitend mit den Heimbewohnerinnen und Heimbewohnern umgehen, sodass sie in einem friedlichen Rahmen aus dem Leben gehen können». Darum würde eine Selbsttötung auch seitens des Pflegepersonals «eher als schwierig empfunden werden». Im Zusammenhang mit den Tötungsdelikten in einem Luzerner Altenheim vor fünf Jahren sei die Bürgerspital-Leitung zum Schluss gekommen: «Ein Mensch, der bei uns im Heim wohnt, kann grundsätzlich alle seine Bürgerrechte wahrnehmen und entsprechend weitgehend selber bestimmen, wie er sein Leben gestalten will. Und», ergänzt Heimleiter Baudendistel, «dazu gehört auch sein Tod».

In diesem juristischen Rahmen verzichtete das Bürgerspital bewusst auf ein «Nein» zu einem indirekt aktiven Sterbehilfeprozess. «Jeder hat das Recht, diesen Weg zu gehen.» Zu diesem Zweck hat das Bürgerspital schriftlich ein Reglement erlassen, das von der Abteilung Langzeitpflege des Basler Gesundheitsdepartements überprüft wurde. Die Eckpunkte des Konzeptes «Palliative Pflege und Betreuung» sind unter der Überschrift «Lebensqualität bis zuletzt» in dem Informationsblatt des Bürgerspitals so zusammengefasst: «Es geht darum, Lebensqualität zu verbessern, Schmerzen und Symptome zu lindern, Leben zu unterstützen und Sterben als einen natürlichen Vorgang zu betrachten.» Ganz wichtig ist Heimleiter Baudendistel, dass die Pflegenden im Falle eines Sterbenden, der oder die die Dienste einer Sterbehilfeorganisation in Anspruch nehmen will, «gegen ihren Willen absolut nicht an diesem Prozess beteiligt werden dürfen». Schliesslich gebe es Mitarbeitende, die sich aus ethischen Gründen weigern, bei einer Selbsttötung zu assistieren. Dies zu respektieren, gehöre zur Sorgfaltspflicht der Heimleitung.

Weiter sei es wichtig, dass «die Heimleitung weit möglichst zu informieren ist, wenn eine Sterbehilfeorganisation beigezogen wird», erklärt Baudendistel, «damit von unserer Seite her Begleitung angeboten werden kann». Abzuklären gelte es, in welcher Form ein Heimbewohner seinen Tod plane, wie der Kontakt zu den Angehörigen aussieht, wie stark in dieser Phase der Kontakt zum Pflege- und Betreuungspersonal sei und inwieweit er oder sie pflegebedürftig ist. «Wenn es zu so einem Fall kommt, ist das eine überaus individuelle Geschichte, die im vornherein kaum strukturiert werden kann», sagt der Heimleiter.

Bisher habe er einen solchen Fall noch nicht erlebt. Gründe sieht Baudendistel in der veränderten Praxis der Heime, denn «seit etwa zehn Jahren engagieren wir uns dafür, dass wir die Betagten so lange wie möglich, und das heisst auch zum Sterben, im Heim behalten wollen». Es sei zudem eine Art stilles Übereinkommen zwischen Angehörigen, Personal, Ärzten und der Gesellschaft insgesamt, dass man «keine Notfallsituation aus den letzten Momenten des Lebens mehr macht», umschreibt der Heimleiter diese veränderte Praxis. Konkret bedeute dies, «dass wir das Sterben geschehen lassen, wenn es passiert», unterstreicht der «Lamm»-Leiter die zwar nicht schriftlich fixierte, aber sehr deutlich gelebte Haltung im Bürgerspital. Das Spital werde erst dann eingeschaltet, wenn das Pflegepersonal mit seinen Mitteln die Schmerzen oder das Unwohlsein nicht mehr lindern könne. «Ich bin aber sehr froh», ergänzt Urs Baudendistel, «dass wir mit der heutigen Medizin den grössten Teil der Heimbewohner bis zum Tod bei uns halten können». So liege das grösste Augenmerk in allen sechs Pflegeheimen des Basler Bürgerspitals auf der Sterbebegleitung, «die wir als Lebensbegleitung bis an das Ende des Weges verstehen», hält Heimleiter Baudendistel fest. Fazit: Gross geschrieben werde die Begleitung in der letzten Lebensphase, und nicht die Sterbehilfe.

Bildserie 3

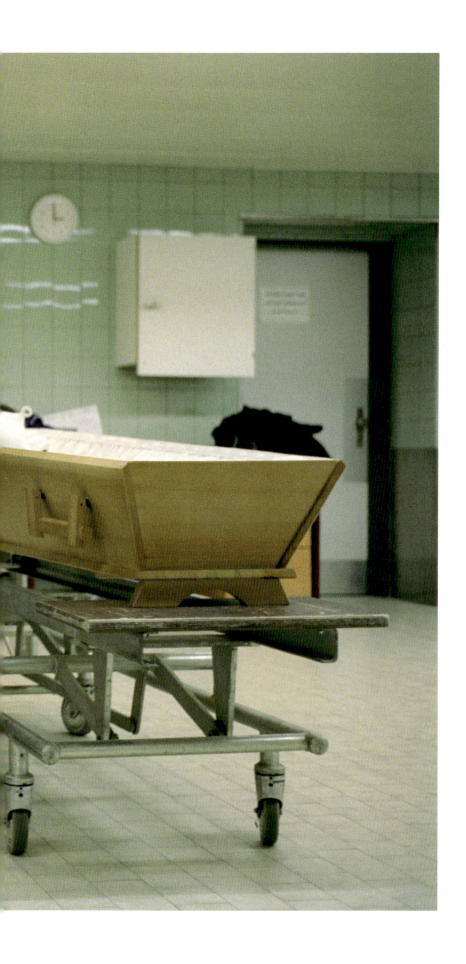

Michael J. Mihatsch

Die Toten dienen dem Leben – Die Autopsie

Die Autopsie (auch Obduktion, Sektion oder Leichenöffnung genannt) hat eine lange Geschichte, die bis in die Antike zurückreicht. Keine einzige medizinische Massnahme hat mehr zu unserem heutigen medizinischen Wissen beigetragen als die Autopsie. Nachfolgend wollen wir einen kurzen Blick auf die Geschichte unter besonderer Berücksichtigung der Basler Geschichte werfen, um dann die Frage zu beantworten, welchen Stellenwert die Autopsie in der modernen Medizin heute einnimmt. Abschliessend werden die Ursachen für den Rückgang der Autopsiezahlen diskutiert.

Zur Geschichte

Basel hat auf dem Gebiet der Autopsie eine lange Tradition. 1588 richtete in Basel der angesehene Medizinprofessor und Stadtarzt Felix Platter (1536–1614) ein erstes sogenanntes anatomisches Theater nach dem Vorbild eines Amphitheaters ein. Er führte etwa 300 Sektionen durch. 1594 entstand in Padua eine ähnliche Einrichtung, die auch heute noch besteht. Die Autopsie erfolgte öffentlich und war in Basel ein gesellschaftliches Ereignis ersten Ranges. Im Vordergrund stand neben der Lehre vor allem der Unterhaltungswert für das Publikum. Alle, die gesellschaftlich etwas auf sich hielten, drängten zu diesem Ereignis. Die vorderen Reihen waren der Prominenz vorbehalten, den Medizinprofessoren und den herausragenden Personen des öffentlichen Lebens, die zweite Reihe war für die Kandidaten der Medizin reserviert, die übrigen Plätze standen den Chirurgen (Barbiere) und dem übrigen Publikum gegen entsprechendes Eintrittsgeld zur Verfügung. Die wissenschaftliche Bedeutung dieser Schausektionen war relativ gering. Die eigentliche Einführung der pathologischen Anatomie und damit der wissenschaftlichen Autopsie erfolgte durch den italienischen Arzt und Naturforscher Giovanni Battista Morgagni (1682–1771) durch die Veröffentlichung des Werkes «Ueber den Sitz und die Ursachen der Krankheiten, aufgespürt durch die Kunst der Anatomie» im Jahr 1761. Morgagni wollte in seiner Arbeit die Beziehungen zwischen Krankheitssymptomen, Krankheitsverlauf und Sektionsbefund darlegen. Einen Höhepunkt der Sektionstätigkeit erlebte man im Wien des 19. Jahrhunderts. Dort wurde nahezu jeder Verstorbene obduziert. Karl Freiherr von Rokitansky (1804–1878) soll während seiner Laufbahn allein 30 000 Sektionen durchgeführt und 70 000 Sektionen überwacht haben. Die Bedeutung der Pathologie wurde von den Basler Behörden frühzeitig erkannt. Bereits 1855 wurde das Institut für Pathologie Basel gegründet und ist damit das drittälteste Institut für Pathologie in Europa. Es erhielt damals den Auftrag, den Behörden jährlich über die Entwicklung der Seuchen zu berichten.

Bis ins späte 20. Jahrhundert spielte die Autopsie in der Forschung noch eine wichtige Rolle. Die Qualitätssicherung war von eher untergeordneter Bedeutung. Heute steht die Qualitätssicherung – gefolgt von Lehre und Forschung – ganz im Vordergrund.

Autopsie und Qualitätssicherung

«Mortui docent vivos» («Die Autopsie dient dem Leben») steht vielerorts über dem Eingang der Institute für Pathologie oder zum Autopsietrakt. Diese sehr allgemeine Aussage trifft ohne Zweifel zu. Qualitätsmassstab für eine Klinik ist heute die Übereinstimmungsrate von prämortalen und postmortalen Diagnosen. Eine Übereinstimmungsrate von über 90 Prozent gilt heute als Qualitätsmassstab für eine Klinik. Wie viele der Verstorbenen einer Klinik autopsiert werden müssen, um verlässliche Angaben über die Qualität machen zu können, ist unklar. Allgemein nimmt man an, dass bei über 30 Prozent der Verstorbenen eine Autopsie erforderlich ist. In den USA wurde deshalb als Voraussetzung für die Akkreditierung eine Autopsiequote von über 25 Prozent verlangt.

Die Rolle, die die Autopsie bei der Aus- und Weiterbildung, der Forschung oder in der Epidemiologie spielt, hat auf jeden Fall einen indirekten Einfluss auf die Qualität der Medizin. Es ist in keiner Studie bewiesen worden, dass sich die Qualität der klinischen Medizin direkt proportional zur Autopsierate verhält. Die Anzahl der Diagnose-Irrtümer liegt unabhängig von der Autopsierate zwischen 10 und 50 Prozent. In vielen Fällen werden dabei lediglich sekundäre Leiden erfasst, die die Therapie oder die lebenserhaltenden Massnahmen nicht beeinflusst hätten. Echte Diagnose-Irrtümer betreffen heute vornehmlich betagte Personen. Die Aufdeckung von relevanten Diagnose-Irrtümern, die heute selten geworden sind, trägt fraglos zur ständigen Weiterbildung der Ärzte bei.

Autopsie als Element der Aus- und Weiterbildung

In der Ausbildung von Medizinstudenten spielt die Autopsie eine wichtige Rolle. Die klinische Autopsie regt die Studierenden zum Studium der theoretischen Zusammenhänge an. Sie ist hervorragend geeignet, durch Fallbeispiele bestimmte Krankheitsbilder zu erläutern und Kenntnisse zu vertiefen. Bei der Autopsie lernt der Student eine Krankheit zu «begreifen». In der Ausbildung von Fachpathologen ist die Autopsie von hervorragender Bedeutung. Anhand von Autopsien lernt der angehende Pathologe, die komplexen Zusammenhänge bei den verschiedenen Erkrankungen zu erkennen und die Auswirkungen einer Organkrankheit auf den ganzen Menschen zu verstehen. Dadurch wird der Pathologe zum vollwertigen Partner der klinisch tätigen Ärzte. Eine wichtige Funktion hat die Autopsie in der Weiterbildung von Ärzten anderer Fachrichtungen. Die Autopsie kann von Fachchirurgen genutzt werden, die einerseits am Sektionstisch Anregungen für technische Änderungen oder Verbesserungen von Operationstechniken bekommen, andererseits aber auch anlässlich von Autopsien neue Techniken ausprobieren können. Eine äusserst wichtige Rolle im Rahmen der Weiterbildung spielen aber die klinisch-pathologischen Konferenzen. Dabei kommt die klinische Diagnostik und Therapie auf den Prüfstand, aber genauso auch die Qualität der prämortalen Diagnostik durch die Pathologen. Hier werden die Fragen beantwortet, ob alle für die letzte Krankheitsphase des Patienten wichtigen Erkrankungen korrekt diagnostiziert wurden, ob die eingesetzte Therapie angemessen war und ob sie Nebenwirkungen verursacht hat. Anhand der Autopsieergebnisse kann die Frage beantwortet werden, inwieweit bestimmte Untersuchungstechniken oder Therapien überhaupt notwendig waren. Solche Fragen werden heute unter dem Begriff «evidence based medicine» diskutiert. Trotz modernster Diagnosemethoden finden sich immer wieder Diskrepanzen zwischen klinischen und autoptischen Befunden. Nach einzelnen Studien entziehen sich bis zu 25 Prozent der Herzinfarkte, 40 Prozent der Tumoren und Infektionskrankheiten und 60 Prozent der Lungenembolien der klinischen Diagnose.

Die heute allgemein sinkenden Autopsieraten beeinträchtigen die Selbstkontrolle und die Entwicklung eines selbstkritischen Verhaltens der Ärzte. «Wer nie erfährt, was er falsch gemacht hat, wird immer glauben, dass er alles richtig macht.» Es ist eine besondere Aufgabe der Pathologen, die Qualität der Autopsie zu garantieren und sich den stets wandelnden klinischen Fragen und Anforderungen zu stellen. Das Interesse der Kliniker an der Autopsie wird vor allem durch das Engagement der Pathologen bei der Korrelation der klinischen mit den morphologischen Befunde erhöht. An vielen medizinischen Kliniken, so auch in Basel, sind wöchentlich durchgeführte pathologisch-anatomische Demonstrationen mit Einschluss histologischer Befunde ein fester Bestandteil der Weiterbildung.

Autopsie und Forschung

Obwohl die bahnbrechenden Forschungsergebnisse heute nicht mehr auf Autopsiestudien beruhen, sind doch seit 1950 über 60 neue Krankheitsbilder anhand von Autopsiebefunden beschrieben worden. Als Beispiel seien die Pneumocystis-Pneumonie, die Legionellosen, die veno-occlusive Lebererkrankung, die Folgen der HIV-Erkrankung und die primären Kardiomyopathien erwähnt. Für Basel und die Schweiz sind die Untersuchungen zur Analgetikanephropathie (besser Phenacetinniere) besonders erwähnenswert. Autopsieuntersuchungen konnten den Zusammenhang zwischen übermässiger Schmerzmitteleinnahme und Nierenschaden beweisen. Infolgedessen wurden die verursachenden Schmerzmittel vom Arzneimittelmarkt entfernt. Heute spielt die Autopsie besonders auf dem Gebiet der Demenzdiagnostik eine wichtige Rolle. Die wichtigsten Erkenntnisse zur Alzheimererkrankung wurden durch Untersuchungen von Autopsiegewebe gewonnen. Die exakte Definition einer Vielfalt von Erkrankungen, die zu einer Demenz führen können, sind systematischen Autopsiestudien zu verdanken. Damit wurde eine Grundlage für eine differenziertere Diagnostik und neue Therapieansätze geschaffen. Genannt seien hier nur die Krankheitsbilder der Silberkornkrankheit und der Tauopathien.

Epidemiologische Aspekte

Zuverlässige Mortalitätsstatistiken, die für die Planung und Organisation des Gesundheitswesens von Bedeutung sind, können ohne ausreichend hohe Autopsieraten nicht erstellt werden. Welche Diskrepanzen zwischen Leichenschaubefunden (klinische Diagnosen ohne Autopsie) und Autopsiediagnosen bei einer fast hundertprozentigen Obduktionsfrequenz bestehen, hat die 1986 durchgeführte Görlitzer-Studie aufgedeckt. Diese Studie ergab, dass bei 37 Prozent der überprüften Todesfälle keine Übereinstimmung im Grundleiden zwischen Leichenschaudiagnose und Obduktionsbefund bestand. Aber nicht nur die Mortalitätsstatistiken, auch die Krebsregister sind auf zuverlässige autoptische Daten angewiesen, da zahlreiche bösartige Tumoren erst durch eine Autopsie entdeckt werden. Beispielhaft für den Einfluss einer hohen Obduktionsrate auf die Zuverlässigkeit der Angaben von Krebsregisterdaten seien nur unsere eigenen Erfahrungen bezüglich der Häufigkeit des Nierenzellkarzinoms genannt. Die Angaben der Tumorfälle im Krebsregister Basel-Stadt und Basel-Landschaft (Krebsregister beider Basel) beruhen auf Meldungen der behandelnden Kliniker und der Institute für Pathologie aufgrund der Diagnostik von Tumoren durch Biopsie oder Autopsie. In den Jahren 1981 bis 1992 wurden insgesamt 551 Nierenkarzinome an das Krebsregister gemeldet. Allein 91 dieser Fälle waren Nierentumoren, die erst bei der Autopsie entdeckt wurden. Das entspricht 17 Prozent aller im Krebsregister erfassten Nierenzellkarzinome.

Sinkende Autopsieraten mindern die Genauigkeit der Krebsregisterdaten für epidemiologische Aussagen, da die Mehrzahl kleiner klinisch noch nicht relevanter Tumoren erst bei der Autopsie entdeckt wird. Eine plötzliche Zunahme bestimmter Tumortypen lässt sich bei sinkenden Autopsieraten möglicherweise nicht rechtzeitig erfassen und entsprechende klinisch-therapeutische Handlungsoptionen kommen zu spät. Gleiches gilt natürlich auch für Berufskrankheiten oder durch Umweltgifte ausgelöste Krankheiten.

Ursachen für den Rückgang der Autopsiezahlen

Heute sinken die Autopsiezahlen im deutschsprachigen Raum dramatisch. Die Autopsierate liegt an einigen Krankenhäusern Deutschlands deutlich unter zehn Prozent. Die aktuelle Situation am Institut für Pathologie der Universität Basel ist mit anderen schweizerischen Instituten vergleichbar. Wurden am Kantonsspital Basel 1981 noch 1500 Autopsien pro Jahr durchgeführt, lag die Autopsiezahl 2005 bei 400. Die Autopsierate, das heisst die Anzahl der Verstorbenen bezogen auf die Anzahl der autopsierten Personen lag im gesamten Kanton Basel-Stadt 1950 bei 55 Prozent, 2005 nur noch bei 17 Prozent. Die Autopsierate am Universitätsspital Basel liegt noch bei über 50 Prozent. Der starke Rückgang der absoluten Autopsiezahlen an den Instituten für Pathologie ist teilweise darauf zurückzuführen, dass Patienten heute vermehrt in anderen medizinischen Einrichtungen (Alters- und Pflegeheime, private Einrichtungen) sterben, von denen keine Autopsien angefordert werden.

Eine Ursache für den Rückgang der Autopsiezahlen ist sicherlich auch der Wandel in der Einstellung der Öffentlichkeit. Die Rate der verweigerten Autopsien betrug am Institut für Pathologie Basel 1982 noch 10 Prozent, 2005 über 50 Prozent. Die Ursachen sind vielfältig, dürften aber hauptsächlich in einer sich wandelnden Einstellung der Öffentlichkeit gegenüber dem Tod und in abschreckenden Medienberichten zu suchen sein. Horrorberichte über verstümmelte Leichen und Zeitungsmeldungen über den Verkauf von Organen von

Verstorbenen an die Industrie haben zweifellos die Bevölkerung verunsichert. Dazu muss man Folgendes feststellen: Nach einer Autopsie ist ein Verstorbener nicht entstellt, genauso wenig wie nach einer grossen Operation. Die Angehörigen können somit am offenen Sarg von ihren Verstorbenen Abschied nehmen. Eine Weitergabe von Gewebe an die Industrie ist nur nach schriftlicher Genehmigung durch das «Ethische Komitee beider Basel» möglich. Einen Verkauf von Organen oder Geweben gibt es nicht. Gewebestücke Verstorbener können innerhalb der Universität zur Klärung der beim Verstorbenen bestehenden Leiden an andere Untersucher weitergegeben werden. Organe Verstorbener werden an der Universität zu Lehrzwecken für Medizinstudenten verwendet.

Einfluss auf die Autopsierate haben auch die gesetzlichen Vorgaben. Im Kanton Basel-Stadt besteht die sogenannte Widerspruchs- oder Verweigerungsregelung. Eine Autopsie darf durchgeführt werden, wenn sich der Verstorbene zu Lebzeiten oder die nächsten Angehörigen nicht ausdrücklich gegen eine Autopsie ausgesprochen haben. Gegen den Willen der Verstorbenen oder deren Angehörigen wird keine Autopsie durchgeführt. In Ländern mit einer Zustimmungslösung (Deutschland) müssen die Angehörigen vor jeder Autopsie um Erlaubnis gefragt werden. In diesen Ländern liegen die Autopsieraten wesentlich niedriger (etwa bei 10–20%) als in Ländern mit Widerspruchslösung. In einigen Bundesländern in Deutschland wird jetzt wieder eine Widerspruchsregelung eingeführt, weil das Gesundheitswesen auf eine ausreichende Autopsierate angewiesen ist. Trotz der in Basel-Stadt geltenden Widerspruchslösung werden in der Mehrzahl der Fälle die Angehörigen um Zustimmung gebeten. Religiöse oder konfessionelle Bindungen werden in jedem Fall respektiert. Wenn vermutet werden kann, dass der Verstorbene jüdischen oder muslimischen Glaubens ist, wird die Autopsie nur auf ausdrücklichen Wunsch der Angehörigen vorgenommen. Gegen den Willen der Verstorbenen oder Angehörigen kann eine Autopsie nur bei speziellen gerichtlichen oder rechtsmedizinischen Fragestellungen (Unfall, Frage nach Kunstfehlern) auf gerichtliche Anordnung durchgeführt werden. Derartige Autopsien werden dann am Institut für Rechtsmedizin vollzogen.

Angehörige können jederzeit von dem Pathologen, der die Untersuchung vorgenommen hat, Auskunft über die Ergebnisse der Autopsie erhalten. Es geht den Angehörigen meist um die Gewissheit, dass sie bei der Betreuung der Verstorbenen nichts falsch gemacht haben, dass bei der Behandlung nichts versäumt wurde, um die Zuverlässigkeit der Diagnose und um den Ausschluss klinisch unbekannt gebliebener Erb- und Tumorleiden und um die Frage, ob eine Demenz insbesondere eine Alzheimer Krankheit vorgelegen hat. Das Wissen, dass Grundleiden und Todesursache geklärt wurden, entlastet die Angehörigen oft von Schuldgefühlen in der Zeit der Trauer und verkürzt damit die Zeit der Trauerarbeit. Der Autopsiebericht wird dem letztbehandelnden Arzt und auf Wunsch dem Hausarzt zugestellt. Anhand dieser Unterlagen können die Angehörigen eingehend aufgeklärt werden. Die Autopsiediagnose unterliegt genauso den Datenschutzvorschriften wie die Krankengeschichte. Die Entscheidung der Angehörigen für eine Autopsie wird wesentlich von der Motivation durch den letztbehandelnden Arzt beeinflusst. Wenn die letztbehandelnden Ärzte selbst von der Notwendigkeit der Autopsie überzeugt sind, erteilen bis zu 80% der Angehörigen ihre Zustimmung zur Autopsie. Besorgniserregend ist daher, dass Ärzte immer seltener an der Durchführung von Autopsien interessiert sind. Es gibt Umfragen bei Klinikern, in denen bis zu 50% der Befragten angeben, dass Autopsien heute nur noch von untergeordneter Bedeutung seien («Wer nie zu zweifeln gelernt hat, glaubt alles richtig gemacht zu haben und das kann Tote geben»).

Aufgrund der Kostenexplosion im Gesundheitswesen werden in den letzten Jahren immer öfter die hohen Kosten als Argument gegen hohe Autopsiezahlen angeführt. In der Schweiz liegen die Kosten einer Autopsie bei ca. 1500 Franken. Diese Kosten werden vom Spital getragen. Vor diesem Hintergrund ist auch die Verwaltung der Spitäler gefragt, wie viel sie vom Krankenhausbudget für die Qualitätssicherung auszugeben gewillt ist.

Ausblick

Hohe Autopsieraten per se besitzen keinen Selbstwert, wenn die Autopsien nur Routineuntersuchungen sind. Eine hohe medizinische Qualität der Autopsie, deren Ergebnisse den letztbehandelnden Ärzten zur Kenntnis gebracht werden, in klinisch-pathologischen Konferenzen diskutiert werden und zur abschliessenden Information der Angehörigen dienen, rechtfertigen ihre Durchführung. In Basel ist man bemüht, die Erkenntnisse der Autopsie optimal zu nutzen, um der letzten humanitären Leistung des Verstorbenen oder seiner Angehörigen («Die Autopsie dient den Lebenden»), eine Autopsie nicht zu verweigern, würdig zu sein.

Daniel Wyler

Verbrechen auf der Spur – Die Rechtsmedizin

Erste Quellen gerichtlich-medizinischer Aufgaben finden sich in den Gesetzgebungen der Babylonier, nämlich im Codex Hammurabi (ca. 1750 v. Chr.). Bereits damals wurden ärztliche Behandlungsfehler beurteilt. Auch in biblischen Gesetzestexten finden sich Stellen, die sich mit gerichtsmedizinischen Fragestellungen auseinandersetzen. Hier sind besonders Sittlichkeitsdelikte wie Inzest, Pädophilie und Sodomie zu erwähnen. Es finden sich auch Hinweise in biblischen Schriften, die dafür sprechen, dass bereits zu früher Zeit ärztliche Experten zugezogen wurden. Nämlich bei Fragestellungen nach der Jungfernschaft sowie der Abklärung gewaltsamer Todesfälle. Das alte römische Recht, welchem das Zwölftafelgesetz (um 450 v. Chr.) zugrunde lag, regelte die Schwangerschaftsdauer und legte diese auf höchstens zehn Monate fest. Aus dem Zwölftafelgesetz geht auch hervor, dass man sich mit vielen aktuellen Fragestellungen auseinandersetzte, wie zum Beispiel Untersuchungen von Vergiftungen, Mord und Totschlag sowie der Beurteilung strafmildernder Gründe bei Minderjährigen.

Seit jeher erfolgten Wundbeurteilungen mit dem Ziel, das Ausmass eines Verletzungsschadens einzuordnen. Im Spätmittelalter war die Lokalisation einer Verletzung bedeutsam und entschied über die Heilbarkeit, also die Prognose einer Verletzung. In diesem Zusammenhang existieren alte Dokumente sogenannter «Wundmänner», auf denen diese Körperzonen aufgezeichnet sind. Mit zunehmender Kenntnis der menschlichen Anatomie und der Funktionsweise des Organsystems – hier war mit Sicherheit die Einführung der Leichenöffnung (Obduktion, Autopsie, Sektion) Ende des 13. Jahrhunderts in Bologna ausschlaggebend – erfolgten die Beurteilungen nach pathologisch-anatomischen Gesichtspunkten. Auch heute noch ist der Befund und der von ihm ausgehende Funktionsausfall entscheidend bei der Wundbegutachtung.

In einfacher Form zusammengefasst gilt, dass sich unser Fach stets mit drei Schwerpunkten auseinandergesetzt hat: Wunden – Frauen – Gifte. Das war im Altertum so und hat sich bis heute nicht wesentlich geändert.

Geschichte des Basler Instituts

Historisches

Der erste Bericht aus Basel über eine Wundversorgung wurde 1381 verfasst. Die älteste Nachricht über eine Untersuchung im Falle einer Unzucht stammt aus dem Jahr 1411. 1449 wurde eine Wundschaukommission auf den bestehenden Rechtsbräuchen aufgebaut. Die Wundbegutachtungen erfolgten noch nicht durch Ärzte;

die Untersucher mussten zwischen schweren und leichteren Körperverletzungen unterscheiden, zur Prognose Stellung nehmen sowie über die Angemessenheit der Rechnungsstellung der Chirurgen entscheiden. Erster beamteter Stadtarzt wurde 1355 Wilhelm Atzo. Felix Platter (1571–1614) war als erster in grösserem Umfang gerichtlich-medizinisch tätig. In der zweiten Hälfte des 19. Jahrhunderts wurde die Rechtspflege reorganisiert und die Gerichtsmedizin im heutigen Sinne eingeführt. Erster Gerichtsarzt, damals noch im Nebenamt, wurde Prof. Adolf Streckeisen (1857–1916).

Vom gerichtsärztlichen Dienst zum Institut für Rechtsmedizin
1916 wurde Dr. med. Salomon Schönberg, 1. Assistent des pathologisch-anatomischen Instituts, Gerichtsarzt. Damals stand ihm kein eigenes Institut zur Verfügung, er arbeitete unter sehr prekären Umständen in verschiedenen Lokalitäten. 1917 wurden jährlich 339 Untersuchungen durchgeführt, darunter neun Obduktionen. Ab 1918 konnte der Gerichtsarzt im Hauptamt arbeiten.
1925 wurde im Physikinstitut in zwei Räumen provisorisch ein Gerichtlich-Medizinisches Institut eingerichtet. Die Anzahl der Untersuchungen wurde immer grösser. Mitte des 20. Jahrhunderts wurden jährlich etwa 150 Obduktionen durchgeführt. Daneben nahm aber auch der Umfang der Untersuchungen Lebender sowie der chemisch-toxikologischen Analysen zu. 1949 sollte Prof. Schönberg in Pension gehen. Da kein Nachfolger gefunden werden konnte, wurde seine Pensionierung bis 1953 hinausgeschoben. Dann trat Dr. Jürg Im Obersteg seine Nachfolge an.

1954 wurde das Gesuch für einen Neubau eingereicht. 1958 beschloss eine Kommission des Grossen Rates, ein neues Institut bauen zu lassen. Am 6. Dezember 1960 konnte der Neubau des heutigen Instituts eingeweiht werden. Erster Direktor war Prof. Jürg Im Obersteg; er ist wie auch sein Vater als bedeutender Kunstsammler bekannt geworden. Er blieb im Amt bis Ende 1969. 1970 wurde Prof. Max Lüdin als Gerichtsarzt und Direktor des Instituts ernannt. Von 1984 bis 1991 leitete Prof. Richard Dirnhofer das Institut. Bis zum Stellenantritt des jetzigen Direktors, Prof. Volker Dittmann, im Jahr 1996 leitete Dr. Ottmar Jakob das Institut interimistisch.
1997 erfolgte der Wechsel des Instituts vom Polizei- und Militärdepartement zum Sanitätsdepartement (seit 1. Juli 2005 Gesundheitsdepartement). Im Rahmen dieser Umstrukturierung wurde die von Dr. phil. Thomas Briellmann geleitete chemisch-toxikologische Abteilung ins Institut integriert.

Aufgaben der Rechtsmedizin

Hauptaufgabe des Faches Rechtsmedizin ist die Anwendung medizinischer und naturwissenschaftlicher Kenntnisse im Dienste der Rechtspflege. Wir verstehen uns in erster Linie als Sachverständige für die Ermittlungs- und Untersuchungsbehörden, somit auch als Mittler zwischen Recht und Medizin sowie den angewandten Naturwissenschaften. Dies gilt für alle uns erteilten Aufträge, also die Untersuchung von Lebenden oder Verstorbenen, aber auch die Analyse von Blut- und Urinproben, Spurenträgern, Betäubungsmitteln und anderem. Dementsprechend arbeiten wir sehr praxisorientiert. Im Vordergrund steht ein umfangreiches medizinisches und naturwissenschaftliches Dienstleistungsangebot. Da im Interesse der Rechtssicherheit die Ansprüche an die Qualität dieser Leistungen ständig steigen, ist auf allen Gebieten der Rechtsmedizin eine kontinuierliche praxisbezogene Forschungstätigkeit erforderlich.

Alle Aufgaben werden während des ganzen Jahres wahrgenommen. Unsere Dienstärzte stehen der Einsatzzentrale der Kantonspolizei Basel-Stadt, welche uns aufbietet, rund um die Uhr zur Verfügung.
Die Berührungsflächen zwischen Medizin und Recht sind so vielfältig, dass diese Aufgaben nicht allein vom Rechtsmedizinischen Institut IRM wahrgenommen werden können. Daher müssen wir für spezifische Fragestellungen Fachärzte in freier Praxis und in Spitälern oder Naturwissenschafter als Experten beiziehen und mit diesen eng zusammenarbeiten. Wir beraten Ärzte, aber auch die Mitarbeiter der Polizei- und Justizorgane ständig in Fachfragen und sorgen mit Aus- und Weiterbildungsveranstaltungen für rechtsmedizinische Grundkenntnisse. Ein IRM verfügt über drei Hauptabteilungen, nämlich Forensische Medizin und Pathologie, Forensische Chemie und Toxikologie sowie Forensische Molekularbiologie.

Forensische Medizin und Pathologie

Untersuchungen von Verstorbenen

Eine der Hauptdomänen der Rechtsmedizin stellt die Abklärung aussergewöhnlicher Todesfälle (AGT) dar. Die Gruppe der AGT umfasst alle Todesfälle, die gewaltsam oder möglicherweise gewaltsam, aber auch solche, die plötzlich und unerwartet eingetreten sind. Der erste Arzt, der zu einem Todesfall beigezogen wird, hat die entscheidende Aufgabe, zu entscheiden, ob ein AGT vorliegt oder nicht. Jeder AGT muss an die Polizei oder auch an ein IRM gemeldet werden.
Das Basler Institut ist nicht für den Kanton Basel-Stadt, sondern vertragsgemäss auch für den Kanton Basel-Landschaft und das basel-solothurnische Grenzgebiet zuständig. Jährlich werden mehr als 300 Todesfälle abgeklärt. Falls aufgrund einer genauen äusseren Inspektion die für forensische Belange wesentlichen Diagnosen nicht gestellt werden können, ordnet die Staatsanwaltschaft eine gerichtliche Obduktion sowie je nach Fragestellung Zusatzuntersuchungen an. Im Kanton Basel-Stadt kann der Direktor des Institutes in seiner Funktion als Gerichtsarzt gemäss Bestattungsgesetz eine Bestattungsobduktion anordnen. Dies geschieht hauptsächlich bei Todesfällen, bei denen eine Fremdeinwirkung zwar ausgeschlossen werden kann, die Todesursache oder die Umstände nicht klar sind, der Verstorbene noch jung ist oder eine ansteckende Krankheit zum Tode geführt haben könnte.

Untersuchung von Lebenden

Heutzutage untersuchen wir jährlich fast 500 zumeist verletzte Personen und interpretieren und begutachten die dabei erhobenen Befunde. Eine umfassende und professionelle Befunddokumentation bei Opfern und falls möglich bei Tatverdächtigen ist in jedem Fall Basis der Beurteilung eines Vorfalles und gegebenenfalls einer Verurteilung eines Angeschuldigten durch die Gerichte. In den letzten Jahren hat die Anzahl der Untersuchungen stark zugenommen. Der Hauptgrund dafür liegt in erster Linie in der vor wenigen Jahren geänderten Rechtslage. Häusliche Gewalt stellt nun ein Offizialdelikt dar. Die Ermittlungsbehörden werden aktiv, wenn sie von solchen Ereignissen Kenntnis erhalten.

Es ist unsere Pflicht, die Untersuchungen und Begutachtungen nach naturwissenschaftlichen Kriterien, objektiv, wertfrei und unparteiisch durchzuführen. Dies setzt eine hohe Professionalität voraus, zumal es sich oftmals um belastende Sachverhalte, Fragestellungen oder Anschuldigungen wie z.B. Kindsmisshandlung, Vergewaltigung, Vernachlässigung, Familienfehden und vieles mehr handeln kann.

Eine unserer Aufgaben besteht auch darin, kranke Verkehrsteilnehmer hinsichtlich ihrer Fahreignung zu untersuchen. Hier nehmen wir auch eine präventive Aufgabe wahr, mit dem Ziel, den Strassenverkehr so sicher wie möglich zu machen.

Forensische Chemie und Toxikologie

Die Unterabteilung für Forensische Chemie identifiziert Stoffe, von denen man annimmt, es handle sich um Betäubungsmittel, psychoaktive Stoffe oder um ein Gift und bestimmt deren Zusammensetzung, Gehalt und Gefahrenpotenzial. Die verdächtigen Stoffe werden meistens von der Polizei bei Personenkontrollen, an der Landesgrenze oder in der Drogenszene sichergestellt. Da heutzutage dank modernster Technologie mobile Einsatzgeräte bereitstehen (Ionenmobilitätsspektrometrie), können bereits geringste Mengen, sogar Spuren verdächtiger Stoffe zuverlässig schon ausserhalb der Laboratorien, also auch vor Ort entdeckt werden. In Zusammenarbeit mit der Kriminaltechnik werden Untersuchungen bei unklaren Brandfällen durchgeführt, indem die Brandschuttasservate auf Brandbeschleuniger (z.B. Motorentreibstoff) untersucht werden.

Die Unterabteilung für Forensische Toxikologie untersucht Blut, Urin und andere Körperflüssigkeiten von lebenden und verstorbenen Personen hinsichtlich Arzneistoffe, Betäubungsmittel und Gifte. Die Wirkstoffe werden identifiziert und deren Konzentration bestimmt, damit Angaben über die Auswirkungen gemacht werden können. Das Basler Institut ist eines von zwölf Laboratorien in der Schweiz, das vom Bundesamt für Strassen (ASTRA) anerkannt ist, Blutalkoholuntersuchungen im Strassenverkehr nach den Vorschriften des Bundes durchzuführen. Pro Jahr werden im IRM rund 1000 dieser Untersuchungen durchgeführt. Im Weiteren ist das Laboratorium auch eine von acht Prüfstellen in der Schweiz, die im Auftrag des ASTRA Untersuchungen auf Drogen- und Medikamenteneinfluss im Strassenverkehr durchführen darf. In einem interdisziplinären Gutachten wird die Fahrfähigkeit der betroffenen Person aus forensisch-medizinischer und forensisch-toxikologischer Sicht beurteilt. Bei Tatverdächtigen und Opfern von Gewaltdelikten wird in den asservierten Körperflüssigkeiten festgestellt, ob die betroffenen Personen Alkohol, Drogen oder Medikamente konsumiert haben und ob sie zum rechtsrelevanten Zeitpunkt unter dem Einfluss dieser psychoaktiven Substanzen gestanden sind.

Im Rahmen der Zusatzuntersuchungen bei Obduktionen aussergewöhnlicher Todesfälle wird überprüft, ob psychoaktive Substanzen (Alkohol, Betäubungsmittel, Medikamente) oder Giftstoffe mit im Spiel waren. Diese Abklärungen dienen zur Ermittlung der Todesursache und zur Klärung der Umstände.

Forensische Molekularbiologie

Wesentliche neue Möglichkeiten haben sich in der forensischen Genetik in den letzten Jahren durch die Errungenschaften der modernen DNA-Analytik ergeben. In der Erbsubstanz jedes Menschen ist ein individuelles Muster von Merkmalen feststellbar. Dies ermöglicht genaue Abstammungsanalysen, zum Beispiel bei Vaterschaftsabklärungen oder bei Identifikationen unbekannter Personen sowie im Rahmen von Kriminalfällen eine Zuordnung einer bestimmten Spur (z.B. Blut, Sperma, Speichel, Haare, Hautzellen usw.) zu einer individuellen Person. Dadurch haben sich im kriminalistischen Bereich für die Überführung von Tätern, aber auch zur raschen Entlastung von Tatverdächtigen ganz neue Möglichkeiten ergeben.

Seit August 2000 besteht eine gesamtschweizerische DNA-Datenbank (EDNA), in der DNA-Profile aus Spuren von ungeklärten Kriminalfällen und Profile von Tatverdächtigen und Straftätern gesammelt und verglichen werden. Der Versuchsbetrieb des EDNA wurde durch eine Verordnung des Bundesrates nachhaltig geregelt. Nur die sechs Rechtsmedizinischen Institute der Schweiz sind berechtigt, Profile an die Datenbank zu liefern und müssen hohe Auflagen betreffend Qualität erfüllen. Auch wenn das forensische DNA-Profil keinerlei Informationen über Erbeigenschaften einer Person enthält, da ausschliesslich Abschnitte im nichtcodierenden Bereich der DNA untersucht werden, wurden Richtlinien betreffend Verwendung und Entsorgung erlassen, die einen optimalen Datenschutz gewährleisten.

Zusammenfassung

Die moderne Rechtsmedizin ist ein interdisziplinär ausgerichtetes medizinisches Fachgebiet im Dienste der Rechtspflege und dient in erster Linie der Verbrechensbekämpfung. Dazu werden alle zur Verfügung stehenden naturwissenschaftlichen Mittel eingesetzt. Da unsere Berichte und Gutachten in allen Bereichen der Rechtspflege entscheidenden Einfluss auf den Ausgang eines Verfahrens haben, müssen sich unsere Auftraggeber und die von unseren Ergebnissen Betroffenen auf absolut zuverlässige Resultate nach dem aktuellen Wissensstand unseres Faches, losgelöst von persönlichen Motiven und fremder Einflussnahme, verlassen können.

Alexander Egli

Vor dem Friedhof gehts aufs Amt – Das Zivilstandsamt

Organisation

Mit der Inbetriebnahme des Friedhofs am Hörnli im Jahr 1932 wurde das frühere Bestattungsamt in ein Friedhofamt sowie ein Bestattungsbüro aufgeteilt. Das Bestattungsbüro war in der Folge im jeweilgen Amtsgebäude des Zivilstandsamtes untergebracht, blieb jedoch dem Sanitätsdepartement unterstellt. Im Jahr 1978 erfolgte dann der Wechsel ins Justizdepartement und damit nicht nur die räumliche, sondern auch die organisatorische Integration in das Zivilstandsamt. Seit Oktober 1983 befindet sich das Zivilstandsamt an der Rittergasse 11 im Haus «zum Ulrichsgärtlein», einem repräsentativen, im neo-barocken Stil um die Jahrhundertwende erbauten Gebäude.

Mit der Integration in das Zivilstandsamt musste das Bestattungsbüro eine der bisherigen drei Stellen abgeben und umfasst somit derzeit nur zwei Mitarbeitende, wobei das übrige Personal des Zivilstandsamtes, sofern notwendig, aushilft. Dies ist bei Abwesenheiten, grossem Andrang und insbesondere an Samstagen und Feiertagen der Fall. Die Anmeldung des Todesfalles und die Anordnung der Bestattung sind denn auch an Samstagen und gewissen Feiertagen möglich, auch wenn das Zivilstandsamt über längere Zeit geschlossen ist.
Bei einem Todesfall arbeiten der Zivilstands- und der Bestattungsdienst sowie der Friedhof eng miteinander verknüpft. Auf dem Friedhof erfolgt die Bestattung und auf dem Zivilstandsamt muss der Tod angemeldet werden. Die persönliche Vorsprache der Angehörigen hat in Basel Tradition und nur in seltenen Fällen wird diese Aufgabe Bestattungsinstituten überlassen. Nach der Anmeldung des Todesfalles im Hinblick auf die Eintragung im Zivilstandsregister können anschliessend ohne Verzug auch die sich im Zusammenhang mit der Bestattung ergebenden Fragen besprochen werden. Das Bestattungsbüro leitet die erfolgten Anordnungen elektronisch an den Friedhof weiter, was einen zweiten Behördengang in den meisten Fällen unnötig macht.

Zivilstandsregister

Seit dem Jahr 1870, der Einführung der zivilen Registerführung im Kanton Basel-Stadt, führt die Anmeldung eines Todesfalles zu einem entsprechenden Eintrag im Todesregister. Bis Februar 1953 wurde die Beurkundung mit Tinte, danach mit Schreibmaschine und ab August 1994 mit elektronischer Unterstützung aber weiterhin einem Ausdruck im juristisch massgebenden Papierregister vorgenommen. Im November 2004 wurden alle bisherigen Zivilstandsregister in Papierform durch das neue gesamtschweizerische, rein elektronische Personenstandsregister «Infostar» abgelöst. Alle Zivilstandsämter sind seither miteinander vernetzt, womit das frühere umfangreiche Mitteilungswesen und damit auch Doppeleintragungen am Ereignisort und den Heimatorten weggefallen sind. Papiermeldungen sind weiterhin an die Wohngemeinde, an die zentrale AHV-Stelle sowie auf kantonaler Grundlage an das Erbschaftsamt samt Angaben über die Erben vorzunehmen.

Was ist unmittelbar nach einem Todesfall zu tun?

– Wenn jemand zu Hause gestorben ist, muss der behandelnde Arzt beziehungsweise die Ärztin oder bei Unerreichbarkeit der Notfallarzt/die Notfallärztin benachrichtigt werden. Dieser/diese stellt die Todesbescheinigung zuhanden des Zivilstandsamtes aus.
– Ereignet sich der Todesfall in einem Spital, erhalten die Angehörigen zusammen mit der ärztlichen Todesbescheinigung ein Anzeigeformular von der Spitalverwaltung.
– Bei einem gewaltsamen Tod (Unfall, Verbrechen oder Suizid) muss die Polizei informiert werden, welche wiederum das Institut für Rechtsmedizin benachrichtigt.

Wird eine religiöse Abdankung gewünscht, empfiehlt es sich, vor dem Gang zum Zivilstandsamt mit dem zuständigen Pfarramt Kontakt aufzunehmen und sich nach möglichen freien Terminen zu erkundigen. Weder die Pfarrämter noch das Bestattungsbüro können bei der Wahl von Terminen frei auf alle Wünsche eingehen. Der Beizug eines Geistlichen oder auch einer Bestattungsrednerin zur Gestaltung der Trauerfeier muss von den Angehörigen in die Wege geleitet werden.

Der Gang zum Zivilstandsamt

Ein Todesfall im Kanton Basel-Stadt muss so bald als möglich, gemäss den gesetzlichen Vorschriften innert zwei Tagen, dem Zivilstandsamt schriftlich oder persönlich gemeldet werden. Ist der Tod in einem anderen Kanton erfolgt, muss vorweg die Anzeige des Todesfalles an das zuständige Zivilstandsamt des Todesortes vorgenommen werden. Hatte die verstorbene Person ihren letzten Wohnsitz im Kanton Basel-Stadt oder soll die Bestattung im Kanton erfolgen, ist nach der Anzeige des Todesfalles am Todesort auch dem Zivilstandsamt Basel-Stadt, gestützt auf einen amtlichen Todesschein des zuständigen Zivilstandsamtes oder mit dem nachgeführten Familienbüchlein Meldung zu machen.

Zur Anmeldung sind verpflichtet die Direktionen von Kliniken, Heimen und Anstalten, die Behörden, die vom Todesfall Kenntnis erhalten, der zugezogene Arzt oder die zugezogene Ärztin sowie auch ärztliche Hilfspersonen, die Familienangehörigen oder die von ihnen Bevollmächtigten sowie die anderen anwesenden Personen, namentlich, wer beim Tod einer unbekannten Person zugegen war oder deren Leiche findet. Die gesetzlich ebenfalls vorgesehene Meldung durch einen Kommandanten eines Luftfahrzeuges oder durch den Kapitän eines Seeschiffes unter Schweizer Flagge hat in der Praxis hingegen kaum Bedeutung.

Zur Anmeldung beim Zivilstandsamt sind folgende Unterlagen mitzunehmen:
– ärztliche Todesbescheinigung
– Anzeigeformular des Spitals, sofern der Tod in einem Spital eingetreten ist

Von der verstorbenen Person:
– Familienbüchlein, sofern vorhanden, sonst Geburtsschein und/oder Ehescheín
– Niederlassungs- oder Ausländerausweis und der ausländische Pass

Die korrekte Erfassung der Personalien ist bei ausländischen Personen nicht immer einfach. Es ist deshalb gelegentlich unumgänglich, Zivilstandspapiere über Geburt und Zivilstand zu verlangen. Schweizer Bürgerinnen und Bürger hingegen können vom Heimatort aufgrund der bisherigen Registereintragungen erfasst werden.
Das wichtigste Dokument, das dem Zivilstandsamt eingereicht werden muss, ist jedoch ohne Zweifel die ärztliche Todesbescheinigung. Gemäss Friedhofordnung sind nur die zur Ausübung der ärztlichen Praxis im Kanton Basel-Stadt oder in einem umliegenden Kanton zugelassenen Ärztinnen und Ärzte dazu berechtigt.

Bestattungsbüro

Nachdem der Todesfall im Zivilstandsregister eingetragen und zuhanden des Erbschaftsamtes die Erbberechtigten festgehalten worden sind, geben die Angehörigen im Bestattungsbüro auch verbindliche Anordnungen für die Bestattung ab, sofern der Verstorbene nicht zu Lebzeiten eine Erklärung über Art und Weise der Bestattung deponiert hat. Sinn und Zweck einer solchen Erklärung wird am Ende dieses Artikels erläutert. Es werden folgende Schritte besprochen:
– Zeitpunkt der Überführung der Leiche auf den Friedhof und Bestattungstermin. Die Überführung geschieht in der Regel umgehend und auf direktem Weg. Mit Bewilligung des Gesundheitsamtes kann der Leichnam auch zu Hause aufgebahrt werden. Jeder Leichentransport muss von einem Bestattungsunternehmen ausgeführt werden, sofern der Todesfall sich nicht im Universitäts-, Felix Platter-Spital oder in der Psychiatrischen Universitätsklinik ereignet hat. In diesen Fällen übernimmt die Basler Sanität den Transport. Der Transport zum Friedhof ist für im Kanton Basel-Stadt wohnhafte Personen unentgeltlich,
– welche Bestattungsart (Erdbestattung oder Kremation) gewünscht wird,
– ob ein unentgeltlicher Sarg und eine unentgeltliche Urne beansprucht oder ein Privatsarg und eine Privaturne gewünscht wird,
– ob die Leiche das unentgeltliche Leichenhemd oder Privatwäsche tragen soll,

- ob die Leiche aufgebahrt und besichtigt werden darf,
- ob Blumenschmuck bei der Aufbahrung gewünscht wird,
- ob eine Trauerfeier durchgeführt werden soll,
- ob eine öffentliche oder eine stille Bestattung stattfinden soll und nach welcher Art diese gewünscht wird,
- in welcher Form die Bestattung in den Tageszeitungen publiziert werden soll («öffentliche oder stille Bestattung», Vermerk «wurde bestattet»),
- in welcher Art Grab der Sarg oder die Urne beigesetzt werden soll (Reihengrab, Familiengrab, Urnennische, Wiesengrab oder Gemeinschaftsgrab).

Liegt keine Erklärung der verstorbenen Person vor und sind keine Verwandten oder Partner vorhanden, wird die Leiche kremiert und in einem Gemeinschaftsgrab beigesetzt. Die Bestattung soll 48 bis 72 Stunden nach Todeseintritt stattfinden, wobei an Samstagen und gesetzlichen Feiertagen keine Bestattungen erfolgen.

Unentgeltliche Bestattung

Die Bestattung ist unentgeltlich für alle verstorbenen Personen, die im Zeitpunkt ihres Ablebens im Kantonsgebiet wohnhaft gewesen sind, mit gewissen Einschränkungen auch wenn sie auswärts verstorben sind. Unentgeltlich sind die Lieferung eines einfachen Sarges inklusive Einsargung und eines einfachen Leichenhemdes, die Überführung der verstorbenen Person auf einen Friedhof im Kanton Basel-Stadt, die Aufbahrung der verstorbenen Person in einem Aufbahrungsraum; die Zurverfügungstellung der Räume und Einrichtungen für die Abdankungsfeier inklusive Orgelspiel, die Benützung eines Erd- oder Urnenreihengrabes für die Dauer der gesetzlichen Ruhezeit, bei Erdbestattungen die Überführung der verstorbenen Person vom Friedhofgebäude bis zum Grabe und deren Beisetzung, bei Kremation die Einäscherung der verstorbenen Person und die Lieferung und Beisetzung der Urne in einem Grab.

Erklärung über die Bestattungsart

Jede im Kanton wohnhafte über 16 Jahre alte urteilsfähige Person kann bestimmen, ob im Falle ihres Ablebens beziehungsweise der Bestattung auf Kantonsgebiet ihre Leiche beerdigt oder kremiert werden soll. Ein entsprechendes Formular ist beim Zivilstandsamt zu beziehen. Das ausgefüllte Formular kann im Familienbüchlein aufbewahrt oder einer verwandten Person übergeben werden. Die ebenfalls mögliche Hinterlegung auf dem Zivilstandsamt ist gebührenpflichtig.

Rita Wirz

Begräbnis auf Staatskosten – Die unentgeltliche Bestattung

Über die Jahrtausende hinweg waren und sind Bestattungen immer mit Ritualen und Feierlichkeiten und somit mit entsprechenden Kosten verbunden. In jeder Epoche gab es jedoch Bevölkerungsschichten, die sich nicht einmal das Minimum für eine pietätvolle Bestattung leisten konnten. Aus diesen Gründen wurde auch in Basel Ende des 19. Jahrhunderts von verschiedenen Seiten der Wunsch geäussert, allen Bewohnern nicht nur das Recht auf ein Grab zuzugestehen, sondern auch für jeden die Möglichkeit einer schicklichen, pietätvollen Bestattung zu gewährleisten und die Klassenunterschiede zu reduzieren. «Wenn im Leben nicht, so doch im Tod», sagt ein Postulat aus der Zeit der Aufklärung, «seien alle Menschen gleich.» Im Jahr 1878 gelangten deshalb mehrere Arbeitervereine mit der Bitte an den Grossen Rat, ein schon in einigen anderen Kantonen bestehendes Recht auf eine unentgeltliche Bestattung entweder allgemein oder doch wenigstens für Vermögenslose zu ermöglichen. Nach eingehender Diskussion, bei der es vorwiegend darum ging, welche Leistungen denn unentgeltlich sein sollten, wurde anstelle einer nach Klassen abgestuften Gebührenpflicht die absolute Unentgeltlichkeit beschlossen. Die unentgeltliche Bestattung ist somit ein im Bestattungsgesetz des Kantons Basel-Stadt festgelegter Rechtsanspruch für alle Personen, die zum Zeitpunkt ihres Todes im Kantonsgebiet wohnhaft waren – ohne Ausnahmen bezüglich Rasse, Glauben, Nationalität oder Gruppenzugehörigkeit. Sie bezweckt die erwähnte Sicherstellung einer pietätvollen Bestattung aller Einwohner des Kantons. Der politische Wille wurde in der Gesetzgebung von 1885 verankert.

Die erste in diesem Zusammenhang von der Stadt erbrachte Leistung war wunschgemäss die kostenlose Abgabe eines Sarges. Zu dieser Zeit wurde noch auf den Friedhöfen Kannenfeld, Wolf, Kleinhüningen, Horburg, dem Israelitischen Friedhof sowie auf jenen der beiden Landgemeinden Riehen und Bettingen beigesetzt. Zur Eröffnung des neuen Zentralfriedhofes am Hörnli im Jahr 1932 wurde dann das heutige Modell eines einfachen Staatssarges kreiert und von da an gratis abgegeben. In den ersten Jahren war dieser Sarg von einfacher Form, schwarz gebeizt, ohne Zierbeschläge und Ausstaffierung. Heute wird ein Sarg aus naturfarbenem gehobeltem Tannen- oder Fichtenholz verwendet. Anstelle des traditionellen Sarges von üblicher Grösse (200 x 64 x 47 cm) werden bei Bedarf auch Übergrössen oder Kindersärge abgegeben. Angehörige fremder Religionen beziehen mit Ausnahme der Juden denselben traditionellen Sarg. Für Bestattungen auf dem israelitischen Friedhof wird wunschgemäss ein einfacher viereckiger Sarg verwendet.

Die Abgabe des Staatssarges wurde in der Fassung des Gesetzes betreffend Bestattungen vom 3. Juli 1932 sowie in der Gebührenverordnung des Bestattungs- und Friedhofwesens erneut verankert. In der Gesetzesrevision vom 10. September 1996 wurde sie noch dahingehend ausgebaut, dass nun auch die Einsargung sowie die Abgabe eines einfachen Leichenhemdes in die Leistungen aufgenommen wurden. Letzteres, weil es vorkam, dass Verstorbene nur in Zellstoff gewickelt oder gar unbekleidet eingesargt angeliefert wurden. Im Jahr 2004 beschloss das Parlament, die unentgeltliche Bestattung aufzuheben. Darauf wurde das Referendum ergriffen. In der Volksabstimmung vom 16. Mai 2004 wurde dem Referendum stattgegeben. Die Bevölkerung will die unentgeltliche Bestattung behalten. Da jede im Kanton Basel-Stadt wohnhafte und urteilsfähige Person zwischen einer Erd- oder einer Feuerbestattung wählen kann, wurde die Abgabe des Staatssarges anlässlich der Eröffnung des neuen Krematoriums im Jahr 1985 noch durch die Abgabe von Staatsurnen ergänzt. Es handelt sich dabei um Tonurnen für Erwachsene und eine kleinere für Kinder. Für Bestattungen in Reihengräbern auf der Abteilung 12 sowie für das Gemeinschaftsgrab werden Holzurnen verwendet.

Die neuste Verordnung umfasst somit nun die folgenden Dienstleistungen:
– Abgabe eines Staatssarges oder einer Staatsurne
– Abgabe eines Leichenhemdes/Modell für Frau oder Mann verschieden
– Kostenübernahme der Herrichtung und Überführung der Leiche auf einen der fünf Friedhöfe oder bei Bedarf in das Institut für Pathologie der Stadt Basel
– Aufbahrung in einem einfachen Aufbahrungsraum auf den Friedhöfen Hörnli oder Wolf
– Zur Verfügungstellung der Räume und Einrichtungen für die Abschiedsfeierlichkeiten, inklusive Orgelmusik auf Verlangen
– Benützung eines Erd- oder Urnengrabes für die gesetzliche Ruhefrist von 20 Jahren
– Bei Erdbestattung: Überführung des Verstorbenen vom einem der Friedhofsgebäude (Abdankungskapelle) zum Grabe sowie dessen Beisetzung
– Bei Kremation: Einäscherung der verstorbenen Person und Abgabe der Urne an die Hinterbliebenen oder deren Beisetzung in einem Urnenreihengrab.

Es können auch nur Teile dieser Dienstleistungen beantragt werden. Ist der Tod des Einwohners ausserhalb des Kantonsgebietes erfolgt, wird vom Kanton nach Einreichung eines entsprechenden Gesuches der Betrag eines einfachen Staatssarges vergütet. Von der Möglichkeit der unentgeltlichen Bestattung wird von den Anwohnern reger Gebrauch gemacht. Bei jährlich rund 2500 Beerdigungen wählen etwa deren 1800 einen Teil des Angebots der unentgeltlichen Bestattung. Dies kostet den Kanton um die 4,2 Millionen Franken.

Barbara Imobersteg

Nach dem letzten Atemzug – Die Bestattungsunternehmen

Gilt es einen Fall zu erledigen oder Brauchtum zu pflegen? Die Angebote der Bestattungsunternehmen gehen mit dem kulturellen und wirtschaftlichen Wandel einher. Wo einst der Schreiner Mass genommen hat, empfiehlt sich heute der moderne Dienstleister.

Die Verstorbenen wurden bis drei Tage nach dem Tod im Sarg aufgebahrt, im schönsten Kleid und mit dem schönsten Rosenkranz um die Hände geschlungen. Auf dem «Verseh-Tischchen» standen zwei Kerzen und ein Seelenlichtlein. Nach dem letzten Atemzug wurden die Kerzen angezündet. Im verdunkelten Zimmer sass eine Vorbeterin und wartete auf Kondolenzbesuche. Die Trauergäste spritzten Weihwasser und beteten fünf Vaterunser. Kurz vor der Beerdigung kamen die Klageweiber, versammelten sich um den Sarg mit ausgestreckten Armen und geballten Fäusten, zirkelten um den Verstorbenen und gaben Klagelieder von sich («Erinnerungen einer Zeitzeugin», aus «Tante Hänsi, ein Jenseitsreigen»).

Bei einem Todesfall muss unverzüglich der Arzt gerufen werden. Im Krankenhaus, nachdem der Arzt die Leichenschau durchgeführt hat, richtet das Pflegepersonal die Leiche und das Zimmer her. Dieses soll hinter verschlossenen Türen und bei geöffnetem Fenster erfolgen. So unauffällig wie möglich wird der Leichnam in den Kühlkeller gebracht, von wo er von einem Bestattungsunternehmen abgeholt wird. Wenn die Angehörigen ihn noch einmal sehen möchten, wird er vom Bestatter hergerichtet (...). Er wird mit möglichst aufsaugenden Materialien bekleidet und in der Leichenhalle aufgebahrt, wo er bis zum Begräbnis bleibt (Antje Krumrey: «Bei einem Todesfall», aus «Tante Hänsi, ein Jenseitsreigen»).

Der Umgang mit dem Tod hat sich verändert. Ruft man die Totenbräuche früherer Generationen in Erinnerung und stellt ihnen die heutigen Gepflogenheiten gegenüber, so zeigen sich zwei verschiedene Welten. Eine Welt, die den Tod mit einschliesst und eine, die den Tod ausgrenzt oder es zumindest versucht – von «möglichst unauffällig» ist die Rede. Tatsächlich hat der Tod in den nicht Krieg führenden Ländern der sogenannten ersten Welt seine Allgegenwart verloren. Er lässt sich weitgehend verdrängen. Und doch betrifft er ausnahmslos alle Menschen.

Sie sind immer noch unter uns, die Toten, und wir müssen uns ihrer annehmen. Das tun wir jedoch heutzutage nicht mehr selber. Die Totenfürsorge wird von Spezialisten übernommen, die für ihre Dienstleistungen entlöhnt werden. Wenn Arzt und Pflegepersonal ihre Arbeit verrichtet haben, holt der Bestatter den Verstorbenen ab. Er erledigt auf Wunsch und gegen Bezahlung fast alles rund um den Todesfall. Diese Form von Professionalisierung, die die gesamte Totenfürsorge an einen gänzlich unbeteiligten Experten delegiert, ist noch nicht alt. Vor allem in ländlichen Gebieten wurde das Herrichten der Toten bis in die Moderne als Nachbarschaftsdienst geleistet und in katholischen Regionen konnte sich eine Trauerkultur mit vielfältigen Zeremonien teilweise bis in die heutige Zeit halten.

Auf Effizienz bedacht

Einschneidende Veränderungen im Umgang mit den Toten vollzogen sich in der Zeit zwischen dem späten Mittelalter und der Neuzeit. Die Reformation leitete einen Wandel im Jenseitsglauben ein, der die Voraussetzungen für eine moderne Bestattungskultur schuf. So wurde das Seelenheil der Verstorbenen nach der neuen Denkweise Gott allein überantwortet. Damit verloren nicht nur die Fürbitten der Hinterbliebenen, sondern auch die Beisetzungen in räumlicher Nähe von Kirchgemeinde, Altar und Heiligenreliquien an Bedeutung. Die Bestattungen konnten ausserhalb der Stadt oder der Gemeinde vorgenommen werden, was auch den neuen Vorstellungen von Hygiene entsprach. Immer schneller und weiter wurden die Toten von den Lebenden entfernt.

Im Zeitalter der Aufklärung entstand ein neues Interesse am Tod und am toten Körper, das vom Wunsch und Drang nach Erkenntnis und Wissen auf rationaler Ebene geprägt war. Der Leichnam wurde nun auch Forschungsobjekt der Pathologie und Anatomie. Diesem wissenschaftlich orientierten Umgang mit den Verstorbenen folgte im Zuge der Industrialisierung ein technisches, zunehmend auf Effizienz bedachtes Vorgehen. Nach den Leichenhallen wurden als weitere Rationalisierungsmassnahme Krematorien eingerichtet. Dem toten Körper nahm sich ein Techniker an, respektive ein von ihm betriebener Einäscherungsapparat. Der Staat übernahm die Aufsichtspflicht. Er erliess immer mehr Gesetze, Verordnungen und Vorschriften, die das Bestattungswesen regelten.

Nach wie vor war aber der Wunsch in der Bevölkerung verankert, dem Tod einen gebührenden, würdigen Rahmen zu verleihen. Als die Totenfürsorge nicht mehr im engen Kreis der Familie und Nachbarschaft stattfand, bildeten sich neue, grössere Kollektive wie Bruderschaften, Gilden und Zünfte, um den Angehörigen beizustehen und den Verstorbenen die letzte Ehre zu erweisen. Sie führten später auch Witwen-, Waisen- und Begräbniskassen ein. In Basel wurde im Jahr 1800 die Begräbnisgesellschaft «Gerbergass-Traggesellschaft» mit dem Zweck gegründet, «nicht nur im Leben treue Freundschaft und Geselligkeit zu pflegen, sondern selbst noch beim Tod eines Mitgliedes durch Tragen und Begleiten der sterblichen Hülle zur letzten Ruhestätte, liebevoll und hilfreich mitzuwirken». Zu den Mitgliedern gehörten Bäcker-, Metzger-, Schuhmachermeister und Gastwirte. Sie leisteten einen Jahresbeitrag und verpflichteten sich beim Ableben eines «Bruders», dessen Frau, Kind oder Witwe als Sargträger oder -begleiter zu fungieren. Sie stellten ein mit dem Gesellschaftswappen verziertes «Bahrtuch» zur Verfügung und unterstützen die Hinterbliebenen mit einem finanziellen Beitrag.

1868 trat die neue Begräbnisordnung der Stadt Basel in Kraft. Sie erklärte die unentgeltliche Benützung eines Totenwagens als obligatorisch – die Tragbrüder hatten ausgedient. Ihre Gesellschaft wurde in eine «gegenseitige Unterstützungskasse» umgewandelt. Sie pflegte weiterhin den Zusammenhalt ihrer Mitglieder, beschränkte sich aber zunehmend auf die Organisation geselliger Anlässe. Im Jahr 2000 feierten die Tragbrüder als einer der ältesten Vereine Basels ihr 200-Jahr-Jubiläum.

Neutralisiert und spezialisiert

Mit der Einführung besagter Begräbnisordnung sind gegen Ende des 19. Jahrhunderts die Leichenzüge, die den Tod in Basels Alltag in Erinnerung riefen, verschwunden. Man könnte sagen, der Umgang mit den Toten wurde in der Moderne zunehmend neutralisiert. Verschiedene Funktionsträger, die eine rein pragmatische, das heisst über ihre Tätigkeit definierte Beziehung zum Verstorbenen hatten, übernahmen spezialisierte Aufgaben in neutralen Regionen, häufig weit entfernt vom ursprünglichen Lebensort. Damit waren die Voraussetzungen für die Professionalisierung der Totenfürsorge geschaffen. Sie konnte sich in Basel nach Einführung der Gewerbefreiheit im Jahr 1874 in Form von privatwirtschaftlich organisierten Unternehmen etablieren. Vorwiegend Schreiner- und Fuhrbetriebe, die das Bestattungsgeschäft bis dahin nebenbei geführt hatten, begannen nun, umfassende Dienstleistungen anzubieten.

Das älteste noch bestehende Bestattungsunternehmen in Basel, Stolz Söhne, wurde bereits 1875 gegründet. Christoph Stolz, Schreinermeister in Riehen, war der Urheber einer langjährigen Familientradition. 1890 nahm er seinen Neffen Willhelm in die Lehre, der 18 Jahre später das Geschäft übernahm. Zwei seiner Söhne, Martin und Heinrich, Bauzeichner und Schreiner von Beruf, traten 1932 die Nachfolge an. Heute führen Andreas und Albert Stolz, beide Schreinermeister, in der vierten Generation den Betrieb. Nach wie vor sind sie in Riehen domiziliert, Wohnhaus, Schreinerei, Büro und Kundenempfang haben dieselbe Adresse.

Mitten in Basel entstand Ende des vorletzten Jahrhunderts das zweite Bestattungsunternehmen, gegründet von Constant Mathey-Meier, Schreiner und Erfinder. Der vielseitige Geschäftsmann betrieb zunächst eine Teppichreinigung und erprobte Massnahmen, um dem Ungeziefer beizukommen. Eine von ihm entwickelte Wanzen-Vertilgungsapparatur brachte ihm in Paris ein Patent mit Goldmedaille ein. Bald verbesserten sich aber die hygienischen Bedingungen erheblich, sodass Mathey-Meier ganz auf die Branche Sargproduktion und Bestattungen setzte. Seine Tochter führte später das Geschäft, das sich seit jeher in der Steinenvorstadt befand, weiter. 1975 übernahm es der langjährige Mitarbeiter und Schreiner Hans Heinis. Mit neuen Inhabern und seit 1985 als Aktiengesellschaft, ist es noch immer in der «Steine» und unter dem Namen Heinis domiziliert.

Der Schreiner sargte ein

In Basel altbekannt, wenn auch nur teilweise auf städtischem Gebiet tätig, ist die Firma Hans Bieli. Sie hat ihre Wurzeln in Allschwil. Joseph Bieli hatte die Sargschreinerei 1886 im Auftrag der Gemeinde übernommen. Die Sargüberführungen besorgte aber ein Landwirt mit Ross und Wagen. Die Bielis – auf Joseph folgte Joseph Junior – nahmen noch Mass im Haus der Verstorbenen. Der individuell angepasste Sarg wurde nach Fertigstellung mit dem Veloanhänger geliefert, derweil der Bauer und Fuhrmann im «Liichehüsli» beim Friedhof den Wagen holte. Der Schreiner sargte ein und radelte anschliessend zum Gottesacker, um beim Abladen zu helfen. 1946 kam Mathey-Meier mit seinem Automobil aufs Land. Die Firma Bieli übernahm die Transporte erst gut zehn Jahre später, als sie einen umgebauten Ford Transit zur Verfügung stellen konnten. Schreinermeister Martin Stolz hatte einen VW-Bus im Einsatz, geeignet für die Lieferungen der Schreinerei, die Sargüberführungen und den Sonntagsausflug mit der Familie. Einzig von der Leichenkapelle des Diakonissenhauses zum Gottesacker ging der Leichenzug zu Fuss, eine Tradition, die sich noch bis ins neue Jahrtausend gehalten hatte.

Das vierte Bestattungsunternehmen, das in Basel seit dem 19. Jahrhundert bekannt ist, wurde vom Schreiner Carl Dreher gegründet. Es blieb aber nur zwei Generationen lang im Besitz der Familie. Tochter Helen Dreher musste das Geschäft im Jahr 1988 verkaufen. Nach Anton Camadini ist der jetzige Inhaber Rudolf Thoma.

Eine neue Berufsgruppe

Mit der Rezession in den 1970er-Jahren gingen die Umsätze in den Schreinereien rapid zurück. Wer bis anhin im Bestattungswesen tätig gewesen war, baute diesen Geschäftszweig notgedrungen aus. So führten in den 70er-Jahren neben Hans Heinis und Helen Dreher auch Hans Bieli, ebenfalls Schreiner und Nachfolger des Joseph Bieli, sowie Andreas und Albert Stolz aus Riehen ein Ladengeschäft in der Stadt. Bedarf an weiteren Dienstleistungen war durchaus vorhanden. Neu kam 1981 Rudolf Thoma hinzu. Nach und nach entstand eine neue Berufsgruppe, die bei einem Todesfall den Hinterbliebenen auch Beratung, Begleitung und schliesslich die Organisation der gesamten Trauerfeierlichkeiten anbot.

Einschneidender als die veränderten wirtschaftlichen Bedingungen in der Schreinerbranche wirkte sich aber die neue Submissionspraxis des Kantons auf das Bestattungsgeschäft aus. Sie wurde im Hinblick auf einen möglichen EWR-Beitritt überarbeitet. 1999 genehmigte der Grosse Rat ein für beide Basel geltendes Submissionsgesetz, das die Vergabungen der öffentlichen Hand neu regelte. Nicht nur die Herstellung der unentgeltlichen Staatssärge, sondern auch die kostenlosen Bestattungsdienstleistungen wurden in der Folge einem einzigen Unternehmen übertragen. Aufgrund einer öffentlichen Ausschreibung erhielt der günstigste Anbieter den Zuschlag respektive einen über drei Jahre dauernden Vertrag. Die Sargproduktion ging an die Firma Heinis. Den Dienstleistungsauftrag, der Transport, Einkleidung, Einsargung und Überführung des Verstorbenen beinhaltet, erhielt die Firma Bürgin und Thoma. Die neu geschaffene Monopolsituation hat den nicht berücksichtigten Unternehmen die Geschäftsbasis weitgehend entzogen.

Gebührend Abschied nehmen

Die möglichst rationelle und kostengünstige Abwicklung einer Bestattung und ein (Arbeits-)Alltag, der keine Unterbrechung duldet, selbst wenn ein Todesfall eintritt, sind jedoch nicht die einzigen Zeiterscheinungen. In den letzten Jahren zeigt sich wieder öfter das Bedürfnis, gebührend Abschied zu nehmen von den Verstorbenen. Der Umgang mit dem Tod scheint auch vermehrt zu einem öffentlichen Thema zu werden. Wohl können die alten Bräuche nicht mehr eins zu eins weitergeführt werden, verschiedene Formen der Trauerkultur sind aber nach wie vor lebendig und gewinnen in unterschiedlicher Ausprägung wieder an Bedeutung. Davon zeugen nicht zuletzt die zahlreichen Projekte in Kunst, Kultur und Architektur, die in neuerer Zeit entstanden und auf grosse Resonanz gestossen sind. Auch die Bestatter haben ihre Rolle und ihr Berufsverständnis modifiziert. Heute geht es vermehrt um individuell angepasste Vorbereitung, Ausgestaltung und Durchführung von Trauerfeierlichkeiten sowie um Beratung und Betreuung der Hinterbliebenen. Der Schweizerische Berufsverband der Bestattungsdienste (SVB) bietet Aus- und Weiterbildungen an. Ein eidgenössischer Fachausweis bürgt für einen allgemeingültigen Standard von Kenntnissen und Fähigkeiten. Der SVB legt aber auch einen Ehrenkodex fest, bestimmt Rahmentarife und stellt einen Ombudsmann zur Verfügung. In einem Berufszweig, der über lange Zeit so unauffällig wie möglich aufzutreten hatte, spricht man heute auch von Öffentlichkeitsarbeit. Wer beispielsweise mehr über den Umgang mit dem Tod und den Toten erfahren möchte, kann sich an einen fachgeprüften Bestatter wenden. Er ist ein Experte – und mit Sicherheit einer, der viel zu erzählen hat.

Rita Wirz

Ein letzter Blick in Würde – Die Aufbahrung

Die öffentliche Aufbahrung der Toten ist bei den meisten Völkern und Religionen Teil der Beisetzungsrituale. Dies mit Ausnahme des Islams und des Judentums, wo gemäss den jeweiligen religiösen Vorschriften die Verstorbenen wenn immer möglich noch am Tage ihres Hinscheidens beigesetzt werden sollten.
Dauer, Ort und Art der Aufbahrung waren und sind bis heute jedoch sehr unterschiedlich. Je nach religiösem Einfluss, Volksgruppe, geografischer Verbreitung, ortsüblichem Klima, Status des Verstorbenen und allgemeinen Gepflogenheiten im Umgang mit dem Tod sind grosse Differenzen zu verzeichnen.
Die Gründe für die Aufbahrung sind vielfältig, allen voran geht jedoch der Wunsch, sich würdig von dem Toten zu verabschieden und ihn in seinem Übergang in eine andere Daseinsform zu begleiten und zu unterstützen. Dabei wechseln die Rituale von pompösen Feierlichkeiten, Wehklagen und Selbstdarstellung der Familie bis zum stillen, würdevollen Abschiednehmen in geborgener Atmosphäre.

So war es zum Beispiel in vorchristlicher Zeit bei den alten Griechen und Römern üblich, nach dem Waschen, Salben und Herrichten des Toten, diesen in seiner Toga aufgebahrt auf einem Paradebett im Atrium des Hauses drei bis sieben Tage öffentlich zur Schau zu stellen. Dabei kamen sowohl Klageweiber und Schauspieler mit Masken wie auch Sänger zum Preisen des Verstorbenen zum Einsatz. Die Aufbahrung fand, wie auch noch heute üblich, gemäss den Wünschen des Verstorbenen oder dessen Hinterbliebenen in der Zeit vor der Abdankungszeremonie statt, wobei die Art der darauf folgenden Bestattung (Erd- oder Feuerbestattung) unwesentlich war. Mit dem Siegeszug des Christentums in Mitteleuropa ab dem 3. Jahrhundert n. Chr. hielt auch das Ritual einer einfachen häuslichen Aufbahrung der Toten von meist zwei bis drei Tagen Einzug. Varianten in deren Dauer waren eher selten aber möglich, je nach Status des Verstorbenen, aber auch bei ungünstigen klimatischen Verhältnissen oder in Zeiten von Seuchen. Am Ende des 18. Jahrhunderts wurden die einzuhaltenden Zeiten zwischen Sterben und Beisetzung vielerorts sogar gesetzlich festgelegt.

Unter Hausaufbahrung versteht man die offene Aufbahrung eines Verstorbenen in einer nicht öffentlichen Räumlichkeit, meist in seiner eigenen Behausung. Es sollte dazu ein separater Raum zur Verfügung gestellt werden, was jedoch bei den ärmeren Bevölkerungsschichten oft nicht möglich war. Unter einem schönen Tod verstand man und versteht man wohl auch heute noch ein Ableben im Kreise der Familie. Die darauf folgende Aufbahrung war eine Zeit der Besinnung und Ruhe. Sie ermöglichte es den Familienangehörigen und Freunden, vom Toten nicht nur in vertrauter Umgebung Abschied zu nehmen, sondern auf Wunsch in einem separaten Zimmer bei ihm zu verweilen und den Tod in seiner ganzen Tragweite zur erfassen, die Veränderungen des

Körpers wahrzunehmen und die Endgültigkeit – nicht Schlaf, sondern Tod – zu akzeptieren. Diese mit dem Toten verbrachte Zeit half oft auch allfällige Schuldkomplexe abzubauen, wenn man zum Beispiel in den Tagen vor seinem Ableben nicht bei ihm verweilen und ihn begleiten konnte. Nicht zuletzt wurde dadurch aber auch die bis noch in die neuere Zeit vorhandene Angst vor einem Scheintod abgebaut. In Österreich existierte zu diesem Zwecke bereits 1793 eine Verordnung, die eine Wartefrist von mindestens 48 Stunden zwischen Tod und Beisetzung vorschrieb. Ausnahmen wurden nur in Zeiten der Pest oder bei anderen ansteckenden Krankheiten bewilligt.

Obwohl noch bis ins Spätmittelalter diese Art der einfachen Aufbahrung vorherrschte, konnten standesbezogene Unterschiede nicht verhindert werden. Hohe Persönlichkeiten des Klerus' oder des Adels wurden mit viel mehr Pomp in Kirchen oder öffentlichen Gebäuden aufgebahrt. Bei den einfacheren Leuten entwickelten sich zum Teil auch spezielle Bräuche. So herrschte zum Beispiel in Süddeutschland der Brauch, für den Toten «das Totenbrettl» vom Speicher zu holen, ein speziell für diesen Zweck erstelltes Brett, auf das der Verstorbene gelegt wurde.

Die häusliche Aufbahrung kam in Mitteleuropa noch bis in das beginnende letzte Jahrhundert zur Anwendung. So wurde zum Beispiel in Deutschland, speziell in ländlichen Gegenden, diese noch bis in die 60er-Jahre des 20. Jahrhunderts praktiziert, sie ist sogar bis zu einer Dauer von 36 Stunden noch heute gesetzlich erlaubt. In Österreich jedoch traten bereits im Jahr 1756 erste, von der Obrigkeit verordnete Veränderungen auf. Da damals oft bei der ärmeren Bevölkerung zwei Familien den gleichen Raum bewohnten, wurde die Aufbahrung von Leichen auf so engem Platz nicht nur hygienisch zum Problem, sondern auch geruchsmässig nicht mehr zumutbar. Im oben genannten Jahr wurden deshalb zum ersten Mal auf Friedhöfen zur externen Aufbahrung der Leichen hölzerne Totenhütten errichtet, ein Vorläufer unserer heutigen Aufbahrungsräume. Da sich dies jedoch bald als nicht mehr zumutbar erwies, verfügte die Regierung, die Gemeinden hätten neben den Kirchen steinerne Totenkammern zu bauen. Ab 1797 war dies in Wien Gesetz.

Gleichzeitig wurde es bis zum Ende des 19. Jahrhunderts bei den finanziell besser gestellten Schichten Brauch, Aufbahrungsrituale zunehmend pompöser zu gestalten. Das führte in Wien dazu, dass durch die inzwischen aktiven professionellen Bestattungsunternehmen sechs Arten von Aufbahrung angeboten wurden. Die feudalste Variante bot Aufbahrungen in gediegenen Räumen mit Teppichen, schwarzer Wandverkleidung, einem Baldachin und speziellen Portiers, die den Einlass in die Totenhalle regelten. Das einfachste Angebot war gerade noch eine schlichte Aufbahrung unter der Haustüre. Aufbahrungen in Kirchen fanden noch immer relativ selten statt. Doch es gab in allen Zeiten Ausnahmen. So wurden zum Beispiel bereits im 12. Jahrhundert in Deutschland im Kloster Rheinau die Toten der Gemeinde in der Klosterkirche aufgebahrt.

Nach der Reformation war ein zunehmender Rückgang des kirchlichen Einflusses in den Beisetzungsritualen zu verzeichnen. Im calvinistischen Basel zum Beispiel fanden in der Zeit des Barocks oftmals Beisetzungen ohne kirchliche Begleitung statt. Die Unantastbarkeit der Leichen verschwand weitgehend im 17. Jahrhundert und in der Zeit der Aufklärung wurden Leichenöffnungen nahezu Mode. Neu wurden auch Leichenverordnungen erstellt. All dies führte zu wesentlichen Änderungen im Aufbahrungszeremoniell. Das Einnähen der Leiche in Sacktuch wurde bereits ab dem 16. Jahrhundert durch die zunehmende Verwendung des Sarges ersetzt. Die Heimaufbahrung wurde in ganz Europa zunehmend von der heutigen Aufbahrung in speziellen Räumlichkeiten auf Friedhöfen abgelöst. Durch die Säkularisierung stieg der Einfluss des Staates und führte schliesslich zu einer entsprechenden Gesetzgebung im Bestattungswesen.

Mit der Revision der Bundesverfassung in der Schweiz 1874 ging das Bestattungswesen in die Kompetenz ziviler Behörden über. Art. 53 BV verhindert die Diskriminierung von Minderheiten, auch nichtchristlicher Religionen, bei Bestattungs- und Aufbahrungsritualen. Kirchliche Vertreter sind nur noch auf Wunsch bei der eigentlichen Begräbniszeremonie aktiv. Die Diskriminierung durch soziale Ungleichheiten wurde im Kanton Basel-Stadt durch ein entsprechendes Gesetz bereits 1885 eliminiert und eine pietätvolle, schlichte Bestattung aller Einwohner gewährleistet (siehe «Unentgeltliche Bestattung»).

Am Anfang des 20. Jahrhunderts wurde auch in Basel die Aufbahrung der Toten endgültig von zu Hause in die entsprechenden Räumlichkeiten der Friedhöfe verlegt. Die Heimaufbahrung bis zu 72 Stunden ist zwar durch Bewilligung eines entsprechenden Gesuches der Hinterbliebenen immer noch möglich. Andere Kantone verfügen über ähnliche Verordnungen. Vergleichbares wurde auch in den umliegenden Staaten verordnet. Deutschland kennt, wie erwähnt, die Heimaufbahrung bis zu 36 Stunden, welche aber relativ selten angewandt wird. Österreich hat, obwohl zum Beispiel in Wien bereits seit 1906 Aufbahrungsräume für Verstorbene vorhanden waren, deren Benützung erst nach dem Zweiten Weltkrieg ab 1945 gesetzlich geregelt.

Nach dem Zweiten Weltkrieg fand allgemein und somit auch in Basel eine zunehmende Tabuisierung des Todes statt. Die Trauer wurde zurückhaltender, der Tod wurde weitgehend verdrängt. Gestorben wird meist in Spitälern und Pflege- oder Altersheimen. Der Arzt ersetzt die Familie und für die Bestattung sind Bestattungsunternehmer und das Friedhofpersonal zuständig. So ist es denn auch im Kanton Basel-Stadt Teil der Aufgaben des Zentralfriedhofs am Hörnli, für die gewünschten Aufbahrungen und das weitere Zeremoniell zu sorgen. Zu diesem Zweck wurden in der Friedhofverordnung die entsprechenden Regeln erlassen.

Die Aufbahrung des Toten wurde damit grundsätzlich freiwillig und muss vom Verstorbenen respektive von dessen Hinterbliebenen verlangt werden. Altersheime und Spitäler sind in der Regel für kurze Aufbahrungen ebenfalls eingerichtet. Vor der Aufbahrung wird der Leichnam durch einen Bestattungsunternehmer hergerichtet, sofern nötig geschminkt, gewaschen, frisiert und rasiert. Der Leichnam soll bekleidet sein, entweder mit einem Totenhemd oder auf speziellen Wunsch in Zivilkleidung.

Beim Bau des Aufbahrungsgebäudes auf dem Friedhof am Hörnli wurden zwei Arten von Abschiedsräumen gestaltet. Eine einfachere Variante für die unentgeltliche Aufbahrung; bei der gebührenpflichtigen Variante wurde der Sarg ringsum mit Blumen geschmückt. Bei beiden Aufbahrungsräumen trennte eine Glaswand die Hinterbliebenen von der verstorbenen Person. In den 90er-Jahren bewilligte die Regierung den Umbau von sechs kostenpflichtigen Aufbahrungsräumen, weil der Wunsch der Angehörigen, vom Verstorbenen direkt und ohne eine Trennwand Abschied nehmen zu können, wieder häufiger bestand. In den neuen Räumen wurde der Katafalk in die Mitte des Raumes gestellt. So war es den Angehörigen möglich, sich von allen Seiten dem Verstorbenen nähern zu können. Eine Ablage bietet Platz für allfälligen Blumenschmuck. Vier Kerzen erhellen den Raum zusätzlich mit ihrem warmen Licht.

Mit der Sanierung des Aufbahrungsgebäudes in den Jahren 2004 bis 2006 wurden die blumengeschmückten Räume in einfachere, jedoch grössere Aufbahrungsräume abgeändert. Die verstorbene Person ist neu seitlich hinter der Trennwand zu sehen. Auf Wunsch der Angehörigen wird für diese Räume ein Schlüssel abgegeben. Somit ist das Abschiednehmen auch ausserhalb der Gebäudeöffnungszeiten möglich. Es stehen nun drei Arten von Aufbahrungsräumen zur Verfügung. Die Räume sind aus hygienischen Gründen leicht gekühlt. Es besteht die Möglichkeit, den Sarg für die Aufbahrung im Friedhof mit Blumen dekorieren zu lassen.

Ob eine Leiche im offenen oder geschlossenen Sarg aufgebahrt wird, hängt von den persönlichen Wünschen des Verstorbenen oder dessen Familie ab. Wenn nicht auf speziellen Wunsch anders angeordnet, ist der Zugang zu den Aufbahrungsräumen immer offen. Die Dauer der Aufbahrung beträgt in der Regel drei Tage, bei Feiertagen und auf speziellen Wunsch kann die Zeitdauer verlängert werden. Die Besichtigung einer verstorbenen Person ist nur möglich, wenn ihr Zustand dies nicht aus sanitarischen oder ästhetischen Gründen verunmöglicht. Wenn sich das Aussehen einer Leiche während der Aufbahrung verändert, kann die Besichtigung vom Friedhofpersonal abgebrochen werden. Nach der Aufbahrung folgt die Abdankungszeremonie in der gewünschten Art und in den entsprechenden Räumlichkeiten.

Bildserie 4

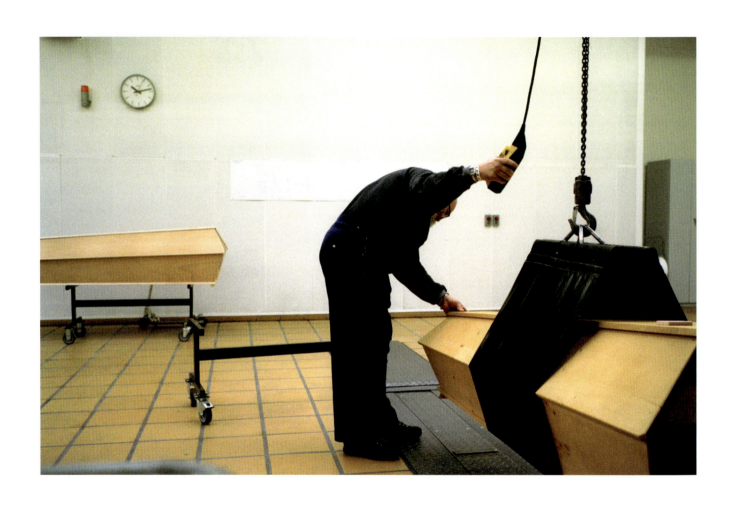

Rita Wirz

«...und zur Erde wirst du zurückkehren» – Die Erdbestattung

Unter einer Erdbestattung, auch Inhumation genannt, versteht man die Beisetzung eines Leichnams in einem Erdgrab. Im Prinzip wären Urnenbestattungen, wie sie nach Kremationen üblich sind, eigentlich auch Erdbestattungen. Sie werden jedoch in der Regel nicht als solche bezeichnet. Die Erdbestattung ist wohl die älteste und verbreitetste Bestattungsart. Die frühesten Spuren reichen zurück bis ins Paläolythikum. Über die Jahrtausende entwickelten sich neben der einfachen Bestattung in einem Grab mit oder ohne Sarg die verschiedensten Arten von Erdbestattungen wie zum Beispiel die Bestattung im Familiengrab, in Katakomben, im Sarkophag oder gar in «Mausoleen». Die Ägypter schenkten ihren Toten wohl die grösste Beachtung mit sorgfältigem Einbalsamieren, Mumifizieren und mit kolossalen Grabmälern, den Pyramiden. Dies jedoch meist auch nur für die herrschende Oberschicht.

Während Jahrtausenden haben die Völker ihre Toten gemäss ihren Vorstellungen vom Jenseits unterschiedlich behandelt. Dabei entstanden bei der Erdbestattung die merkwürdigsten Bräuche. So gab es Stämme, die ihre Toten vor der Grablegung mit Stricken fesselten, andere wiederum zerstückelten den Leichnam, beides aus Furcht vor Geistern. Wieder andere begruben die Leichen in ihrem Haus oder sie bauten über das Grab ihre Hütte. Tote wurden bei der Bestattung allgemein vor der Berührung mit der Erde geschützt indem man sie in Tierhäute, Matten, mit Teer bestrichene Tücher oder Leinentücher einhüllte. Die Bestattung in einem Sarg aus Holz oder Stein blieb bis in die Neuzeit oft nur Bessergestellten vorbehalten. Eine Ausnahme bildet dabei der Islam, der bis heute seine Gläubigen in Tüchern beerdigt.

Als wesentlichster Gegenpol zur Erdbestattung ist die Leichenverbrennung zu bezeichnen. Seit gut 5000 Jahren bleibt die Frage aktuell: «Erde oder Feuer?». Bis ins 19. Jahrhundert war wohl der Einfluss der Religionen zu deren Beantwortung am entscheidensten. In der Antike hatten die Römer oder Griechen je nach Periode und momentaner Jenseitsvorstellung das eine oder andere vorgezogen. Mit dem Einzug des Christentums im 2. Jahrhundert wurde die Erdbestattung die dominante Beisetzungsform. Karl der Grosse erklärte 785 die Erdbestattung zur alleinigen Bestattungsart. Auch die Kirche verbot die Feuerbestattung im Jahre 768. Judentum und Islam unterstützten diesen Trend ebenfalls mit ihrer Ablehnung der Feuerbestattung.

Die Griechen setzten ihre Toten bis etwa ins 8. Jahrhundert vor Christus in der Erde bei, dann wechselten sie zur Feuerbestattung. In Zeiten der Pest war die Einäscherung jedoch schon vorher Vorschrift. In frühester Zeit der Römer war zuerst die Erdbestattung allgemein Sitte, dies speziell, weil sich eine Feuerbestattung nur die

Reichsten leisten konnten, später waren beide Bestattungsarten erlaubt. Für die arme Bevölkerung gab es meist Massengräber. In der Blütezeit der Republik überwog die Feuerbestattung und in der Spätzeit ab dem 2. Jahrhundert gingen vornehme Römer wieder zur Erdbestattung über. Die Kaiser liessen sich bis ins 3. Jahrhundert feuerbestatten. Wer an einer Beerdigung teilgenommen hatte, galt als unrein. Er musste sich mit Wasser besprengen, bevor er wieder Kontakte haben konnte. Am Schluss der Beerdigung gab es ein Reinigungsfest für die Angehörigen, an dem ein Schwein zur Weihung des Grabes geschlachtet werden musste. Weiter wurde ein Hammel oder Widder für die Hausgötter geschlachtet. Mit dem Tag der Opfer und einem Trauermahl war die 9-tägige Trauerzeit zu Ende.

In der römischen Gesetzgebung von 451 v. Chr. wurde erstmals eine Verfügung für eine Beerdigung abgegeben. Gräber oder Friedhöfe mussten demnach ausserhalb der Städte liegen (getrennte Sphären). Dies führte zu einer Ansammlung von Mausoleen entlang den Ausfahrtstrassen (beispielsweise der Via Appia). Eine Verordnung, die von den Christen einige hundert Jahre später zu deren Nachteil annulliert wurde. Bezüglich Art und Anordnung der Gräber wurden keine Vorschriften erlassen. So waren die Grabmäler oft prunkvoll, es gab sogar Grabtürme in Gallien, Nordafrika oder Spanien. Im 2. Jahrhundert war auch die Beisetzung in Sarkophagen sehr verbreitet, dies ebenfalls als Statussymbol. Sarkophag stammt vom griechischen «sarke-phagus», was soviel wie Fleischfresser heisst. Man glaubte, dass ein gewisser Stein aus Assos/Kleinasien die Eigenschaft besitze, Leichen schnell aufzulösen. Grosse Sarkophage wurden im Freien oder in Mausoleen aufgestellt.

Im 3. Jahrhundert begann der Siegeszug des Christentums und so wurde für die nächsten ungefähr 1500 Jahre die Erdbestattung die führende, ja meist einzige Bestattungsart. Das Christentum propagierte eigentlich «den Tod des Todes», bewiesen durch die Auferstehung Christi, und es wurde von Kaiser Theodosius zur Staatsreligion erklärt. Mit dem Einzug des Christentums wurde die Bestattung ein Akt der Barmherzigkeit, der nicht nur der Familie überlassen wurde, sondern weitgehend Pflicht der ganzen Gemeinde war.

Erst Anfang des 17. Jahrhunderts wurde die Beerdigung in Holzsärgen üblich, obwohl viele es sich auch dann noch nicht leisten konnten. Es folgten die Aufbahrung im Kirchenschiff und das Lesen von Messen, Gebeten für die Aufnahme der Seele im Himmelreich und das Erteilen der Absolution. Abschliessend begleitete der Trauerzug den Leichnam zum Grab, wo das Abschiedsgebet und die Grablegung erfolgten. Die verstorbene Person wurde meist mit dem Kopf nach Westen ausgerichtet und mit gefalteten Händen oder verschränkten Armen beigesetzt. Als Demutsgeste wurden auch die Bessergestellten in ein Büsserhemd oder ein Mönchsgewand gekleidet. Kleriker, Adelige, Generäle und Könige wurden um vieles pompöser im Ornat oder in ritterlicher Ausrüstung aufgebahrt und beigesetzt, zuweilen sogar mit höfischen Gesten wie gekreuzten Beinen, damit sie im Jenseits ihre Standeszugehörigkeit wahren konnten. Das Zersetzen der Leiche versuchte man mittels Organentnahme oder Einbalsamierung zu verhindern. Ein Totengedenken durch später gelesene Messen sowie die Testamentseröffnung schlossen das Ganze ab. Bei einfacheren Leuten der Mittel- oder Unterschicht fanden Aufbahrung und Totengedenken im Rahmen der Familie, der Nachbarn, der Zunft oder von Bruderschaften statt. Letztere unterhielten auch Sterbekassen und sorgten für Leichengeleit, Messen und Gedenkgottesdienste, meist an Allerheiligen.

Gegen Ende des 18. Jahrhunderts, mit der Einführung von Friedhofreglementen und Gesetzgebungen sowie der Entstehung einer Sanitätspolizei in einigen europäischen Ländern, wurden zum Teil tief greifende Veränderungen vorgenommen. So auch die Festlegung einer Wartefrist von mindestens drei Tagen zwischen Tod und Bestattung. Dies vor allem, um Scheintote zu verhindern. Am Anfang des 19. Jahrhunderts ging die Aufsicht über das Bestattungswesen voll an die Gemeinden oder den Staat über. Mit der Revision der Bundesverfassung von 1874 ging auch in der Schweiz das Bestattungswesen von der kirchlichen Verwaltung in die Kompetenz der zivilen Behörden über. Grundsatz wurde: «Jeder Tote muss auf einem Friedhof beerdigt werden» (Sonderbestattungsanlagen waren zwar immer noch möglich). Mit dem Hofdekret vom 29. Mai 1825 wurde in Österreich die Beerdigung ohne Sarg verboten (was jedoch nicht voll eingehalten wurde). In Deutschland wurde etwa zur gleichen Zeit ebenfalls der Sargzwang eingeführt. Heute herrscht auch in der Schweiz in den Kantonen und Gemeinden noch der Sargzwang. Weitere Vorschriften in den diversen Friedhofverordnungen betreffen Grabtiefe, Ruhezeit, Grabsteinakzeptanz, Grabtypen, Höchstzahl der Leichen oder Urnen pro Grab sowie die Erwerbsbedingungen für Gräber. Rechtsträger eines Friedhofes kann sowohl die Gemeinde, eine Kirche oder eine Religionsgemeinschaft sein (zum Beispiel der Israelitische Friedhof in Basel). Sie sind verantwortlich für das Erstellen der Friedhofverordnung. Zünfte und Bruderschaften verloren ihre Aufsichtsfunktion.

Und heute: Trotz des sich abzeichnenden gegenteiligen Trends, ist heute die kirchlich begleitete Bestattung die häufigste. Nach der Trauerfeier in der Friedhofskapelle wird der Sarg auf einem Leichenwagen zur Grabstätte gefahren, gefolgt von der Trauergemeinde. Es ist jedoch auch möglich, ohne eine Abdankungsfeier mit einem einfachen Leichengeleit den Verstorbenen ans Grab zu begleiten.
Die Aufhebung eines Grabes erfolgt nach einer Ruhezeit von 20 Jahren. Auf dem Friedhof am Hörnli werden Reihengräber nach ca. 23 Jahren aufgehoben. Das Nutzungsrecht für ein Familiengrab wird für 40 Jahre erworben. Auf Verlangen ist nach Ablauf dieser Zeit eine Verlängerung möglich. Nach der Aufhebung eines Gräberfeldes liegt der Boden für einige Jahre brach. Bei einer Wiederbelegung wird die Bestattungsart gewechselt.

Rita Wirz, Ernst Stücklin

«Den Würmern entrissen, vom Feuer verzehrt» – Die Feuerbestattung

Die Brandbestattung verstorbener Menschen ist uralt. Sie ist schon lange vor der christlichen Zeitrechnung in der Jungsteinzeit erstmals nachweisbar. Damals wurde auch bereits Asche in Einzel- oder Gemeinschaftsgräbern beigesetzt. Dabei wurde versucht, die Siedlung der Lebenden nachzubilden – es entstanden Nekropolen, die ersten Friedhöfe. Diese Art der Bestattung war weder auf bestimmte Gebiete oder Kulturen noch auf bestimmte Zeiten beschränkt, wobei die Gründe für den Wechsel zur Erdbestattung und wieder zurück weitgehend unbekannt sind. Dies gilt für Mitteleuropa über lange Zeiten hinweg. Bei den Kelten zum Beispiel wurde die Erdbestattung im 1. Jahrhundert allmählich von der Brandbestattung abgelöst, die aber schon vorher in der Hallstattzeit üblich gewesen war. Ausser im Islam wurden Leichenverbrennungen in allen grossen Religionen entweder durchgehend oder auch nur zu bestimmten Zeiten angewandt. Im Buddhismus und Hinduismus werden sie eindeutig bevorzugt. Das Verbrennen kann dabei sehr unterschiedlich durchgeführt werden, auf einem grossen Holzstoss wie noch heute in Indien oder aber in Krematorien wie in Europa üblich. Weiter gab es auch Kulturen, die ihre Toten nur angekohlt haben, um sie nachher in der Erde zu bestatten.

Der oft zu beobachtende Wandel Feuer – Erde – Feuer vollzog sich auch bei den Römern. Bei ihnen war vorerst die Erdbestattung üblich, was dann aber dahingehend wechselte, dass für längere Zeit beide Begräbnisarten nebeneinander praktiziert wurden. In der Blütezeit der Republik überwog die Feuerbestattung, in der Spätzeit, etwa ab dem 1. Jahrhundert, wurde ebenfalls fast ausschliesslich brandbestattet. Ab dem 2. Jahrhundert gingen aber vornehme Römer wieder zur Erdbestattung über, während sich die Kaiser noch bis ins 3. Jahrhundert ausschliesslich kremieren liessen.

Bei den Römern wurde grundsätzlich ausserhalb der Siedlung auf einem Scheiterhaufen verbrannt. Ein Toter durfte innerhalb der Siedlung weder verbrannt noch beerdigt werden. Dies nicht nur wegen der Brandgefahr, sondern auch wegen der Unreinheit der Leichen und den Geistern der Toten. So vermieden die Römer auch den Gestank, der später in mittelalterlichen Städten herrschte. Vor der Verbrennung schnitt man der Leiche einen Finger ab und begrub ihn in der Erde, um den Ort der Verbrennung zu heiligen. Auf den Holzstoss warf man die Kleider des Toten sowie Opfergaben aller Art wie Speisen, Essenzen, Schmuck und Ähnliches. Nachdem man dem Toten die Augen wieder geöffnet hatte, setzten Verwandte und Freunde mit abgewandtem Gesicht den Haufen in Brand. Solange das Feuer brannte, wurde geklagt. Dann wurde die Asche mit Wein gelöscht und die Familie sammelte Asche und Gebeine in einer Urne aus Stein, Glas oder Keramik. Dazu wurde eine Münze oder ein Silberfläschchen gelegt. Darauf wurde die Urne vergraben und die Stelle mit einem Grabmal, meist in der Form eines Altars, gekennzeichnet. Vor der Beisetzung musste der Leichnam, egal ob Feueroder Erdbestattung, mit drei Handvoll Erde symbolisch bestattet werden, um ihm den Eintritt in die Unterwelt zu ermöglichen. Die Göttin der Toten, Libitiria, achtete auf die Einhaltung aller Riten, ihr Tempel war Aufenthaltsort der Bestatter (Ex-Sklaven und Freigelassene). In der Frühzeit der Republik gab es für Mittellose Massengräber. Dann, nach der Verbreitung der Feuerbestattung, formten sich Begräbnisvereine (collegia funeratica), deren Mitglieder sich durch eine monatliche Bezahlung kleiner Beträge ein Grab in einer Gemeinschaftsanlage sicherten. Ein solches «Columbarium» (Taubenschlag) bestand aus einer grossen unterirdischen Kammer mit halbrunden Nischen in den Wänden, die «Nidus» (Nester) hiessen. Sie bildeten die Plätze für die Urnen. Dieses System, wenn auch nicht im Untergrund, ist auch heute noch in modernen Friedhöfen anzutreffen – auch im Friedhof am Hörnli. Gebaut wurden diese Kammern damals von Privatunternehmern und reichen Patronen.

Beerdigungsriten und Vorschriften über Opfergaben sowie Trauerzeit waren mannigfaltig, aber bei den Feuerbestattungen gleich wie bei den Erdbestattungen.

Mit dem Aufkommen des Christentums verschwand in Europa die Feuerbestattung für eine längere Zeitperiode fast gänzlich. Grund war ein sehr enges Verständnis der Doktrin der körperlichen Auferstehung der Toten sowie die Grablegung Christi. Die Feuerbestattung wurde nur noch zu Zeiten der Pest oder bei der Beisetzung gewisser Randgruppen angewendet. Offiziell wurde sie ab 768 von der damaligen christlichen Einheitskirche verboten. Auch Karl der Grosse erklärte 785 die Erdbestattung zur alleinigen Bestattungsart und verbot die Feuerbestattung. Diese Verbote wurden ab dem 9. Jahrhundert weitgehend eingehalten, wenn auch im slawischen Teil noch bis Ende des 10. Jahrhunderts vereinzelt Brandbestattungen vorkamen. Nun wurden bis ins 19. Jahrhundert in Zentraleuropa nur noch Erdbestattungen durchgeführt.

Der zunehmende Platzmangel auf den städtischen Friedhöfen sowie Überlegungen aus den Bereichen Gesundheit, Ästhetik und Hygiene entfachten Anfang des 19. Jahrhunderts in den städtischen Zentren Europas eine Auseinandersetzung um die Wiedereinführung der Feuerbestattung. Freidenker, nicht praktizierende Katholiken, Protestanten und andere Gruppierungen setzten sich neu für die Kremation ein. Man fand den Gedanken der Verwesung unästhetisch, von Würmern angefressen zu werden entsetzlich, oder noch schlimmer: die Möglichkeit scheintot begraben zu werden. Im Übrigen empfand man Friedhöfe als unhygienisch und Grundwasser verschmutzend. Weiter war bei der allseitigen Platznot der Vorteil kleiner Urnengräber oder gar Columbarien nicht abzustreiten. Kurz und prägnant wurden diese Gefühle später einmal auf einem Mailänder Friedhof am Kremationsgebäude ausgedrückt. Dort steht zu lesen: «Den Würmern entrissen, vom Feuer verzehrt!»

Unter Kremation (Feuerbestattung) versteht man den thermischen Oxydationsprozess (Feuer) einer Leiche bei hoher Temperatur in einem Ofen eines Krematoriums und die anschliessende Beisetzung der Asche in einer Urne. Die Überlegungen zur Einführung der Feuerbestattung in städtischen Zentren in Europa führten schliesslich zu folgenden Aktivitäten:

1869	im Dezember fand in Neapel die Weltkonferenz der Freimaurer statt. Da wurde beschlossen: Die Religion des Kreuzes und der Auferstehung soll durch eine Religion der Urne ersetzt werden.
1873	wurde an der Weltausstellung in Wien der erste moderne Leichenverbrennungsofen gezeigt. Entworfen wurde dieser von Prof. Brunetti, Padua.
1876	wurde in Mailand der erste Leichenverbrennungsverein gegründet und das erste Krematorium in Betrieb genommen. Ein Schweizer, Albert Keller, Grosskaufmann, hat es auf eigene Kosten errichten lassen. Ironischerweise war es sein Leichnam, der dort am 22. Januar 1876 als erster eingeäschert wurde.
1886	wurde es den Katholiken vom Papst aus verboten, solchen Vereinen beizutreten. In diesem Jahr beschlossen die Direktionen der Kremationsvereine, das relativ grobe Wort Leichenverbrennung durch das humaner klingende Wort Feuerbestattung zu ersetzen.
1887	war die Gründung der internationalen Liga für Leichenverbrennung.
1964	haben der Papst und das Kardinalskollegium das Kremationsverbot für Katholiken wieder aufgehoben.

Das erste Krematorium im deutschsprachigen Raum wurde im Jahr 1878 in Gotha errichtet. In Österreich wurde ein solches erst am 17. Dezember 1922 eröffnet. Das erste Krematorium der Schweiz, das dritte in Europa, wurde schon am 15. Juni 1889 auf dem Friedhof Sihlfeld in Zürich feierlich eingeweiht. Im Eröffnungsjahr wurden aber nur 21 Verstorbene kremiert.

Da viele Befürworter der Feuerbestattung, speziell die italienischen Freimaurer, eine antiklerikale Haltung einnahmen, sprach sich am 19. Mai 1886 das heilige Offizium und somit die Römisch-Katholische Kirche gegen das Verbrennen von Leichen aus und verbot auch ihren Mitgliedern die Teilnahme in Vereinen für die Feuerbestattung.
Ab dem 27. April 1892 wurde sogar jenen, die aus freiem Entschluss ihre Verbrennung wünschten, das kirchliche Begräbnis verweigert und jenen Sterbenden, die gedachten, sich kremieren zu lassen, durften keine Sakramente gereicht werden. Die Kirche beharrte auch nach dem Zweiten Weltkrieg noch auf diesem Entscheid. Im Auftrag des Internationalen Feuerbestatter-Verbandes hat dann Dr. Franz Michelfeit aus Wien im November 1961 eine Eingabe an Papst Johannes den XXIII. gerichtet, in der um die Aufhebung des kirchlichen Verbotes der Feuerbestattung ersucht wurde. Am 5. Juli 1963 räumte schliesslich das heilige Offizium den gläubigen Katholiken das Recht auf Feuerbestattung ein – vorerst geheim und ab 24. Oktober 1964 mit offizieller Bekanntgabe (Acta apostolicae Sedis), solange der Kremation keine antireligiösen Absichten und Tendenzen zugrunde

liegen. Die Evangelisch-Reformierte Kirche wie auch die Christkatholische Kirche haben zur Feuerbestattung nie eine ablehnende Haltung eingenommen. Heute werden in Europa rund ein Viertel der Verstorbenen kremiert, wobei aber in Grossstädten etwas mehr als die Hälfte diese Bestattungsart wählen. Grund dafür sind sowohl finanzielle wie auch hygienische und ästhetische Überlegungen. In den Vereinigten Staaten sind es etwa 30 Prozent, in Asien beträgt die Kremierungsrate, religionsbedingt, an die 90 Prozent.

Der Vorgang der Kremation wird in der Schweiz und den Anliegerstaaten durch mehrere gesetzliche Bestimmungen geregelt. Die Kremation darf nur in Krematorien und mit jeweils nur einer Leiche pro Ofen und Kammer durchgeführt werden. Um die Identität sicherzustellen, wird dem Sarg eine mit einer Nummer versehene Schamottsteinplatte beigelegt. Diese wird nach der Verbrennung zur Asche gegeben. Das Vermischen von Aschen ist verboten. Herzschrittmacher sind vor Einäscherung zu entfernen. Nur Holz, Kleider oder andere Beigaben, die keine Gefahr für die Umwelt oder die Gesundheit der Menschen darstellen, dürfen auf Wunsch in die Anlage (Öfen) eingeführt werden. Die Verbrennung selbst fand früher in Kohleöfen, heute jedoch meist in mit Elektrizität oder wie in Basel in mit Gas betriebenen Öfen bei Temperaturen zwischen 900 und 1200 °C statt. Allfällige Metallteile wie künstliche Hüftgelenke sind nach der Einäscherung zu entfernen und die verbliebenen Knochenteile sind zu mahlen. Die so erlangte «saubere» Asche ist in eine genau gekennzeichnete Urne abzufüllen, diese darf in der Schweiz auf Wunsch nach Hause genommen werden, während sie in Deutschland und Österreich auf dem Friedhof zu verbleiben hat. Auf dem Friedhof sind die Urnen in einem Urnenhain, einem Reihengrab, einem Familiengrab, einem Columbarium oder einem Gemeinschaftsgrab zu bestatten. Dies ist je nach Staat und Ort verschieden.

Im Kanton Basel-Stadt hat sich die Feuerbestattung schrittweise ab Mitte des 19. Jahrhunderts entwickelt. Nach den ersten Diskussionen um die Einführung der Feuerbestattung in städtischen Zentren wurde im Jahr 1887 eine Petition für den Bau eines Krematoriums auf dem Kleinbasler Horburggottesacker eingereicht. Um 1891 entstanden genossenschaftlich organisierte Vereine pro Feuerbestattung (siehe Artikel «Verein für Feuerbestattung»). Ihr Ziel war das Sammeln der Finanzen zur Erstellung eines Krematoriums. Dieses Ziel wurde 1895 erreicht, wobei die Stadt Basel auch ihren Anteil beitrug. 1896 begann man mit dem Bau des Krematoriums und im Januar 1898 fand die erste Kremation im neu fertiggestellten Krematorium auf dem Friedhof Horburg statt. Dies geschah unter massiven Protesten. Im Jahr 1932 wurde diese Anlage geschlossen, da mit der Erstellung eines Zentralfriedhofes am Hörnli auch ein neues Krematorium erstellt wurde. 1963 wurde die Anlage um einen Ofen auf deren drei erweitert. Da dieses Krematorium bald aus betrieblichen und vor allem lufthygienischen Gründen nicht mehr genügte, wurde 1984 ein neues Krematorium im Untergeschoss des Kapellengebäudes dem neuesten Stand der Technik entsprechend gebaut. Die Öfen, es waren nun deren vier, werden mit Gas gefeuert und nicht, wie sonst in der Schweiz üblich, mit Elektrizität beheizt. In den ersten 15 Jahren wurden 48 231 Einäscherungen durchgeführt.

Die Kantone Basel-Landschaft und Aargau haben bereits im Jahr 1948 mit dem Kanton Basel-Stadt ein Abkommen getroffen, dass die verstorbenen Personen aus ihren Kantonen auch im Krematorium auf dem Friedhof am Hörnli eingeäschert werden können. Der Kanton Solothurn hat dann im Jahr 1950 für seine Gemeinde Dornach ebenfalls dieselben Bedingungen vertraglich vereinbart. Diese Verträge wurden in den Jahren 1974 und 1975 unter dem damaligen Regierungsrat Eugen Keller erneut bestätigt. Die entsprechenden Anmeldungen der gewünschten Kremationen erfolgten vorerst durch die Gemeinden auf dem Bestattungsbüro des Zivilstandsamtes Basel-Stadt. Heute vereinbaren die Gemeinden den Zeitpunkt der Einäscherungen direkt mit der Friedhofverwaltung.

Verein für Feuerbestattung: Mit 66 Jahren

Der Basler Verein für Feuerbestattung wurde im Jahr 1890 gegründet und im Jahr 1956 aufgelöst. Die Wiege der schweizerischen Feuerbestattungsbewegung stand jedoch in Zürich. Initianten waren Johann Jakob Wegmann-Ercolani und Professor Albert Heim. Gegründet wurde der Zürcher Verein im Jahr 1880.

In Basel beschloss der Grosse Rat am 17. November 1890 den Bau eines Krematoriums auf dem Areal des Gottesackers Horburg. Mit der Planung wurde der Architekt L. Friedrich betraut. Am 14. Februar 1891 bot der Verein für Feuerbestattung der Regierung eine Beteiligung an den Baukosten an. Am 26. Oktober 1891 wurde mit dem Regierungsrat ein Betrag von 15 000 Franken an die budgetierte Bausumme von 52 000 Franken vereinbart. Die Inbetriebnahme des Krematoriums Horburg erfolgte am 15. Januar 1898.

Beheizt wurde der Ofen mit Koks. Die Verantwortung und Führung des Krematoriums wurde dem Personal des Gottesackers übertragen. Der Verein für Feuerbestattung beteiligte sich an begleitenden Funktionen wie Orgelspiel, Dekorationen und Urnenbeisetzungen. Die Inanspruchnahme des neuen Krematoriums erfolgte nur zögernd. Der Widerstand aus konservativen katholischen, protestantischen und freikirchlichen Kreisen war jedoch noch stark. Dies zeigte sich in den anfänglich noch geringen Kremationszahlen. In den ersten drei Jahren wurden 17 Einäscherungen pro Jahr vollzogen. Von 1901 bis 1905 pro Jahr deren 32. Mit einem Vorstandswechsel setzte ab 1909 eine gezielte Werbung ein. Vermehrte Kontakte mit Bestattungsfirmen und Geistlichen aller Konfessionen förderten die Akzeptanz der Feuerbestattung. Gespräche mit interessierten Kreisen aus dem Baselbiet führten zur Gründung des Basellandschaftlichen Feuerbestattungsvereins.

In Zürich übernahm die Stadtverwaltung ab dem 1. Januar 1900 das Krematorium Sihlfeld mit der Verpflichtung zur kostenlosen Einäscherung verstorbener Einwohner und zu einem Neubau. Wegen Standortstreitigkeiten verzögerten sich das Projekt und die Ausführung. So konnte der Krematoriumsneubau erst am 12. März 1915 eingeweiht werden. Als Folge löste sich der Zürcher Verein für Feuerbestattung auf. Diese Auflösung bewirkte bei den übrigen regionalen Feuerbestattungsvereinen den Wunsch auf eine engere Zusammenarbeit. Denn die anstehenden Aufgaben und Probleme waren bei allen Krematoriumsbetreibern die ähnlichen. Vereine für Feuerbestattung existierten noch in Basel, Genf, St. Gallen, Bern, Lausanne, La Chaux-de-Fonds, Winterthur, Biel, Aarau, Davos, Schaffhausen und Lugano. Die Gründung des Schweizer Verbands für Feuerbestattung erfolgte im Mai 1916 in Biel auf Antrag der Delegiertenversammlung vom 27. Juni 1915 in Luzern. Mitglieder konnten Genossenschaften, Stiftungen, Vereine, kommunale Verwaltungen oder Betreiber von Krematorien werden.

Weil der Kanton Basel-Stadt seinen Einwohnern eine kostenlose Beisetzung ermöglichte, löste sich der «Verein für Feuerbestattung Basel» im Jahr 1956 auf.

Karl U. Völlmin

«Asche zu Asche» – Das Krematorium

Geschichte

Das alte Krematorium entstand mit dem Bau des Friedhofs und wurde 1932 in Betrieb genommen. Es bestand aus drei Einäscherungsöfen und war an der östlichen Seite platziert, dort, wo sich jetzt das Friedhofmuseum befindet. Mit dem zunehmenden Alter verschlechterte sich der bautechnische Zustand der Öfen. Die Rauch- und Geruchsimmissionen wurden immer kritischer. Deshalb wurde ein Neubau mit Öfen moderner Bauart und Einrichtungen zur Rauchgasreinigung erforderlich. Der Einbau dieser umfangreicheren Installationen war am alten Standort aus Platzgründen nicht möglich. Es wurde deshalb ein unterirdischer Neubau beim Kopfbau des linken Hauptgebäudes geplant. Die Anzahl der Kremationen hatte sich über die Jahre laufend gesteigert und war um 1980 auf ca. 2400 pro Jahr angestiegen. Eine detaillierte Prognose mit Abschätzung der Bevölkerungsentwicklung, des Anteils der Kremationen an der Gesamtzahl der Bestattungen und der Entwicklung der Sterberate ergab ein Planungsziel von mindestens 3000 und maximal 4000 Kremationen pro Jahr. Aufgrund dieser Zahlen wurde die Installation von vier unabhängigen Ofenlinien gewählt, wobei eine davon als Reserve bei Revisionen vorgesehen war.

Besonderes Gewicht wurde auf die Luftreinhaltemassnahmen gelegt, da wegen dem schwarzen Rauchausstoss der alten Öfen zahlreiche Klagen aus der Bevölkerung vorlagen. Um den Anforderungen des Umweltschutzes, der Hygiene und der Pietät zu genügen, sollten die an die Atmosphäre abgegebenen Rauchgase geruchlos und unsichtbar sein. Die neuen Öfen erhielten deshalb zwei Nachbrennzonen für einen vollständigen Ausbrand. Die Rauchgase wurden über Zyklone und Gewebefilter gereinigt. Der Staubgehalt der emittierten Rauchgase sollte 10 mg/m^3 nicht überschreiten.

Wegen den in Basel geltenden energiepolitischen Prioritäten werden die Öfen mit Erdgas gefeuert. Gleichzeitig mussten auch die erforderlichen Nebenräume für die Sarglagerung mit Kühl- und Tiefkühlzellen, WC und Dusche sowie für die Lüftungszentrale bereitgestellt werden.

Krematoriumsneubau

Dem Regierungsrat wurde mit Bericht vom 9. Februar 1983 das Neubauprojekt unterbreitet und ein Kreditantrag über Fr. 7 605 000 gestellt. Der Kostenvoranschlag sah die folgenden Ausgaben vor:

Grundstück	Fr.	210 000
Vorbereitungsarbeiten	Fr.	403 000
Gebäude	Fr.	2 338 000
Umgebung	Fr.	247 000
Baumeisterarbeiten	Fr.	919 000
Kremationsanlagen	Fr.	2 409 000
Wärme- und kältetechnische Anlagen	Fr.	1 079 000
Total	Fr.	7 605 000

Mit Regierungsratsbeschluss vom 15. Februar 1983 wurde das Vorhaben bewilligt.

Nach Erteilung der Baubewilligung wurde die Aufgabe in Angriff genommen und zügig umgesetzt. Die Einäscherungsöfen wurden bei der Firma Ruppmann in Stuttgart in Auftrag gegeben. Sie bot Gewähr für die Lieferung eines Ofens auf dem neuesten Stand der Technik mit Gasfeuerung. In der Schweiz hat damals nur die ehemalige Firma Brown-Bovery Kremationsöfen gebaut, und zwar nur solche mit elektrischer Heizung. Aus energiepolitischer Sicht war aber in Basel nach dem Kampf gegen das Kernkraftwerk Kaiseraugst die Verwendung von elektrischem Strom für eine reine Wärmeanwendung nicht opportun. Deshalb wurde die Feuerung mit Erdgas realisiert und eine entsprechende Zuleitung gebaut.

Das technische Konzept kann wie folgt beschrieben werden: Es besteht im Wesentlichen aus Etagenofen, Wärmetauscherturm zur Rauchgaskühlung, Rauchgasreinigung mit Gewebefilter, Abgasventilator und Kamin. Kernstück ist der Etagenofen mit drei Erdgasbrennern. Im Hauptbrennraum findet die Einäscherung im Holzsarg statt. In der Ascheausbrennkammer werden die heruntergefallenen Rückstände vollständig in Asche umgesetzt. Über eine Drehplatte wird die Asche anschliessend in die Abkühlkammer weitergeleitet und gelangt schliesslich in die Ascheschublade. Dieses System gewährt eine klare räumliche Trennung zwischen der Sargeinfahrt und der Entnahme der Urnenasche.

Die Kremation dauert eine Stunde. Anschliessend wird die zurückbleibende Asche in die Ascheausbrennkammer befördert und dort durch einen zusätzlichen Gasbrenner thermisch nachbehandelt. Nach einer weiteren

Stunde wird die thermisch behandelte Asche über einen Kühlrost und danach in den Aschebehälter ausgetragen. Die aus dem Ofen entnommene Urnenasche wird nach der Entfernung von Metallteilen in einem Mahlvorgang zerkleinert und in die Urne abgefüllt.

1985 konnte das neue Krematorium dem Betrieb übergeben werden. Die Einhaltung der geforderten lufthygienischen Emissionswerte wurde durch eine Abnahmemessung der EMPA überprüft und für gut befunden. Der routinemässige Betrieb der neuen Anlage spielte sich schnell ein und war weitgehend problemlos. Weitere Reklamationen der Anwohnerschaft blieben fortan aus. Die Bauabrechnung wies Kosten von rund 9 Millionen Franken aus. In den ersten zehn Betriebsjahren wurden 30 205 Einäscherungen unter Einhaltung aller gültigen Grenzwerte ausgeführt. Dann geriet ein bisher vernachlässigter Schadstoff, Quecksilber, ins Visier der Umweltbehörden. Im Juni 1994 führte das Lufthygieneamt beider Basel Emissionsmessungen an zwei betriebenen Öfen durch. Die Beurteilung erfolgte nach der seit dem 1. Februar 1992 in Kraft stehenden Fassung der Luftreinhalte-Verordnung (LRV) und ergab eine Überschreitung des neuen Grenzwertes für Quecksilber und demnach eine Sanierungspflicht.

Quecksilberabscheidung

Die neue Situation forderte alle Beteiligten heraus. Die Umweltbehörden mussten eine Überschreitung der mittlerweile geltenden verschärften Emissionsgrenzwerte konstatieren. Sie konnten aber nicht einfach eine Sanierungsfrist verfügen, da es noch gar keine anerkannte und bewährte Methode gab, wie das Problem in Krematorien gelöst werden könnte. Wieder einmal wurde von den Städten mit den grössten Anlagen erwartet, dass sie in die Pionierrolle schlüpfen und neue Lösungen ausprobieren. Sowohl Zürich als auch Basel haben sich dieser Aufgabe gestellt und begannen nach Lösungen zu suchen und Pilotanlagen zu bauen. Dabei wurden unterschiedliche Konzepte ausprobiert: Zürich versuchte es mit Aktivkohlefilter und Basel testete einen katalytischen Absorber.

Mit dem Lufthygieneamt beider Basel zusammen wurden die damals angebotenen Verfahren untersucht und beurteilt:
– Der seinerzeitige Ofenhersteller bot ein Flugstromverfahren mit Kalk und Abscheidung im vorhandenen Schlauchfilter an.
– Weiter wurde ein Festbettverfahren mit Aktivkohle propagiert.
– Die dritte Möglichkeit war ein katalytisches Adsorptionsverfahren.

Beim ersten Verfahren blieben Zweifel, ob damit die Grenzwerte sicher erreicht werden könnten. Zudem wurden die Betriebsbedingungen negativ beurteilt. Hauptsächlich wollte man aber keine kontaminierten Rückstände erzeugen, für die in der Schweiz keine Entsorgungsmöglichkeit besteht.
Das zweite Verfahren wurde als gangbare Lösung beurteilt. Allerdings auch mit dem Nachteil der Rückstandsentsorgung und mit hohen Investitionskosten.

Das dritte Verfahren wurde im Krematorium noch nie eingesetzt, versprach aber eine Reihe von Vorteilen. Der wichtigste zuerst: rückstandsfrei, das Quecksilber kann in elementarer Form zurückgewonnen und wiederverwendet werden. Der Katalysator kann unabhängig vom bestehenden System in den Rauchgaskanal eingebaut werden und ist nicht sehr gross. Die Investition war deutlich tiefer als die Alternativverfahren. Mit diesen Argumenten fiel die Wahl grundsätzlich auf das katalytische Adsorptionsverfahren, das zudem von einer auf diesem Gebiet weltweit führenden schweizerischen Firma hergestellt wurde.

Da technisches Neuland beschritten wurde, wollte man zuerst eine Pilotanlage an einem Ofen bauen. Mit der Weiterentwicklung des Projektes und der Konkretisierung einer ausführungsreifen Offerte stiegen auch die Kosten immer mehr an. Das zu Beginn erhoffte Kostenniveau konnte nicht eingehalten werden. Schliesslich konnte im Jahr 1999 die Pilotanlage an der Ofenlinie eins gebaut und in Betrieb genommen werden. Die offiziellen Emissionsmessungen belegten einen Abscheidegrad von mehr als 99,9 Prozent für Quecksilber, das heisst die Emissionsgrenzwerte wurden wesentlich unterschritten. Nach fünf Monaten Betrieb und 465 Kremationen wurden die Katalysatorwaben ausgebaut und zur Regeneration gebracht. In einem speziell hergerichteten Ofen wurden die Waben ausgebrütet und das wieder freigesetzte Quecksilber in einer Kühlfalle kondensiert und abgeschieden. Die gewonnene Menge elementares Quecksilber betrug 502 Gramm, das heisst etwa ein Gramm pro Kremation.

Sanierung aller vier Öfen

Nach den ermutigenden Erfahrungen mit der Pilotanlage wurde die gesetzeskonforme Sanierung der ganzen Anlage angegangen. Obwohl der Aus- und Einbau der Waben nicht sehr kompliziert ist, erwies sich die ganze Logistik mit Transport vom Gerüst, Verpackung, Versand und das ganze wieder retour als aufwändig. Deshalb wurde das Konzept für eine Regeneration vor Ort weiterentwickelt.

Nach 15 Betriebsjahren waren auch die Öfen ausgebrannt und mussten neu aufgemauert werden. Diese umfangreichen Sanierungsarbeiten wurden mit der Nachrüstung der Quecksilberfilter koordiniert und in Etappen zusammen ausgeführt. Mit der Vorort-Regenerierung zeigten sich aber schon im Labor Probleme. Die Tests mit Katalysatorwaben aus der Pilotanlage waren nicht erfolgreich, da die Kühlfallen zu schnell verschmutzten. Stattdessen musste auf einen Miniwäscher umgestellt werden. Dieser hat sich im Betrieb bewährt. Nur kann das Quecksilber nicht mehr in elementarer Form zurückgewonnen werden. Es fällt eine geringe Menge Schlamm mit einer hohen Konzentration an Quecksilber an, der entsorgt werden muss. Die Rauchgase müssen vor dem Katalysator auf 105 °C abgekühlt werden, damit die Adsorption stattfinden kann. Mit einer Wärmeverschiebungsanlage wird die entzogene Wärme nach dem Katalysator wieder in den Rauchgasstrom abgegeben. Damit kann die Bildung einer sichtbaren Kondensationsfahne am Kamin verhindert werden.

Ab 2003 präsentierte sich das Krematorium in einem rundum sanierten Zustand. Die aufwändigen Abnahmemessungen wurden erfolgreich durchgeführt. Auf Wunsch der Umweltbehörden wurden auch Dioxine und Furane gemessen, obwohl für diese Schadstoffe in der Schweiz keine Emissionsgrenzwerte gelten. Das Lufthygieneamt hat die Einhaltung aller geltenden Grenzwerte aufgrund dieser Messungen bestätigt.

Leider war die berechtigte Freunde über die sanierte Anlage nur von kurzer Dauer. Schon im Mai 2004 traten Wasserverluste im Kühlsystem auf. Materialanalysen förderten Korrosionsangriffe unter Chlorideinfluss an den eigentlich rostfreien Wärmetauscherrohren zutage. Es blieb nichts anderes als alle Wärmetauscher zu ersetzen. Es wurde eine nochmals bessere Chromstahlqualität gewählt. Zudem wurde eine Warmhalteregelung eingebaut, da vermutet wurde, dass die Korrosion vor allem während der täglichen Abkühl- und Aufheizphasen stattfindet. Dabei können die Kondensationstemperaturen von verschiedenen Verbindungen, insbesondere auch Chloridverbindungen, durchlaufen werden. Es hat sich bewahrheitet, dass bei der Leicheneinäscherung mit einer grossen Palette von Verbrennungsprodukten gerechnet werden muss, die teilweise nur in Spuren im Abgas vorkommen. Die technisch immer weitergetriebene Abgasreinigung führt zu neuen, vorher nicht bekannten Problemen.

Weitere Sanierungen und Ausblick

Wie früher schon erwähnt, musste die Ausmauerung an allen Öfen erneuert werden. Dies geschah nach der ordentlich zu erwartenden Standzeit der thermisch hoch belasteten Feuerfeststeine. Bei den Sargeinfahrmaschinen zeigten sich auch zunehmend Störungen, die nicht mit den jährlichen Servicearbeiten behoben werden konnten. Es wurde eine Generalüberholung fällig. Dazu wurden die ganzen Einfahrmaschinen ausgebaut und ins Werk zur gründlichen Überholung transportiert. Auch dieses Beispiel zeigt, dass das «neue» Krematorium nicht auf eine gleich lange Lebensdauer wie das erste kommen wird. Die viel aufwändigere Technik und die laufend steigenden Anforderungen zugunsten des Umweltschutzes werden eine totale Erneuerung der ganzen Installationen bis in ungefähr zehn Jahren verlangen. Es gibt aber Möglichkeiten, dies in Etappen und während dem laufenden Betrieb in den vorhandenen Bauten zu realisieren.

Spitalabfälle

Die Pathologieabfälle (ohne infektiöse) aller Spitäler der Region werden ebenfalls im Krematorium verbrannt. Ethische Bedenken verbieten eine Entsorgung im Sondermüllofen. Jeweils vier verschlossene Kunststoffbehälter werden auf ein Brett gestellt und simulieren so einen Sarg. Sie werden immer als letzte Charge am Abend in den Ofen geschickt. Pro Jahr werden ca. 10 000 Kilogramm angeliefert und verbrannt. Da der Ofen dafür nicht konstruiert ist, stellt dies eine besondere Belastung dar und auch die Emissionsgrenzwerte können bei diesem Betrieb nicht erfüllt werden. Im Moment besteht aber keine Alternative und Grenzwertüberschreitungen werden deshalb vom LHA toleriert. Auch die konservierten Leichenteile aus dem anatomischen Institut der Universität gehen diesen Weg.

Janine Kern

Eins werden mit den Elementen – Alternative Bestattungsarten

Ein Grab in den Wurzeln eines Baumes, die Asche von der Fähre aus im Rhein verstreuen oder eine exklusive Designerurne: Individualität ist heute auch nach dem Tod gefragt. Immer mehr Menschen suchen nach Alternativen zum traditionellen Friedhof. Und wer sucht, der findet, wie ein Blick auf die verschiedenen Angebote zeigt.

«Endlich besteht die Möglichkeit, dem engen Korsett von Verwaltung und administrativ verordneter Grabesruh zu entrinnen und im Einklang mit der Natur und der Vielfältigkeit des Glaubens seine letzte Ruhe zu finden.» Diese Worte eines zufriedenen Kunden sind auf der Website der Friedwald GmbH zu finden, die Bestattungen in speziell dafür vorgesehenen Waldstücken anbietet. Der Eintrag im Gästebuch drückt die Befindlichkeit vieler Menschen aus: Das Reihengrab der Gemeindefriedhöfe entspricht nicht mehr dem heutigen Bedürfnis nach Individualität. Der «Basler Staatssarg» ist zu eng geworden, der Friedhof atmet den Geist des Vergangenen. Heute gelten neue Werte. Die individuell gestaltete Beisetzung wird zur Bestätigung der eigenen, unverkennbaren Identität. Solche individuellen Bestattungen sind in der Schweiz ohne grossen Aufwand möglich. Die Gesetze, die den Umgang mit Verstorbenen regeln, sind nämlich sehr liberal. Erdbestattungen sind zwar nur auf öffentlichen Friedhöfen erlaubt. Über die Asche von kremierten Verstorbenen können die Hinterbliebenen aber frei verfügen. Ob die Urne einen Ehrenplatz auf dem Bücherregal findet oder unter dem Fliederstrauch im Garten des Ferienhauses begraben wird, spielt keine Rolle. Die Asche kann im Wald oder vom Lieblingsberg der verstorbenen Person verstreut werden. Neben diesen ganz privaten Arten, Abschied zu nehmen, gibt es auch verschiedene Anbieter von alternativen Bestattungen.

Rita Wirz, Leiterin des Friedhofs am Hörnli, bestätigt, dass solche Angebote immer beliebter werden. 2006 wurden auf dem Friedhof am Hörnli insgesamt 1879 Todesfälle bearbeitet. In 75 Fällen ersuchten die Angehörigen darum, die Asche der verstorbenen Person nach Hause zu nehmen. Was mit der Asche dieser 75 Personen geschah, wird von der Friedhofverwaltung nicht statistisch erfasst.
Zwar muss Rita Wirz nicht befürchten, dass ihren Angestellten auf dem Friedhof am Hörnli bald die Arbeit ausgeht. Aber sie beobachtet diese Entwicklung genau und passt ihr Angebot den neuen Bedürfnissen an. So gibt es auf der umgestalteten Abteilung 12 eine Urnennischenwand, in der die Urnen sichtbar hinter farbigen Glasscheiben stehen. Die Grabfelder derselben Abteilung sind Wiesengräber mit schlichten, versenkten Grabplatten, ohne Bepflanzung oder befestigte Wege. Die Gräber sollen mit der fast mediterranen Umgebung verschmelzen.

Zudem schaffen die moderne Architektur und die Installationen der Künstlerin Barbara Mühlefluh eine parkähnliche Atmosphäre, die sich deutlich von traditionellen Schweizer Friedhöfen abhebt.

Rita Wirz beurteilt die Entwicklung zu mehr Individualität im Bestattungswesen mit einiger Nüchternheit: «Sicher steigt bei manchen Leuten das Bewusstsein für einen individuellen Umgang mit Trauer und Tod. Oft suchen Angehörige aber auch einfach nach einer kostengünstigen Lösung.» Deshalb steigt auch die Nachfrage nach anonymen Gemeinschaftsgräbern, die zudem keinen Pflegeaufwand verursachen. Doch bei aller Nüchternheit – der Umgang mit dem Tod hat sich verändert. Deshalb lohnt sich ein Blick auf alternative Bestattungsarten.

Im Einklang mit der Erde: Der Friedwald

Ueli Sauter ist mit seiner Friedwald GmbH ein Pionier der alternativen Bestattungen in der Schweiz. 1993 kam er auf die Idee, im Wald bei Mammern TG einen vollständig naturbelassenen Friedhof zu gründen. Die Bäume, die mit dem Förster ausgewählt wurden, sind mit einem Code aus zwei Buchstaben markiert – das einzige Merkmal des Friedwaldes. Es gibt keine Umzäunung, keine Namensplatten, keinen Grabschmuck. Darin unterscheidet sich der Friedwald von einem Waldfriedhof, wo Grabkunst, Blumenschmuck und Erinnerungsstücke üblich sind. «Es geht mir um Schlichtheit und die Nähe zur Natur», sagt Ueli Sauter. Die Asche der Verstorbenen wird in die Erde rund um die Wurzeln der Bäume gemischt. Wer einen Baum in einem Friedwald kauft, erhält die Garantie, dass der Baum mindestens 99 Jahre stehen gelassen wird. Mittlerweile gibt es in der Schweiz über 50 Friedwälder – Sauters Idee entspricht offenbar einem Bedürfnis vieler Schweizerinnen und Schweizer.

Der Friedwald in Dornach liegt auf einer Anhöhe, direkt an der Strasse nach Hochwald. Wer den Ort besuchen will, muss sich von der Friedwald GmbH den Lageplan zusenden lassen, ohne den der Friedwald nicht zu finden ist. Tatsächlich ist der schmale Weg und der kleine Pfosten mit dem Symbol des Friedwalds leicht zu übersehen. Durch die jungen Baumkronen fällt Licht auf den Waldboden. Die einzigen Geräusche sind Vogelgezwitscher und das Rauschen der Strasse. Irgendwo sind Spuren eines Feuers zu sehen – vielleicht als Teil einer Trauerfeier. Und um die Wurzeln eines Baumes hat jemand eine kleine Landschaft aus Steinen, Moos und Tannenzäpfen gestaltet. So viel Mahnmal ist erlaubt, mehr nicht.

Das hat auch Kathrin Rutishauser erlebt, die ihren Vater vor einigen Jahren im Dornacher Friedwald bestattete: «Meine Nichte hatte tibetische Gebetsfahnen mitgebracht», erzählt sie, «aber wir durften sie nicht dort lassen.» Die Bestattung fand im engsten Rahmen statt, ohne Pfarrer und ohne besonderes Ritual. Das lag zum einen daran, dass bereits einige Monate vorher in Basel eine grosse Abdankungsfeier stattgefunden hatte. Zum anderen wollte Kathrin Rutishauser in der Stille des Waldes auch keinen langen Abschied mehr. Auf den Friedwald kam sie, als sie im Büro des Vaters die Unterlagen der Friedwald GmbH fand. «Er hat nie über den Tod gesprochen und wollte auch kein Testament machen», erzählt Kathrin Rutishauser. Offenbar hatte er sich aber trotzdem mit dem Tod beschäftigt. «Mein Vater war ein sehr naturverbundener Mensch», erzählt die Tochter. Sie und ihre Brüder waren sich deshalb bald einig, dass sie ihrem Vater mit dem Baum im Friedwald einen Wunsch erfüllten.

Auch Kathrin Rutishauser will nicht auf einem konventionellen Friedhof bestattet werden. «Die Enge dieser Grabreihen beelendet mich», sagt sie. In ihrer Familie sind alternative Bestattungen schon fast die Regel. Die Asche ihrer Schwägerin wurde im Meer verstreut; ihre Nichte, die sehr jung starb, wollte unter der Eiche im Garten der Grossmutter in der Toskana begraben werden. Und Kathrin Rutishausers ehemaliger Lebenspartner wünschte sich die letzte Ruhestätte auf dem Bauernhof seiner Eltern im Berner Oberland.

Vom Wasser getragen: Die Rheinbestattung

Die Ueli-Fähre bei der Basler Dreirosenbrücke pendelt im weichen Licht der Aprilabendsonne zwischen Gross- und Kleinbasel hin und her. Fährimann Rémy kennt die meisten seiner Gäste. «Es ist eine Quartierfähre», sagt er und nimmt sich gerne Zeit für einen Schwatz mit der Kundschaft. Rémy führt auf seiner Fähre Taufen und Bestattungen durch. «Ich mache das gerne», sagt er und beginnt zu erzählen. Vom Mann, der immer wieder kommt, um sich auf dem Rhein an seine verstorbene Frau zu erinnern. Von der knapp 20-jährigen Tochter, die beim Tod ihrer Mutter alles organisierte, weil der Vater vor Trauer wie eingefroren war. Von der Mutter, die in einem gewaltigen Wutausbruch die Urne ihres Sohnes in den Rhein knallte. Er war an einer Überdosis Heroin gestorben. Und vom «Zyttigs-Anni», der Rémy von seinen Rheinbestattungen erzählte. So wolle sie auch bestattet werden, sagte die legendäre Schnitzelbänklerin begeistert. Ein halbes Jahr später starb sie. Die Bestattung fand auf der Ueli-Fähre statt.

«Das Wasser ist das ideale Element, um sich von jemandem zu verabschieden», ist Rémy überzeugt. Es ist ständig in Bewegung und hat gleichzeitig eine tragende Kraft. Während einer Bestattung schliesst Rémy die Tore des Landestegs auf beiden Seiten des Rheins und hält die Fähre mitten im Fluss an. Dort gibt er den Trauernden so viel Zeit, wie sie für den Abschied brauchen. Ein Pfarrer war bisher noch nie dabei, meist findet die Bestattung im engsten Kreis statt. In einem Vorgespräch versucht der Fährimann herauszufinden, was sich die Trauerfamilie wünscht. Es gibt keinen festen Ablauf, jede Bestattung ist anders. Trotzdem versucht Rémy, Struktur in die Zeit auf der Fähre zu bringen, um den Menschen Halt zu geben. Manchmal leert er die Asche in den Rhein. Manchmal muss er jemanden festhalten, der selber ins Wasser zu stürzen droht. Manchmal hält er plötzlich eine weinende Person in den Armen. Manchmal erzählt er von Charon, dem Fährmann aus der griechischen

Mythologie, der die Menschen über den Styx ins Reich der Toten brachte. «Es hilft den Trauernden zu wissen, dass sie die verstorbene Person nun selber ein Stück über den Fluss begleiten können», sagt Rémy.

Im engen Raum der Fähre kann niemand seinen Gefühlen ausweichen, sie brechen unweigerlich aus den Menschen heraus, sei es Wut, Verzweiflung oder einfach eine tiefe Traurigkeit. Rémy beobachtet oft, wie sich die Menschen während der Bestattung verändern. «Manchmal kann man richtig sehen, wie jemand loslässt.»

Durch die Nähe, die auf der Fähre entsteht, bleibt der Fährimann nie unbeteiligt. Er ist immer persönlich involviert und übernimmt bis zu einem gewissen Grad die Funktion eines Pfarrers oder Ritualgestalters. «Ich versuche immer so viel zu geben, wie die Leute brauchen», erklärt er. «Aufdrängen will ich mich aber nicht.»

Vom Winde verweht: Die Luftbestattung

Die Bestattung bedeutet die Verbindung der verstorbenen Person mit den Elementen Feuer, Erde, Wasser und Luft. In alten Kulturen wurde der Leichnam getrocknet, einbalsamiert oder nach der Bestattungszeremonie den Tieren überlassen. Bei heutigen Luftbestattungen wird die Asche der verstorbenen Person im Wind verstreut. In der Schweiz sind solche Luftbestattungen überall möglich: von einer Bergspitze, einem Turm oder auf einer windigen Höhe.

In St. Gallen bietet Ruth Heeb, Geschäftsführerin des Krematoriums St. Gallen, Luftbestattungen aus einem einmotorigen Flugzeug an. Im Büro der passionierten Freizeitpilotin steht das Modell eines Kleinflugzeugs, das sie besonders gerne fliegt. Das brachte vor einigen Jahren eine ältere Frau auf die Idee, die eigene Asche aus dem Flugzeug streuen zu lassen. «Ich finde, man sollte den Menschen ihren letzten Wunsch erfüllen», sagt Ruth Heeb. Deshalb sagte sie zu und begann, alles für die erste Luftbestattung vorzubereiten. Sie entwickelte ein spezielles Gefäss, in welches die Asche eingefüllt wird und das unterwegs ausgeleert werden kann. Die Frau sollte wissen, wo ihre Asche verstreut werden würde. Als es schliesslich so weit war, begleitete die Tochter ihre Mutter auf der letzten Reise. Sie brachte Blumenblüten und gab sie zur Asche. Ruth Heeb flog in ein dünn besiedeltes Gebiet, drosselte das Tempo, öffnete das Fenster und leerte Asche und Blüten in den Wind. «Es war ein sehr schöner Moment», erinnert sie sich. Als ob die Zeit für den Blütenregen kurz stehen geblieben wäre.

Zweimal ist Ruth Heeb bis heute für eine Bestattung geflogen; eine weitere Person hat in ihrer Sterbeverfügung den Wunsch nach einem Luftbegräbnis mit Ruth Heeb festgehalten. Das ist der Pilotin recht. Sie will kein kommerzielles Angebot lancieren, dafür ist sie viel zu zurückhaltend. Aber sie ist fest davon überzeugt, dass die Menschen frei über ihre Bestattung bestimmen sollen. Auch Ruth Heeb stellt fest, dass die traditionellen Friedhöfe oft nicht mehr den Bedürfnissen der Leute entsprechen. Die Kirche bietet kein allgemein gültiges Glaubensgerüst mehr. Viele Menschen brauchen aber trotzdem die Gewissheit, dass es nach dem Tod irgendwie weitergeht. Sie finden Trost in der Vorstellung, sich mit der Natur zu verbinden. Manchen reicht das Wissen, dass jemand zurückbleibt, der sich an sie erinnert.

Orte der Erinnerung

Eine Fotografie, ein Ritual oder ein Gegenstand wecken das Erinnern in uns, manchmal schön, manchmal schmerzlich, manchmal tröstlich. In der Trauer um eine verstorbene Person sind Orte der Erinnerung besonders wichtig. Das Grab ist ein verlässlicher und überpersönlicher Ort der Erinnerung. Es bleibt unverändert, will gepflegt werden und zeigt mit dem Grabstein öffentlich, wem die Erinnerung gilt. Früher war der Besuch des Friedhofs in vielen Familien ein Ritual, das mit bestimmten Tagen im Jahr und mit bestimmten Handlungen verbunden war. Das hat sich verändert: Heute leben die Familien oft geografisch weit verstreut. Viele Menschen können oder wollen das Grab ihrer Angehörigen nicht mehr regelmässig besuchen und pflegen.
Luft- und Wasserbestattungen entziehen sich der örtlichen Fixierung eines Grabes, sie wollen explizit keinen Ort der Erinnerung schaffen. Manche Leute brauchen einen solchen Ort nicht. «Die Erinnerung an meine Mutter lebt in meinem Herz», meint etwa Ruth Merz, Gärtnerin auf dem Friedhof am Hörnli. Sie wünscht sich, dass ihre Asche nach dem Tod irgendwo verstreut wird. Auch Friedwald-Gründer Ueli Sauter ist der Überzeugung, dass viele Menschen heute keinen Ort mehr brauchen, an dem sich die Erinnerung an die verstorbenen Angehörigen manifestiert.

Aber es geht nicht allen so. Ruth Heeb vom Krematorium St. Gallen ist überzeugt, dass die Nachfrage nach Luftbestattungen nicht zunehmen wird, weil die meisten Menschen eben doch ein materielles Erinnerungsdenkmal wünschen. Auch Kathrin Rutishauser erinnert sich, wie wichtig ihr ein Ort war, den sie nach dem Tod ihres Vaters aufsuchen konnte. Für sie war das die Stelle, an der ihr Vater tödlich verunfallt war. In der ersten Zeit nach dem Unfall ging sie oft hin und brachte Blumen oder eine Kerze. «Das war in den Wochen unmittelbar nach seinem Tod sehr wichtig», sagt Kathrin Rutishauser. Heute, einige Jahre später, braucht sie keine solche Anlaufstelle mehr. Den Friedwald in Dornach besucht sie nicht. Sie konnte sich von ihrem Vater verabschieden. Das Bedürfnis nach einem beständigen Ort der Erinnerung hängt also zum einen davon ab, auf welche Weise man sich von einer verstorbenen Person verabschiedet. Zum anderen spielen kulturelle Unterschiede eine Rolle. In manchen asiatischen und afrikanischen Kulturen dauern Begräbniszeremonien mehrere Tage. Danach wird der Leichnam dem Feuer oder der Natur übergeben – es gibt kein Grab. In der jüdischen Tradition hingegen gibt es sowohl eine einwöchige Trauerwache als auch ein Grab, das nicht aufgehoben wird.

Die Urne als Lebensbegleiterin

Ganz anders gehen die beiden Zürcher Brüder Markus und Thomas Schär mit dem Thema Tod, Trauer und Bestattungskultur um. Mit ihrer Firma urne.ch bieten sie individuell designte Urnen als moderne und selbstbewusste Mahnmale an. «ball of love», «cosmiccolours» oder «sign of memory» heissen die vom Designer Thomas Schär gestalteten Objekte. Sie sind aus Edelstahl, Glas, Steingut oder Holz und kommen zum Teil in metallisch leuchtenden Farben daher. Diese Urnen sind nicht einfach dafür geschaffen, in der Erde begraben zu werden oder hinter einer Urnennische zu verschwinden. Sie wollen gesehen werden. Genau das ist das Ziel von Markus und Thomas Schär. «Wir wollen die Urne als Objekt in die moderne Zeit übersetzen», sagt Markus Schär. «Sie ermöglicht ganz neue und zeitgemässe Rituale rund um das Thema Tod und Trauer.» Die individuell gestaltete Urne kann selber zum Grabmal werden, zum Erinnerungsobjekt daheim oder sogar zur Lebensbegleiterin bis zum Tod. Das entspricht ganz der Mobilität und Individualität der heutigen Menschen: Man muss nicht mehr den Friedhof besuchen, um sich mit einer verstorbenen Person auseinanderzusetzen. Das Mahnmal ist so mobil geworden wie die Menschen, die sich erinnern wollen.

Auf der Website von urne.ch zeigen Markus und Thomas Schär nicht nur ihre Urnenkollektion, sondern liefern Hintergrundinformation über Trauerrituale und verschiedenartige Kolumbarien. Auch das Urnennischengitter auf dem Friedhof am Hörnli wird vorgestellt – mit den designten Urnen von Thomas Schär. «Für solche innovativen Friedhöfe sind unsere Urnen wie geschaffen», erklärt Markus Schär. Den Brüdern Schär geht es um mehr als den Verkauf von trendigen Urnen. «Wir wollen die Diskussion um Trauer und Bestattung mitgestalten und zeigen, was möglich ist», sagt Markus Schär ganz klar. Aus diesem Grund engagiert er sich auch stark in der Öffentlichkeit. An Ideen mangelt es den beiden nicht. Und da beide nie für ein Bestattungsunternehmen oder auf einem Friedhof gearbeitet haben, können sie mit einer gewissen Unverfrorenheit an das Thema herangehen. So haben die beiden auch www.placeofmemory.ch, einen virtuellen Friedhof im Internet, lanciert. Dort können von jedem Internetanschluss aus Bilder und Texte platziert werden, die an eine verstorbene Person erinnern. Auch dieser «globale Friedhof», der auf der ganzen Welt zugänglich ist, schafft einen modernen Ort der Erinnerung. Gleichzeitig entspricht die Idee des virtuellen Friedhofs auch dem Bedürfnis vieler Menschen, das Persönliche öffentlich zu machen. Ob der virtuelle Friedhof den physisch erleb- und begehbaren Ort der Erinnerung ersetzen kann, muss jeder Mensch für sich entscheiden.

Xaver Pfister

Riten als Gehäuse für die Seele – Plädoyer für Bestattungsrituale

Auf dem Friedhof am Hörnli werden etwa 2200 Menschen pro Jahr bestattet. 75 Prozent der Abdankungen sind Kremationen. Davon werden 38 Prozent im Gemeinschaftsgrab beigesetzt. Die Zahl derer, die im engsten Familienkreis Abschied nehmen, nimmt zu. Die alten Riten, die alle Religionen für Sterben und Tod bereitgestellt haben, werden wenig benutzt. Einige entwickeln eigene Abschiedsrituale, die auf dem Friedhof oder anderswo stattfinden. Noch nie in der 75-jährigen Geschichte des Friedhofs am Hörnli war die Vielfalt der Bestattungsformen so gross. Alle Religionen können ohne Probleme nach ihren Gebräuchen ihre Toten bestatten, individuellen Wünschen wird soweit das möglich ist stattgegeben.

Dieser Vielfalt von Möglichkeiten steht eine andere Entwicklung gegenüber: der Verzicht auf alle Rituale. Eine Entwicklung, die in vielem zu verstehen ist. Eine Entwicklung aber auch, die uns elementare Möglichkeiten des Abschiednehmens von den Toten nimmt und damit auch lebenserschwerend werden kann. Arnold van Gennep hat in seinem Hauptwerk «Übergangsriten» von der Bedeutung der Rituale in den Übergängen des Lebens geschrieben. In der Situation des Übergangs (Geburt, Ende der Pubertät, Partnerwahl, Tod) ist der Mensch verunsichert. Er braucht darin eine Hilfe, um seine Identität, die sich im Übergang wandelt, gestalten und stabilisieren zu können.

Van Gennep vergleicht die Gesellschaft dabei mit einem Haus, das aus verschiedenen Räumen besteht, die durch Flure miteinander verbunden sind. In den von ihm analysierten prä-modernen Gesellschaften erfordert «jede Veränderung, jeder Übergang im Leben eines Individuums, teils sakrale, teils profane Aktionen und Reaktionen, die reglementiert und überwacht werden müssen, damit die Gesellschaft weder als Ganzes in Konflikt gerät, noch Schaden nimmt». In modernen, industriellen Gesellschaften mit zunehmender Arbeitsteilung haben diese Übergänge an Bedeutung verloren.
Alle Übergänge und Brüche, die das Leben selbst notwendig macht, stellen nach van Gennep eine Gefahr für die statische Gesellschaftsordnung dar. Deshalb sollen Rituale die Dynamik des gesellschaftlichen Lebens kontrollieren beziehungsweise abschwächen und die Ordnung der klar strukturierten Gesellschaft aufrechterhalten. Dem Verschieben der «magisch-religiösen Kreise», sprich Klassifikations- und Strukturmuster, die jede individuelle und gesellschaftliche Veränderung beinhaltet, und der daraus resultierenden Störung des sozialen und individuellen Lebens wird mit Riten begegnet, die diese überwachen, herbeiführen und begleiten. Rituale sind für van Gennep deshalb «soziale Notwendigkeiten».

1968: Radikale Ritualkritik

Rituale sind bedeutsam für die Kohäsion der Gesellschaft. Auf diese gesellschaftliche Funktion der Rituale reagierten die 68er. Die von ihnen nach meiner Überzeugung notwendigerweise vollzogene Auflösung überkommener Rituale («Unter den Talaren Muff von tausend Jahren») hat Fragwürdiges und Manipulatives an Ritualen sichtbar gemacht. Sie war Ausdruck des Protestes gegen den von machtpolitischen Interessen geleiteten, menschenverachtenden Gebrauch von Ritualen, etwa in der Zeit des Nationalsozialismus. Ihnen wurde ihre unglaubwürdige Autoritäten stabilisierende Funktion vorgeworfen. Ritualvollstrecker wurden als unauthentisch und manipulativ erlebt. Man sah in den Ritualen den Versuch, die individuelle Lebensgestaltung einzuengen. Spontaneität, Zweckrationalität und Individualität sind die Grundbedürfnisse, die in den Vordergrund gestellt wurden. Interessanterweise trägt das Kursbuch 160 vom Juni 2005 den Titel «Neue Rituale». Manfred Schneider beschreibt darin die 68er-Generation als Ritual-Ironiker in fünf Szenen. In der fünften Szene, die den älter gewordenen 68er beschreibt, ist zu lesen: «Vieles sieht er nun ein wenig anders. Nachdem er einmal länger mit seinem Kollegen aus der Soziologie gesprochen hat, dämmert ihm ein wenig, dass alle diese rigoros abgeschafften akademischen Feiern doch ihren guten Sinn hatten. Der Mensch benötigt Rituale, die Gesellschaft ist in vielen Bereichen ritualisiert (...).» Seine Rest-Ironie zeigt sich in seiner Begründung in der Fakultätsversammlung für eine akademische Studienabschlussfeier: «Er stellt klar, dass er nach wie vor ein Ritual-Ironiker ist, dass er die akademische Freiheit vor allem als eine Freiheit von institutionellen Zwängen auffasst, dass er aber erkennt, wie die Menschen sind, dass man den jungen Leuten gerade in diesen schweren Zeiten den Rückhalt der Institution geben müsse.»

Das neue Interesse an Ritualen, zunächst in avantgardistischen Subkulturen, zunehmend aber auch in anderen Bevölkerungskreisen, zeugt von einem neuen Bedürfnis. Die Übergangsrituale im Zusammenhang mit Sterben und Tod werden neu entdeckt. Wer auf sie verzichtet, macht sich das Leben unnötig schwer. Der Verzicht auf eine Abdankungsfeier, aber auch auf Rituale im Zusammenhang mit dem Sterben, scheint mir nur scheinbar eine Befreiung zu sein.

Rituale sind ein festes Gehäuse

In dem Reisebuch «Die Stundentrommel vom heiligen Berg Athos» von Erhart Kästner findet sich diese für unser Plädoyer wichtige Beobachtung: «Neben dem Drang, die Welt zu gewinnen, liegt ein eingeborener Drang, immer Selbes aus uralten Formen zu prägen. In Riten fühlt die Seele sich wohl. Das sind ihre festen

Gehäuse. Hier lässt es sich wohnen in den dämmrigen Räumen, die das Liturgische schafft. Hier stehen die gefüllten Näpfe bereit, die Opferschalen der Seele. Hier fährt sie aus, fährt sie ein, gewohnte Gaben, gewohntes Mahl. Der Kopf will das Neue, das Herz will immer dasselbe.» Rituale geben einen Rückhalt, um die Formulierung aus dem Kursbuch aufzunehmen. Heribert Fischedick hat das in der Tradition Jung'scher Psychologie durchbuchstabiert. Er redet vom Raum, der durch das Ritual geschaffen wird, in dem Veränderungen und Übergänge gelingen können. Das Ritual schafft einen Raum, in den ich eintrete. Dabei trenne ich mich vom Alten, werde mir bewusst, dass ich Altes verlassen, etwa den Toten zurücklassen und loslassen muss. Die Handlungen im Raum dienen dem bewussten Vollzug der Umwandlung. Und schliesslich entlässt mich das Ritual über eine zweite, andere Schwelle in ein neu geordnetes Leben. Dabei ist wichtig, dass die Riten im Gebäude die Umwandlung repräsentieren und anstossen. Der Prozess aber geht nach dem Ritual noch lange weiter. Ohne das Ritual aber kommt dieser Prozess nur schwer in Gang. Leicht wird der Abschied verdrängt oder klein gemacht. Der Schmerz wird unterdrückt.

Rituale reduzieren die Angst und ermöglichen den Umgang mit Emotionen

Und genau um diesen Schmerz geht es im Ritual. Der Trennungsschmerz kann so heftig sein, dass ich in ihm zu versinken drohe. Aus Angst lasse ich ihn nicht zu. Ich befürchte, dass er mich überflutet und nicht mehr loslässt. Mit seiner festen Form und den vorgegebenen Riten gibt das Ritual hier Sicherheit. Es macht es mir möglich, in die Tiefe des Abschiedsschmerzes, aber auch in die Tiefe anderer Gefühle, die sich beim Tod eines Menschen einstellen, einzutauchen. «Jede Schwellensituation zwingt einen, über den Bereich des Vertrauten und Gewohnten hinauszugehen und sich in unbekanntem ‹Gelände› zu versuchen. Verständlich, dass an der Grenze nicht nur Unsicherheit auftritt, sondern auch Angst, die durchaus die Intensität von Panik annehmen kann. Rituale mildern diese Angst, da sie durch ihre geregelten Abläufe wie ein Führer wirken, der in der Orientierungslosigkeit neue Orientierung gibt. Ausserdem machen sie durch das erforderliche Handeln aus dem Opfer einer Krise wieder einen Akteur. Es ist in hohem Masse Angst und Stress reduzierend, das Gesetz des Handelns zurückzugewinnen und somit nicht der erlebten Hilflosigkeit zu erliegen» (Fischedick, 2004). Die Rituale bei der Beerdigung eines Hindus verdeutlichen dies. Die Frauen schluchzen laut. Man streut Blumen auf den Leichnam, ein naher Verwandter mischt aus Pflanzen einen Saft. Die Klageweiber in mediterranen Kulturen sind deutlicher Ausdruck dafür. Sie schreien stellvertretend und mit den Hinterbliebenen den Schmerz aus sich heraus. Die Kerzen und Blumenmeere, die bei Verkehrsunfallstellen aufgelegt werden, sind ein schwacher Schimmer davon. Bei einer jüdischen Bestattung schaufeln die Hinterbliebenen selber das Grab zu und die Trauernden zerreissen symbolisch ihre Kleider. Im katholischen Beerdigungsgottesdienst wird für den gebetet, der als nächster aus dem Kreis der Anwesenden sterben wird.

Rituale stellen die Ordnung in der Tiefe wieder her

Mehr als wir uns das meist eingestehen, werden wir in unserer tiefsten Existenz durch einen Todesfall erschüttert. Trauernde können erstarren oder spüren Todessehnsüchte in sich aufsteigen. Die Symbole, die in den Ritualen verwendet werden, sprechen den Menschen in seiner Tiefenschicht an. «Während wir uns sonst bewusst mit Problemen auseinandersetzen und über gewonnene Einsichten versuchen, auch die emotional verankerten Erlebnis- und Verhaltensmuster aufzubrechen, setzt das Ritual genau an diesen Tiefenschichten an und wirkt von daher auch auf das Bewusstsein» (Fischedick, 2004). Der Verlust eines Menschen kann den Hinterbliebenen bis in seine tiefsten Fundamente erschüttern. Das Leben verliert für ihn jeden Sinn. Was ihn trug, ist weggebrochen. Sein Lebenskonzept, in dem er sich zurechtfand, gerät durcheinander. Im Ritual wird er bis in diese Tiefen hinein angesprochen.

Die spirituelle Dimension der Rituale

Damit ist das angesprochen, was in den letzten Jahren alltagssprachlich Spiritualität genannt wird. Die Sehnsucht, dass das Leben mehr ist, als was sich alltäglich ereignet, ist die Spur, auf der Spiritualität entdeckt werden kann. Sie zeigt mir an, aus welchen Verwurzelungen und in welchen Horizonten ich mein Leben deute. Spiritualität ereignet sich im Jenseits des Banalen, im Durchbruch durch die banale Ordnung des Lebens. C. G. Jung redet vom Herauskommen aus der Tretmühle des Alltags. Dabei geht es darum, den Wert des Lebens jenseits von Leistung und Status zu erfahren. Im Ritual kommt der Mensch immer auch in die Nähe des Göttlichen. Und «das gibt inneren Frieden, wenn Menschen das Gefühl haben (…), dass sie Schauspieler im göttlichen Drama sind. Das ist das einzige, was dem menschlichen Leben einen Sinn verleiht; alles andere ist banal und man kann es beiseite lassen» (Jung, 1962).

Übergänge erschüttern immer auch das Grundgefüge, in das ich mich eingeordnet erfahre. Es muss neu bestätigt oder korrigiert und weiterentwickelt werden. Diese Lebensaufgabe will das Ritual gestalten helfen. So sind Rituale als Feiern des Lebens zu verstehen, in denen ich mich neu bejaht erfahre in meinem Dasein und in meiner Sehnsucht nach absoluter Geborgenheit und Liebe. Gerade in Zeiten der Krise, in denen eine einmal erworbene Identität zerbricht, sind deshalb Rituale besonders wichtig und besonders hilfreich. Und deshalb behaupte ich, dass der, welcher auf Rituale verzichtet, sich das Leben unnötig schwer macht. Unsere Gesellschaft hat den Tod und das Sterben, teils aus praktischen Notwendigkeiten, teils aber auch, weil sie den Tod nicht wahrhaben will, an den Rand gedrängt. Der Tod, die Vergänglichkeit und trauernde Menschen stören. Deshalb sollen sie im Alltag unsichtbar bleiben. Rituale, die den Tod im Alltag sichtbar werden liessen, sind verschwunden. Ich denke an den Weg mit dem Verstorbenen von zu Hause auf den Friedhof, ich denke an die Aufbahrung der Toten zu Hause oder in der Abdankungshalle und die Totenwache. Ich denke an die Trauerkleider, die von den Hinterbliebenen getragen wurden. Ich denke an die Gedächtnisfeiern, sieben und 30 Tage nach dem Tod oder die Jahrzeitgedächtnisse.

Die Kirchen bieten ihre Gottesdienste an. Viele Menschen, die kaum Gottesdienste besuchen, suchen diese kirchliche Form der Beerdigung und Bestattung. Sie sind dankbar für eine vorgeformte Gestalt des Abschieds und für den Trost, der in diesen Gottesdiensten gespendet wird. Gläubige nicht christlicher Religionen haben die Möglichkeit, auf dem Friedhof am Hörnli ihre Toten nach ihren Ritualen zu bestatten. Einige gestalten auch eigene Feiern, entdecken dabei aber sehr oft, wie anspruchsvoll es ist, eine Feier zu gestalten. Die Trauernden selbst sind in der Situation des Abschiedes meistens überfordert. Deshalb bieten zunehmend auch Ritualberater ihre Dienste an. Der Friedhof wird immer ein Ort vielfältiger Rituale bleiben. Rituale werden wegen der Chancen, die sie bieten, lebendig bleiben bei aller konkreten Veränderung im Detail.

Die vierfache Chance der Rituale

1. Der Mensch braucht Rituale, um sein Leben gestalten zu können. Ihm ist aufgetragen, die Balance zwischen Chaos und Ordnung zu finden und sich mit den Unsicherheiten und Ängsten auseinanderzusetzen, in die ihn sein Leben führt. Wer erfahren hat, dass er sich im Leben wandelt und das Leben ihn verändert, der sucht nach einem hilfreichen Umgang mit diesen Erfahrungen. In den Ritualen ist das Wissen, das sich in der Menschheitsgeschichte und in der Geschichte der unterschiedlichen Religionen herausgebildet hat, aufbewahrt. Die Rituale bieten mir erprobte Wege und lassen mich teilhaben an generationenübergreifenden Erkenntnissen.

2. Der Mensch braucht Rituale, um gegen alle alltäglichen Erfahrungen Freiheit leben zu können. «Wer sein Leben in gesunden Ritualen ausdrückt, der erfährt die Freiheit vom äusseren Druck, dem er ausgesetzt ist. Er hat das Gefühl, dass es etwas in seinem Leben gibt, über das andere nicht verfügen können, etwas, das ihm allein gehört, das Geheimnis seines Lebens ausmacht. (...) Im Ritual drücken wir aus, dass wir Gott gehören und nicht den Menschen. Das macht uns im Innersten frei gegenüber ihren Besitzansprüchen an uns.» (Grün, 2000)

3. Der Mensch braucht Rituale, um die Bedeutung der Symbole für seine eigene Lebensgestaltung zu entdecken und einzuüben. Rituale leben von elementaren Handlungen und Zeichen, in denen mehr angezeigt wird, als oberflächlich aufscheint. Die Geste, Erde auf den Sarg zu werfen, symbolisiert das Ende des Lebens im Tod. Es wird in der katholischen Liturgie aufgenommen und steht auch in der Feier des Aschermittwochs an einem wichtigen Ort. Es wird Asche über das Haupt der Gottesdienstbesucher gestreut: «Denk dran, Mensch, dass du aus Staub bist und wieder zu Staub zurückkehrst.»

4. Der Mensch braucht Rituale, weil sie eine bergende und heilende Kraft haben. Übergangsrituale helfen, eine zerbrechende Identität loszulassen und sich für eine neue Gestalt der eigenen Identität zu öffnen. Sie zeugen von der Wandlungsfähigkeit des Menschen und bezeugen, dass er sich verwandeln lassen kann. Im Chaos kann Ordnung sichtbar werden und in der Ordnung kann dem Chaotischen Raum gegeben werden. Anselm Grün formuliert so: «Sie wirken heilend auf Leib und Seele. Lebendige und ohne Zwang gefeierte Rituale sind Garant eines gesunden Lebensstils. Sie sind Ausdruck der Kunst des gesunden Lebens. Sie bewirken eine positive Grundstimmung, das Gefühl von Freiheit, Freude und Lust am Leben. Diese Gefühle sind gesundheitsfördernd, während Unzufriedenheit, Unlust und das Eingezwängtsein in die Tretmühle des Alltags den Menschen krank machen» (Grün, 2000). In diesem Zusammenhang ist es interessant, bei der amerikanischen Ethnologin Mary Douglas zu lesen, dass Rituale ein Handeln sind, das kraft seines Vollzuges wirksam wird. Die Kraft der Rituale liegt also nicht einfach in den das Ritual Vollziehenden, sondern liegt ihnen voraus im

Ritual selbst. Im Vollzug werden Rituale wirksam. Wenn diese These zutrifft, ist es sinnvoll zu behaupten, dass sich der Mensch, der diese Vollzugsmöglichkeit menschlicher Existenz nicht ergreift, in seinem Leben kurz greift, vermutlich zu kurz greift und existenzielle Lebenschancen verpasst.

Deshalb ist die Ritualfreundlichkeit des Friedhofs am Hörnli von unschätzbarem Wert. Und deshalb ist zu hoffen, dass Menschen die Kraft der Rituale neu entdecken und für die Bewältigung ihres Lebens gebrauchen.

Christoph Peter Baumann

Andere Religionen, andere Rituale – Bestattung von Nichtchristen

Immer mehr Menschen aus immer ferneren Ländern mit zum Teil für uns fremden Religionen bringen auch ihre Bedürfnisse an das Bestattungswesen.

Die Volkszählung im Jahr 2000 zeigte anschaulich die Veränderung der Religionslandschaft in der Schweiz. Die Immigration von Menschen aus immer ferneren Ländern macht sich bemerkbar.

Nach Hochrechnungen auf der Basis der Volkszählung und eigenen Schätzungen sind nun neben den traditionellen Volks- und Freikirchen 18000 jüdisch, 140000 christlich-orthodox, 320000 sunnitische und schiitische Muslime, 30000 Aleviten, 30000 Hindus, 23000 Buddhisten, 5000 gehören weiteren Religionen an.

Dies bringt mit sich, dass das Thema Tod und Bestattung mehr und mehr aktuell wird. Mit Ausnahme der Juden sind alle anderen genannten Religionsgemeinschaften solche von Immigranten.

Bis vor Kurzem war die Bestattung von Menschen mit einer anderen Religion (mit Ausnahme der Juden) in der Schweiz kaum ein Thema, weil die überwiegende Mehrheit der Verstorbenen in ihre Heimat überführt und dort bestattet wurde. Dies hat sich in den letzten paar Jahren geändert. Immer mehr war für Immigranten die Schweiz nicht nur ein vorübergehender Aufenthaltsort. Weil die zweite und die dritte Generation hier aufgewachsen sind, wurde die Schweiz zur Heimat. Dies hat auf das Bestattungswesen seine Auswirkungen. Die Kinder möchten ihre Eltern oder andere Angehörige nicht mehr in einem fernen Land, das für sie nicht mehr die Heimat ist, bestatten. So müssen Möglichkeiten gefunden werden, die mit der angestammten Religion und den Gesetzen und Möglichkeiten der Schweiz in Einklang sind.

Juden

Die jüdische Bestattung findet in der Regel auf einem privaten Friedhof statt. Nach jüdischer Tradition gibt es nur die Erdbestattung mit der ewigen Grabesruhe. Dies hat zur Folge, dass der Platzbedarf sehr gross ist und immer noch sehr alte Friedhöfe erhalten sind. Bereits im 13. Jahrhundert gab es in Basel einen jüdischen Friedhof. Der jetzige Friedhof wurde 1903 eingeweiht. Er befindet sich zwischen der heutigen Theodor Herzl-Strasse und der französischen Grenze.

Für alle Belange einer jüdischen Bestattung ist die Chewra Kaddischa besorgt. Es gibt je eine für die Frauen und die Männer. Sie sind so etwas wie Bestattungsbruder- oder Schwesterschaften, die alle Aufgaben, die mit dem Tod und der Bestattung verbunden sind, für die Angehörigen ehrenamtlich übernehmen. Die Chewra wird möglichst schon vor dem Ableben benachrichtigt. Sie sorgt für die Überführung zum Friedhof und die Tahara

(Waschung) und auch die anschliessende Einkleidung mit einem einfachen, weissen Totengewand und die Einsargung in einem Sarg aus einfachem unbearbeitetem Holz.

Der Tote soll nicht alleine gelassen werden. Die Wache soll möglichst Tag und Nacht erfolgen. Die Bestattung sollte möglichst schnell erfolgen, aber nicht an einem Sabbat oder Festtag.

Die Feier findet auf dem jüdischen Friedhof statt. Direkt anschliessend wird der Sarg ins Grab gelassen und von den männlichen Angehörigen mit Erde bedeckt.

Es ist eine uralte, bis zu den Erzvätern zurückgehende Sitte, dass Juden auf jedes Grab einen Grabstein setzen, zum Zeichen der Ehre und des Respekts für die Verstorbenen, sodass sie nicht vergessen werden und ihr Grab nicht entweiht werde. Der hebräische Text auf dem Grabstein muss nach den religiösen Vorschriften geschrieben werden. Wie der Grabstein gestaltet wird, ist eine Frage des persönlichen Geschmacks und des Zeitgeistes. Das einzige Kriterium bei der Anlage eines Grabes ist die Erfordernis, es so zu gestalten, dass nicht über das Grab geschritten wird. Die Gräber werden normalerweise in exakt ausgerichteten Reihen angelegt. Deshalb ist diese Erfordernis leicht zu erfüllen. Die Gräber sollten wenn immer möglich in Richtung von Jerusalem – bei uns also nach Osten – gerichtet werden.

Über den Zeitpunkt der Grabsteinsetzung gehen die Meinungen auseinander. In Israel geschieht dies bereits nach 30 Tagen, im deutschsprachigen Raum meist erst nach einem Jahr. Es ist üblich, bei einem Grabbesuch einen Kieselstein auf den Grabstein zu legen.

Da alle jüdischen Friedhöfe Besitz der jüdischen Gemeinden sind, braucht sich die Öffentlichkeit kaum mit der Anlage zu beschäftigen.

Islam

Im Islam sind manche Vorschriften vergleichbar mit den jüdischen. Jeder Muslim hofft, nach dem Tod und dem Gericht über sein Leben im Jenseits im Paradies bei Gott leben zu dürfen. Der Körper bleibt im Grab bis zur Auferstehung am Tag des Jüngsten Gerichts. Deshalb kennen Muslime auch die ewige Grabesruhe.

Es gibt unzählige islamische Sterbekassen, welche die Kosten für die Überführung der Leichen in das Heimatland des Verstorbenen übernehmen. Dies zeigt, dass Muslime im Gegensatz zu den Juden lange kein Bedürfnis für einen eigenen Friedhof hatten.

Die Bestattung von Muslimen bietet mannigfache Probleme: Die Leiche muss rituell gewaschen werden. Die Bestattung sollte so rasch als möglich erfolgen. Die Leiche darf nur in einem Leichentuch eingewickelt werden und muss ohne Sarg der Erde übergeben werden. Die Ausrichtung des Grabes und die Ausgestaltung müssen stimmen. Das Grabfeld darf nur mit muslimischen Gräbern belegt sein. Die ewige Grabesruhe muss gewährleistet sein. Die Gräber dürfen nicht mehrfach belegt werden. Manche Muslime verlangen sogar, dass auf einem bestehenden Friedhof die Erde ausgewechselt werden muss, wenn vorher dort Nichtmuslime bestattet gewesen waren.

Dies sind Maximalforderungen, die kaum alle erfüllt werden können. Die Muslime erklären sich in der Regel zu Kompromissen bereit. So gibt es unterdessen Fatwas (Rechtsgutachten), aus welchen ersichtlich ist, dass die Aussage über die sogenannte ewige Ruhefrist nicht zutrifft.

Was bleibt, sind erfüllbare Forderungen: Waschanlage für die rituelle Leichenwaschung. In Spitälern ist es schwierig. Da die Waschung mit fliessendem Wasser – vorzugsweise mit einem Schlauch – erfolgt, muss der Leichenwaschtisch oder Raum entsprechend ausgestattet sein. Dies ist auf dem Friedhof Hörnli kein Problem, da diesem Anliegen Rechnung getragen wird.

Muslime benötigen ein eigenes Grabfeld, auf dem die Gräber so ausgerichtet sind, dass die Verstorbenen in einer speziellen Grabnische auf die rechte Seite gelegt, mit dem Gesicht in Richtung Mekka liegen. Auch dieser Wunsch ist in Basel realisiert. Das Grabfeld wurde am 14. Juni 2000 offiziell eröffnet.

Es gibt keine Trauerfeier im üblichen Sinne, sondern nur ein spezielles Totengebet. Dieses kann am Grab oder in einer Trauerhalle erfolgen, wenn diese keine «islamisch unüblichen Symbole» enthält wie zum Beispiel ein Kreuz oder ein (religiöses) Bild. Dieser Forderung kommen grosse Friedhöfe nach, indem sie einen religionsneutralen Raum zur Verfügung stellen.

Eine übertrieben kostspielige Bepflanzung und Ausgestaltung der Grabstätten ist unerwünscht. Die Realität sieht allerdings oft anders aus. So finden wir auf dem Grabfeld in Genf und auf dem islamischen Friedhof in Berlin vom einfachsten Grab ohne jeden Schmuck und sogar ohne Grabstein die ganze Palette bis zum Grabmonument.

Hindus

Hinduismus ist ein Sammelname für 100 oder mehr unterschiedliche Religionen und Glaubensformen. Deshalb gibt es auch keine festgelegten, für alle Hindus gültigen Bestattungsregeln.

Bei allen Unterschieden in den verschiedenen Ausprägungen des Hinduismus ist der gemeinsame Nenner der Glaube an die Wiedergeburt, die Überzeugung, dass der Mensch wie jedes Lebewesen nicht nur einmal lebt.

Hindus kennen nur die Kremation. Normalerweise wird diese auf einem offenen Feuer vollzogen. Da dies bei uns nicht möglich ist, akzeptieren Hindus die Kremation im Ofen. Hindus benötigen keinen Friedhof oder eine Grabstätte, da die Asche in einen heiligen Fluss in Indien gestreut wird, im Idealfall in den Ganges. Tamilische Hindus streuen die Asche in einen ins Meer führenden Fluss auf Sri Lanka oder direkt ins Meer.

Hindus benötigen für die Leichenwaschung einen Leichenwaschraum mit Ablauf am Boden und einen stabilen Stuhl, auf den die Leiche gesetzt wird. Hindus haben in Basel die gleichen Möglichkeiten wie die Muslime.

Für die Abdankung wird ein neutraler Raum benötigt mit einem frei stehenden Tisch. Es könnte auch ein stabiler Tisch auf Rollen verwendet werden, sodass die Leiche vom Waschraum in die Halle überführt werden kann.

Da die Trauergemeinde tiefer sitzen muss als der Verstorbene, dürfen keine festen Bänke im Saal sein. Das letzte Ritual wird im Kremationsraum vollzogen. Der älteste Sohn entzündet normalerweise das Feuer. Im Krematorium ersetzt der Druck auf den Knopf zum Einfahren der Leiche diese Handlung.

Kinder bis etwa fünf Jahre werden nicht kremiert, sondern bestattet. Dafür ist kein spezielles Grabfeld nötig.

Buddhisten

Buddhisten glauben auch an eine Wiederkehr. Sie kennen ebenso wie Hindus nur die Kremation. Buddhisten benötigen keine Abdankungshalle und normalerweise auch keinen Friedhof. Sie verrichten das eher kleine Ritual vor der Kremation in der Kremationshalle. Die eigentliche Trauerfeier der tibetischen Buddhisten findet etwa eine Woche später mit der Urne im Kloster Rikon statt, diejenige der Thai-Buddhisten im Wat Srinagarindravaram in Gretzenbach. An der Aussenmauer des Wat Srinagarindravaram hat es Urnennischen.

Bahá'í

Diese kleine Weltreligion entstand Mitte des 19. Jahrhunderts in Persien und hat ihre Wurzeln im schiitischen Islam. Durch die Neuoffenbarungen ihres Gründers Bahá'u'lláh entfernte sie sich sehr schnell vom Islam. Bahá'í sehen in allen Religionen eine gemeinsame Grundlage, die das Fundament der Einheit der Menschheit bildet. Dies hat auch auf die Bestattung Auswirkungen. So ist es für Bahá'í selbstverständlich, dass sie ihre Verstorbenen auf einem öffentlichen Friedhof bestatten. Die Kremation lehnen sie ab.

Im heiligen Buch Kitab-i-Aqdas gibt es einige Bestimmungen zur Bestattung. So soll die Leiche in einem oder fünf Tüchern aus Baumwolle oder Seide eingewickelt werden. An den Finger wird ein gravierter Ring gesteckt. Der Sarg muss aus möglichst stabilem Holz sein.

«Es ist euch verboten, den Leichnam mehr als eine Stunde Weges aus der Stadt zu bringen; vielmehr soll er freudig, voll Seelenfrieden an einem nahen Ort begraben werden.» So ist für die in Basel Verstorbenen logischerweise die Bestattung auf dem Friedhof am Hörnli. Auf das Grab wird ein Grabstein gesetzt. Die Abdankung kann in einer Friedhofskapelle stattfinden.

Weitere Religionen

Es gibt ausser den beschriebenen Religionen noch Minderheiten, die einer anderen nichtchristlichen Religion angehören, so zum Beispiel indische Sikh oder Jaina. Die Bestattungsregeln sind ähnlich wie bei den Hindus. Die Asche wird in Indien in einen Fluss gestreut.

Stefan Mesmer-Edelmann

Erinnerung in Stein gehauen – Die Grabmalkunst

Der nachfolgende Text entstand aus der Sicht der gewerblichen Grabmalkunst und basiert nicht auf fundierten Studien, sondern auf persönlichen Erfahrungen in dieser Branche. Für ein besseres Verständnis ist es wichtig, den Grabmalschaffenden bei der Gestaltung seiner Arbeiten näher kennenzulernen.

Vergangenes, Momentanes, Zukünftiges

Friedhöfe waren in allen Kulturen Orte, denen man besondere Beachtung entgegenbrachte. Seit Beginn des Totenkultes spielen Grabmäler eine wichtige Rolle, waren sie doch schon immer Steine des Andenkens und Überlieferung von Namen, aus denen Rang und soziale Stellung in der Gesellschaft hervorgingen. Aus diesem Grund gehören Steinmetze und Bildhauer zu den ältesten handwerklichen Berufen.

Religion und Tradition haben bis in die heutige Zeit die Friedhofkultur erhalten und auch für kommende Generationen wird die würdige Bestattung von Toten den Menschen ein Anliegen sein. Allerdings haben sich Rituale und Wertschätzung des Totenkultes verändert.

Wir Grabmalschaffende sind bemüht, persönliche, handwerklich gut gestaltete Grabzeichen herzustellen. Nachfolgende Generationen sollten aus unseren Arbeiten den jeweiligen Zeitgeist erkennen. Das Erscheinungsbild und die Architektur des Grabzeichens werden durch den Bildhauer geprägt. Durch neue Bestattungsformen ist die Auftragslage für unser Gewerbe leider rückläufig. Gemeinschaftsgräber, Urnenwände und das Verstreuen der Asche sind neue Formen der Bestattung und tragen dadurch bei, dass das Grabmal einem harten Wettbewerb unterliegt.

Bei ständig steigenden Kosten werden diese alternativen Bestattungsformen von einem vermehrten Teil der Bevölkerung bevorzugt, sodass würdige Gedenkstätten verloren gehen. Der Kontakt mit betroffenen Angehörigen zeigt jedoch immer wieder, wie wichtig ein individuelles Grabmal und dessen Standort sind, um den Tod eines Menschen zu betrauern und zu verarbeiten. Diese Feststellung kann mit dem folgenden Beispiel aufgezeigt werden.

Der verstorbene Mann war ein Wasserfahrer. Seine Witwe erfüllte seinen letzten Wunsch, die Asche in den Rhein zu streuen. An der Stelle der Einstreuung legte die Frau jeden Freitag – am Tag der Einstreuung – eine

Blume und eine Kerze nieder. Sie besuchte den Platz regelmässig, obwohl es eine laute Stelle in der Industriezone war. Der Abwart der nächstgelegenen Liegenschaft entsorgte jedoch die jeweiligen Gedenkgaben schon am nächsten Tag. Er vertrat die Ansicht: «Wir sind doch kein Friedhof.» Nach dieser Erfahrung wäre die Witwe glücklicher gewesen, hätte sie das Grab ihres Mannes auf einem Friedhof besuchen können.

Sehr schwierig ist es zu eruieren, was für eine Wertschätzung die heutige Gesellschaft einem Grabmal entgegenbringt. Nur an der finanziellen Situation kann es kaum liegen, wurden doch noch nie so hohe Summen vererbt, wie neueste Studien zeigen. Die festzustellende Entwicklung besagt viel mehr, dass das Thema «Sterben» aus unserem Alltag verdrängt wird. Man setzt sich oft erst bei einem Todesfall in der Familie oder im näheren Bekanntenkreis bewusster damit auseinander. Früher wurde das gesellschaftliche Ansehen einer verstorbenen Person noch über ihren Tod hinaus bewahrt und war auch am Grabmal ablesbar. Rituale begleiteten den letzten Weg und man leistete sich teilweise sehr aufwändige Grabstätten.

Für die Zukunft ist es recht schwierig, eine Prognose abzugeben. Durch all die neuen Bestattungsformen wird sich auch die Form des Gedenksteines verändern. Wir Grabmalschaffende wollen diese Herausforderung annehmen und unsere ganze Kreativität und unser handwerkliches Geschick aufwenden, um dem Zeitgeist entsprechende, neue Zeichen zu schaffen und zu setzen.

Vorschriften und Reglemente

Es ist zu beobachten, dass bei Angehörigen eines Verstorbenen betreffend der Gestaltung des Grabes emotionale Wünsche im Vordergrund stehen. Die Vorschriften oder Reglemente werden dabei aus verständlichen Gründen nicht beachtet. Es ist die Aufgabe des Grabmalschaffenden, auf die Bedürfnisse der Auftraggeber einzugehen und die verschiedenen Vorschriften und Reglementierungen zu beachten und umzusetzen. Solche Friedhofverordnungen mögen auf der einen Seite sehr streng und altmodisch erscheinen, sie haben aber durchaus ihre Berechtigung. Zum Beispiel bewahren Material- und Bearbeitungsvorschriften einen Friedhof vor dem Gebrauch exotischer Materialien, welche auf eine unökologische Art und Weise zu uns gelangen. Sie schützen vor der Einfuhr von vorproduzierten Fertiggrabmälern, welche in Billiglohn-Ländern zu nicht nachvollziehbaren Abbau- und Produktionsbedingungen hergestellt worden sind. Auch der Abbau von exotischen Natursteinen sieht sich mit ähnlichen Problemen konfrontiert wie die Gewinnung von Edelhölzern. Nur stehen beim Naturstein nicht die aus ökologischer Sicht oft sehr bedenklichen Abbaumethoden im Vordergrund. Hier geht es vielmehr um die Menschen, welche den Stein unter schlechten Arbeitsbedingungen gewinnen. Um diesem Problem bewusst gegenüberzutreten, bedarf es auf Seiten des Grabmalschaffenden genauer Kenntnisse über den Stein und seinen Herkunftsort. Im Weiteren fördert eine Reglementierung der Materialien auch die einheimische Wirtschaft und das heimische Handwerk.

Einzig auf dem Gräberfeld Abteilung 6f wird «lockerer» mit der Reglementierung umgegangen. Auf diesem Feld besteht die Möglichkeit, ein etwas individuelleres Grabmal zu platzieren. Leider ist dort ein Gräberfeld mit sehr vielen Grabliegeplatten entstanden, welche je nach Höhe des Grases fast völlig verschwinden. An diesem Beispiel wird gut ersichtlich, wie wichtig der Dialog des Herstellers mit seinen Kunden ist, um eine würdige Umsetzung der formulierten Wünsche zu erreichen.

Anwendung der Reglemente

Es ist die Aufgabe der Friedhofkommission und der Grabmalbewilligungsstelle, die Grabmäler nach dem Reglement zu beurteilen. Eine «lockere» Handhabung führt zu ungerechter Beurteilung und zu einer unübersichtlichen Situation auf dem Friedhof. Die ganze Auslegung der Reglemente wird hauptsächlich von der fachlichen Kompetenz der auszuführenden Kontrollstelle geprägt. Deshalb wird eine engere Zusammenarbeit bei der Friedhofreglementierung und der landschaftsarchitektonischen Planung von den Grabmalherstellern angestrebt.

Der Grabmalschaffende – wer macht Grabmäler?

Kunsthandwerklich arbeitende Bildhauerinnen und Bildhauer bezeichnen sich als Grabmalschaffende. Auch Holzbildhauer, Architekten, Grafiker oder andere Kunstschaffende, deren Motivation es ist, aus Stein, Holz und/ oder Metall ein Denkmal zu erschaffen, sind in diesem Metier tätig. Eine zweite Gruppe bilden die Grabmalhändler. Sie verkaufen Grabmäler, stellen sie aber nicht selber her. Diese beiden Gruppierungen stehen seit jeher in gewisser Konkurrenz zueinander.

Die Materialien für ein Grabmal

Naturstein ist ein natürlicher Rohstoff, welcher auch in der Schweiz zur Genüge vorhanden ist und abgebaut wird. Da dieser in seiner Bedeutung als Baustein durch modernere Baumaterialien seine Position auf dem Markt verloren hat, verkommt er immer mehr zum Dekormaterial. Er wird heutzutage meistens als Plattenmaterial verwendet.

Es ist interessant zu beobachten, wie der Stein unserer Region (Elsass, Süddeutschland, französischer und Schweizer Jura), die Architektur sowie die Bauweise und letztlich die Bauwerke in Farbe und Struktur geprägt hat. Wenn wir uns auf dem Hörnli umsehen, sind es die Natursteinmaterialien, welche den Charakter der Anlagen ausmachen. Mauern und Mauerabdeckungen finden wir oft in rotem Elsässer Sandstein (Schirmeckersandstein) wieder. Dieser Sandstein wird heute leider nicht mehr genügend abgebaut, deshalb wird dieses Material verschwinden. Ein letztes grösseres Gebäude, welches in Schirmeckersandstein gebaut wurde, ist das Tinguely-Museum in Basel.

Vielmehr sind es bei den Grabsteinen die Jurakalksteine, welche das Gesamtbild prägen: Liesberger und Laufner Kalkstein sowie Solothurner Kalkstein grau und gelb oder Mägenwiler und Estavayer sowie Muschelkalk und Hauterive. Aus früheren Zeiten ist vereinzelt St. Triphon-Kalkstein zu finden. Weitere schweizerische Materialien sind die diversen Ostschweizer Sandsteine sowie die Tessiner und Bündner Gneise. Vereinzelt finden wir auch Serpentin aus dem Puschlav sowie Quarzit und Rouge de Collonges aus dem Wallis. Neuer sind französische Jurakalksteine wie St-Michel und Lunel brun, fleuri und clair sowie der helle Comblanchien anzutreffen.

Hochwertige Grabmalkunst

Unsere einheimische Grabsteinkultur in ihrer handwerklichen Vielfalt darf künstlerisch und gestalterisch hochwertig eingestuft werden. Dieser Umstand trägt dazu bei, dass der Friedhof am Hörnli eine wunderschöne Anlage ist, auf der sich ganz andere Formen von Grabmälern finden als in den Nachbarländern Deutschland und Frankreich. In den besagten Ländern hat man sich an klassischen, grossen Friedhöfen orientiert. Der Naturstein wurde aber immer mehr industriell angefertigt und nicht rein handwerklich hergestellt.

Als industriell gefertigten Stein bezeichnet man Grabsteine, welche vollautomatisch hergestellt sind (meist polierte Granite). Die Inschriften werden nach vorgefertigten Schablonen ausgeführt. Die Inschriften und die Gestaltung sind letztlich aus traditioneller Überlieferung entstanden. Beispiele misslungener Inschriften bestätigen, dass es auch in der modernen, freien Inschriftengestaltung ein feines Gespür braucht, um ein würdiges Schriftbild zu präsentieren. Es ist zu hoffen, dass die handwerkliche Vielfalt der Grabmäler, wie man sie auf dem Friedhof am Hörnli vorfindet, auch in Zukunft gefördert wird.

Emanuel Trueb

Beständigkeit im Wandel – Ein Blick in die Zukunft

Die Basler Friedhöfe erfüllen drei Aufgaben. Zunächst sind es die Plätze, wo die Verstorbenen begraben werden. Dann sind es Anlagen der Erinnerung und des Trostes für die Angehörigen und Hinterbliebenen und schliesslich sind es Naturräume. Die Friedhöfe sind auch Ausdruck einer gesellschaftlichen Haltung gegenüber den Toten. Sie deuten auf die Beziehung zwischen Verstorbenen und Hinterbliebenen hin. Die Basler Friedhöfe sind, im Unterschied zu Friedhöfen in anderen Ländern, grüne Oasen, Parkanlagen mit Gärten und es ist, was häufig vergessen wird, öffentlicher Raum. Alles, was auf dem Friedhof sichtbar gemacht wird, geschieht somit im öffentlichen Raum. Damit ist gesagt, dass Grabmäler ebenso wenig reine Privatsache sind wie die Bepflanzung der Gräber. Im Laufe der Zeit hat sich eine öffentliche Bestattungskultur entwickelt, Gepflogenheiten, wie sie für unsere Friedhöfe typisch sind. In den rechtlichen Grundlagen, im Bestattungsgesetz und der Friedhofordnung findet diese Basler Bestattungskultur den rechtlichen Ausdruck. Die Basler Bestattungskultur lässt sich als eine über Jahrhunderte tradierte, von den Kirchen massgeblich geleitete Kultur charakterisieren. Einzelne Ereignisse vermochten dem Bestattungswesen jedoch wesentliche, neue Impulse zu verleihen, so die Errichtung eines Krematoriums und die damit verbundene Einführung der Feuerbestattung. Mit der Eröffnung des Zentralfriedhofs am Hörnli wurde erstmals die Bevölkerung (mit Ausnahme der jüdischen) aller gesellschaftlichen Schichten, konfessionellen Zugehörigkeiten und Wohnquartiere zusammengebracht. Die Einrichtung eines Grabes der Einsamen, heute Gemeinschaftsgrab, die Bereitstellung eines Grabes für Menschen, welche ihren Körper noch zu Lebzeiten der Lehre und Forschung verschrieben haben, sowie die Schaffung eines Gemeinschaftsgrabes für tot geborene Frühgeburten sind ebenso Ausdruck der sich wandelnden Bestattungskultur wie die Einrichtung eines Grabfeldes für Baslerinnen und Basler islamischen Glaubens. Viele Elemente im Basler Bestattungswesen, wie das Bartuch über dem Sarg, haben sich bis heute erhalten, neue Entwicklungen kamen dazu, was die Basler Bestattungskultur zum Spiegel der gesellschaftlichen Veränderung macht.

Verfolgt man die statistischen Erhebungen der Friedhofverwaltung, lassen sich einige Trends ausmachen, was wiederum als Ausdruck des gesellschaftlichen Wandels gedeutet werden muss. So wird auf dem Friedhof am Hörnli jede fünfte Urne in einem Gemeinschaftsgrab beigesetzt. Jährlich werden über 30 Bewilligungen erteilt, Urnen ausserhalb eines Friedhofs beizusetzen. Dabei hat die Beisetzung von Asche im Rhein in Basel eine feste Form gefunden. Einige Urnen werden im eigenen Garten beigesetzt, wieder andere gelangen zur Beisetzung ausserhalb des Kantons und schliesslich werden Urnen auch zu Hause aufgehoben und gelangen nach Jahren auch wieder zurück auf den Friedhof. Bestattungsangebote, wie sie kommerziell angeboten werden, Aschenurnen in einem Wald, auf einer Alp, in den Bergen auszustreuen oder zu vergraben, bestätigen den Trend zur individuellen Bestattungsform. Dass derartige Vielfalt bei der Erdbestattung nicht entwickelt wurde, hat zunächst damit zu tun, dass für die Beisetzung ausserhalb eines Friedhofs keine Bewilligung erteilt wird. Aus naheliegenden Gründen ist bei der Erdbestattung eine gewisse Eile geboten, da ein Leichnam, trotz vorhandenen Kühleinrichtungen nicht beliebig aufbewahrt werden kann. Die Beisetzung von eingesargten Leichen unter Zugabe von Ätzkalk in gemauerten Grüften, wie sie bis heute noch in Klöstern praktiziert wird, hat sich in unseren Friedhöfen nie etabliert, dazu fehlen auch die baulichen Einrichtungen.

Der Trend entwickelt sich auch weiterhin zugunsten der Feuerbestattung. Dennoch wird sich die Kremation als Bestattungsform bei etwa 75 Prozent stabilisieren. Das hat zunächst damit zu tun, dass der Anteil der Bevölkerung, welcher religiöse Bestattungsvorschriften kennt, zunehmen wird. Die jüdischen und islamischen Bestattungsvorschriften gestatten es den Gläubigen nicht, die Verstorbenen einzuäschern. Auf diesen Umstand haben die Verantwortlichen auf dem Friedhof am Hörnli mit der Einrichtung eines islamischen Grabfeldes reagiert. Die jüdische Bevölkerung benützt dagegen den eigenständig betriebenen Israelitischen Friedhof an der Theodor Herzl-Strasse.

Für die Beisetzung von Urnen haben sich im Laufe der letzten Jahre einige Bestattungsmöglichkeiten ergeben. Grosser Beliebtheit erfreuen sich die Beisetzungsplätze in den Urnennischenanlagen. Ein Grund dafür ist, dass gewöhnlich zwei Urnen darin Platz finden und die Benützungsdauer bis auf 40 Jahre mit Verlängerungsmöglichkeit festgelegt werden kann. Der Pflegeaufwand für einen derartigen Bestattungsplatz reduziert sich auf ein Minimum, da die gärtnerische Unterhaltsarbeit entfällt. Die Nachfrage nach Bestattungsplätzen in einem Gemeinschaftsgrab mit Namensnennung ist Gegenstand eines Neubauprojektes in der Abteilung 9. Gegenwärtig werden weitere Untersuchungen vorgenommen, ob zusätzliche Bestattungsangebote wie Waldbestattungen auf dem Friedhof am Hörnli aufgenommen werden können.

Ein beachtlicher Teil aller Grabstätten werden als Familiengräber bezeichnet. Das Recht an der Benützung eines Familiengrabes muss käuflich erworben werden. Der Preis richtet sich nach der Grösse und Benützungsdauer. Gewöhnlich werden Nutzungsrechte an Erd- oder Urnenfamiliengräber vergeben. Die Nachfrage nach Familiengräbern hat in den letzten Jahren jedoch abgenommen. Unter anderem wohl auch deshalb, weil die Familie – Vater, Mutter und Kinder – als traditionelle Gesellschaftsform durch neue Formen erweitert wird. Das hat aber ebenso damit zu tun, dass die Familienmitglieder nur für eine bestimmte Zeit zusammen leben und oft ausserhalb von Basel einen neuen Wohnsitz nehmen. Die familiären Bande sind in weiten Teilen der Bevölkerung schwächer geworden. Das Bedürfnis, auch über das Leben hinaus im Tod zusammenzubleiben, nimmt deutlich ab.

Angesichts dieser Veränderungen stellt sich zu Recht die Frage, ob das Bestattungsangebot mit Familiengräbern aufrechterhalten werden muss oder in Teilen eher umgewandelt werden sollte. Auch unter Berücksichtigung der migrationsbedingten Veränderung unserer Bevölkerungszusammensetzung kann festgestellt werden, dass das Familiengrab, also die Bestattungsstätte, welche über mehrere Generationen – gewöhnlich Grosseltern, Eltern und Kinder – benützt wird, in Zukunft nicht mehr gleichermassen bereitgestellt werden muss. Dagegen kann das Familiengrab als Kleingemeinschaftsgrab sehr wohl für die Zusammengehörigkeit unserer Gesellschaft eine wichtige Rolle spielen. Noch hat sich diese Form nicht durchsetzen können, aber die Möglichkeit dazu ist längst gegeben. Beispiele dafür sind Vereinsgräber, Wohngemeinschaftsgräber, Kirchgemeindegräber oder gar Firmengräber. Dies gilt ebenso für den Wolfgottesacker, wo sich ausschliesslich Familiengräber befinden. Im Gleichschritt mit den gesellschaftlichen Veränderungen und Anpassungen werden auf den Basler Friedhöfen die Bestattungsangebote regelmässig überprüft und mögliche Anpassungen aufgrund von Entwicklungsprognosen vorgenommen. Da es sich dabei eher um eine Angebotsentwicklung als um eine Nachfrageentwicklung handelt, ist immer eine gewisse Unschärfe dabei. Schliesslich geht es darum, heute Angebote zu entwickeln, die erst in Jahren nachgefragt sein werden.

Der gesellschaftliche Wandlungsprozess zieht auf den Basler Friedhöfen auch veränderte Abdankungsformen nach sich. Wenn traditionsgemäss die Abdankungsfeiern sehr stark vom kirchlichen Bestattungsritus bestimmt waren, werden Abdankungen heute vermehrt auch in freien Formen abgehalten. Die Palette der Möglichkeiten erstreckt sich von der fernöstlichen Bestattungszeremonie, welche sich über Stunden hinziehen kann, über das schlichte Abdankungsgebet in der islamischen Kultur bis zur spontanen, freien Form ohne religiösen Hintergrund. Für alle diese Formen gibt es ausreichend Platz. Für die islamische Bevölkerung wurde dafür eigens ein Bereich geschaffen, der den Vorschriften des islamischen Bestattungsgesetzes entspricht.

Allgemein kann jedoch festgestellt werden, dass sich die wenigsten Angehörigen mit dem Bestattungsablauf eingehend befassen, sodass es den jeweiligen Vorstehenden der Abdankungsfeier überlassen bleibt, die passende Form zu finden. So kann nicht gesagt werden, welche Form am ehesten die Bestattungskultur des beginnenden 21. Jahrhunderts prägt. Es ist vielmehr die Fülle der Möglichkeiten, welche als Charakteristikum für die Zeit zu werten ist.

Mit der gesetzlichen Möglichkeit, insbesondere Urnen ausserhalb der Basler Friedhöfe beizusetzen, ist eine neue Dimension ins Basler Bestattungs- und Friedhofwesen gekommen. Es darf jedoch festgestellt werden, dass die meisten Urnen entweder auf einem anderen Friedhof oder in der freien Natur beigesetzt werden. Dennoch scheint diese Bestattungsform nur einem geringen Teil der Bevölkerung zu entsprechen. Obgleich die Anzahl der ausserhalb der Friedhofmauern beigesetzten Aschen im Zunehmen begriffen ist, scheint der Friedhof als Ort des Abschiedes, der Erinnerung und des Trostes für den grössten Teil der Basler Bevölkerung von

Bedeutung zu bleiben. Damit scheint ableitbar, dass das Hörnli auch in Zukunft von der Basler Bevölkerung benützt werden wird. Dies umso mehr, als dass die Friedhofanlage auf eine wesentlich grössere Bevölkerungszahl ausgerichtet war und der Friedhof am Hörnli heute über ausreichend Bestattungsplatz verfügt. So kann auch in Zukunft den sich ändernden Bestattungsbedürfnissen – auch einer wachsenden Nachfrage nach Erdbestattungsplätzen – entsprochen werden.

Aus heutiger Sicht muss dem Angebot von Kleingemeinschaftsgräbern vermehrt Beachtung geschenkt werden. Ebenso werden weitere Bedürfnisse anderer Religionsgruppen wie den Aleviten zu berücksichtigen sein. Auch die Abdankungseinrichtungen müssen den sich ändernden Bedürfnissen Rechnung tragen. Die Information der Angehörigen muss umfassend sein, damit sie auf das ihnen entsprechende Angebot zugreifen können. Die nach wie vor starke Tabuisierung des Themas «Tod und Sterben» in unserer Gesellschaft führt dazu, dass viele Angehörige doch eher unvorbereitet an die Fragen des Bestattungsablaufes herantreten. In kürzester Zeit müssen wichtige Entscheidungen getroffen werden, welche in einigen Fällen anders getroffen würden, wenn die Angehörigen entsprechend informiert worden wären. Eine umfassende Beratung ist in diesem Moment entscheidend. Daher besteht seit Jahren die Forderung, dass das Bestattungsbüro (heute beim Zivilstandsamt) organisatorisch näher beim Friedhof angesiedelt werden soll.

In den vergangenen Jahrhunderten hat es in Basel wohl nur wenige Friedhofanlagen gegeben, welche derart lange der Bevölkerung zur Verfügung standen wie der Friedhof am Hörnli. Auch wenn sich die gesellschaftliche Zusammensetzung ändert und sich damit Veränderungen der Bedürfnisse abzeichnen, scheint der Friedhof als am Ende alle zusammenführende Stätte für die Gesellschaft und damit die Bevölkerung der Stadt von grossem Wert zu sein. Dass eine Friedhofanlage wie der Friedhof am Hörnli einst nicht mehr gebraucht werden könnte, weil der überwiegende Teil der Verstorbenen ausserhalb eines Friedhofs beigesetzt wird, scheint aus heutiger Sicht absurd und jeder realistischen Grundlage zu entbehren. Damit ist gesagt, dass die Zukunft des Basler Bestattungswesens in der ständigen Adaption des Überlieferten besteht ohne Hang zum Extravaganten oder Experimentellen, jedoch mit der erklärten Absicht, für die Bevölkerung von Basel eine Stätte des Gedenkens, der Zusammengehörigkeit und des Friedens zu bewahren.

Autorinnen- und Autorennachweis

Lena Albrecht	Organistin Friedhof am Hörnli
Christoph Peter Baumann	Religionswissenschafter
Bea Berczelly	Journalistin
Susanne Buder	Kuratorin
Franz Egger	Konservator
Alexander Egli	Amtsvorsteher des Zivilstandsamts BS
Peter Galler	Kurator Sammlung Friedhof Hörnli
Thomas Gerspach	Landschaftsarchitekt
Urs Höchle	Leiter Rechtsdienst des Gesundheitsdepartementes BS
Barbara Imobersteg	Sozialarbeiterin, Journalistin
Hans A. Jenny	Sachbuchautor
Janine Kern	Journalistin
Simon Leuenberger	Obergärtner Friedhof am Hörnli
Jan Lurvink	Schriftsteller
Stefan Mesmer-Edelmann	Steinmetz, Bildhauer
Sibylle Meyrat	Historikerin, Redaktorin
Michael J. Mihatsch	Vorsteher des Instituts für Pathologie BS
Franz Osswald	Journalist
Xaver Pfister	Theologe, Erwachsenenbildner
Daisy Reck	Journalistin
Karin Schaub	Diakonin Christkatholische Kirche BS
Ralph Stojan	Konservator und Designer
Ernst Stücklin	Ehemaliger Leiter Friedhofamt BS
Christoph Stutz	Präsident Sammlung Friedhof Hörnli
Wolf Südbeck-Baur	Journalist, Redaktor
Emanuel Trueb	Leiter Stadtgärtnerei BS
Karl U. Völlmin	Leiter Wartung und Betrieb Haustechnik
Jürgen Voss	Landschaftsarchitekt
Rita Wirz	Leiterin Bestattungswesen
Daniel Wyler	Leitender Arzt des Instituts für Rechtsmedizin BS

Bildnachweis

Christian Flierl	Umschlag, Kapitelanfänge und Bildserie 1 bis 4
Historisches Museum Basel	S. 11/12, 13, 14: Maurice Babey
Staatsarchiv Basel-Stadt	S. 6: StABS Schn. 184
	S. 28/29: StABS PLA, H 3, 26
	S. 30/31: StABS Schn. 2
	S. 32: StABS AL 45, 2-60-1
	S. 34: StABS NEG 6285
	S. 35 StABS BD-REG 7b 1-70 2
	S. 36 StABS AL 45, 8-70-4
	S. 37 StABS NEG 5212
	S. 45 StABS PLA 3,2-5
	S. 46 und 47 StABS Bau HH5, Zentralfriedhofprojekte, 1864-1941S. 47 ebenda
	S. 48 und 49: Das Werk : Schweizer Monatsschrift für Architektur, freie Kunst, angewandte Kunst : offizielles Organ des Bundes Schweizer Architekten BSA und des Schweizerischen Werkbundes SWB, Nr. 10/1923, S. 185–191
	S. 50 und 51: Ratschläge des Regierungsrats des Kantons Basel-Stadt, 1925
	S. 64/65: StABS PLA 3,2-5
	S. 66 – 71: StABS BSL 1005 1
	S. 72/73 StABS SD-REG 8a 1-4-2
	S. 74 – 77: StABS PLA3,2-5
Dokumentationsstelle Riehen	S. 33: 02965-01, aus Besitz Schär
	S. 78/79: 07409-00, 4453, Foto Balair

Literaturnachweis

Der Tod tanzt mit allen – der Basler Totentanz

Egger, Franz: Basler Totentanz, Basel 1990.

Maurer, François: Das einstige Totentanzgemälde, in: Die Kunstdenkmäler des Kantons Basel-Stadt, Bd. V, Basel 1966.

Der lange Weg zum Zentralfriedhof – Ein Blick in die Geschichte

Ariès, Philippe: Bilder zur Geschichte des Todes, aus dem Französischen von Hans-Horst Henschen, München 1984.

Bloch-Roos, Salomon: Wie die Israelitische Gemeinde in Basel zu einem eigenen Friedhof gekommen ist, Basel 1902.

Eggmann, Verena/Steiner, Bernd: Kannenfeld. Wie die Toten zu den Lebenden kamen und ein Riese zu einem Park, Basel 1997.

Gnädinger, Beat: Stadtwachstum und Totenruhe: der Horburg-Gottesacker, ein peripherer Stadtfriedhof um die Jahrhundertwende, unveröffentlichte Lizentiatsarbeit Universität Basel 1991.

Holzer, Barbara: Vom Kirchhof zum Waldfriedhof: Entwicklung der christlichen Friedhofsgestaltung in der Schweiz und Deutschland in: Heimatschutz, Zürich Jg. 101(2006).

Hunger, Bettina: Diesseits und Jenseits. Die Säkularisierung des Todes im Baselbiet, Liestal 1995.

Fischer, Norbert/Herzog, Markwart (Hrsg.): Nekropolis: der Friedhof als Ort der Toten und der Lebenden, Stuttgart 2005.

Fischer, Norbert: Geschichte des Todes in der Neuzeit, Erfurt 2001.

Fischer, Norbert: Vom Gottesacker zum Krematorium: eine Sozialgeschichte der Friedhöfe in Deutschland seit dem 18. Jahrhundert, Köln 1996.

Nagel, Anne: Der Wolfgottesacker in Basel, Bern 1993.

Illi, Martin: Wohin die Toten gingen, Zürich 1992.

Kölner, Paul: Basler Friedhöfe, Basel 1927.

Raith, Michael: Kultur und Ewigkeit: Sonderdruck zum Tag der offenen Tür, Gottesacker Riehen, Samstag, 27. März 2004.

Petignat, Raymond: Das ‹Hörnli›, Park der Besinnung, in: Basler Stadtbuch, Band 103, Basel 1982.

Sarasin, Philipp: Basel auf dem Weg zur modernen Industriestadt (1833–1914) in: 179. Neujahrsblatt der GGG, Basel 2001.

Schubiger, Irene: Text zur Ausstellung «Von der Totenstadt zum Naturgarten», Ausstellung in der Zwischenhalle des Kapellenhauses, Friedhof am Hörnli, 18. September bis 16. Dezember 1992. Unveröffentlichtes Manuskript.

Ruhe und Ordnung – Prinzipien einer Friedhofsanlage

Bucher, Annemarie: «Vom Landschaftsgarten zur Gartenlandschaft – Schweizerische Gartengestaltung auf dem Weg in die Gegenwart», hrsg. von Archiv für Schweizer Gartenarchitektur und Landschaftsplanung, Zürich 1996.

Hansmann, Wilfried: «Gartenkunst der Renaissance und des Barock», Köln 1983 (darin zitiert: Gerhard Gerkens: «Das fürstliche Lustschloss Salzdahlum (...)», Braunschweig 1974).

Heyer, Hans-Rudolf: «Historische Gärten der Schweiz», hrsg. von Gesellschaft für Schweizerische Kunstgeschichte, Bern 1980.

Huber, Dorothee: «Architekturführer Basel. Die Baugeschichte der Stadt und ihrer Umgebung», hrsg. von Architekturmuseum in Basel, Basel 1993.

Staehelin, Andreas: «Zur Geschichte und Gestalt des Wolf-Gottesackers», National-Zeitung, 18. Juli 1965.

Valentien, Otto: «Der Friedhof», München 1953.

Wimmer, Clemens Alexander: «Geschichte der Gartentheorie», Darmstadt 1989.

Andere Religionen, andere Rituale – Bestattung von Nichtchristen

Levinger I.M. Rabbiner: Der letzte Weg. Vorschriften, Gebete und Gedanken zum Thema Tod und Trauer. Basel 1991.

Chajim Halevy Donin: Jüdisches Leben. Eine Einführung zum jüdischen Wandel in der modernen Welt. Zürich 1987.

Guindi Mahmoud El/Mansour Mohamed: Bestattungsregeln im Islam, Kairo. o.J.

Begräbnis auf Staatskosten – Die unentgeltliche Bestattung

Ein letzter Blick in Würde – Die Aufbahrung

«...und zur Erde wirst du zurückkehren» – Die Erdbestattung

«Den Würmern entrissen, vom Feuer verzehrt» – Die Feuerbestattung

Erdbestattung oder Kremation, Geschichtliches über die Bestattungsarten, Kapitel 4. SGFL, Basel.

Johannes Gutenberg Universität Mainz, Interdisziplinärer Arbeitskreis Thanatologie Heft 3, 1997.

Leitfaden für das Bestattungswesen in Basel, Wegleitung, Baudepartement Basel-Stadt, Stadtgärtnerei und Friedhöfe, Nachdruck April 2003.

Riten als Gehäuse für die Seele – Plädoyer für Bestattungsrituale

Douglas, Mary: Ritual, Tabu und Körpersymbolik. Sozialanthropologische Studien in Industriegesellschaft und Stammeskultur Frankfurt am Main 1986.

Fischedick, Heribert: Die Kraft der Rituale. Lebensübergänge bewusst erleben und gestalten, Stuttgart 2004.

Grün, Anselm: Geborgenheit finden, Rituale Feiern, Stuttgart 2000.

Jung, C.G.: Gesammelte Werke, Bd XVIII, Zürich, 1962.

Kästner, Erhart: Die Stundentrommel vom heiligen Berg Athos, Wiesbaden 1956.

Schneider, Manfred: Der Ritualironiker. Fünf Szenen über den Achtundsechziger und die Institutionen, in: Kursbuch 190, Berlin 2005.

van Gennep, Arnold: Übergangsriten, Frankfurt/M. 2005.

Dank

Hinter einem Buch steht immer das Engagement vieler Menschen und Institutionen. Ohne die finanziellen Beiträge der Gemeinde Riehen, des Lotteriefonds Basel-Stadt und zahlreicher Spenderinnen und Spender hätte das vorliegende Buch nicht fertig gestellt werden können, ohne das grosse Engagement des Friedrich Reinhardt Verlags wäre es hingegen nicht über das Stadium der Idee hinausgekommen. Nicht zuletzt gilt allen Autorinnen und Autoren unser spezieller Dank, ihre Aufgabe war nicht immer einfach. Dank des Zutuns der Genannten und vieler ungenannt Bleibender konnte «Am Ende des Weges...», das Jubiläumsbuch zum 75-jährigen Bestehen des Friedhofs am Hörnli, erscheinen. Kein Buch für die Ewigkeit, aber ein wertvolles Zeitdokument.

Die Herausgeber
Peter Gabriel und Franz Osswald